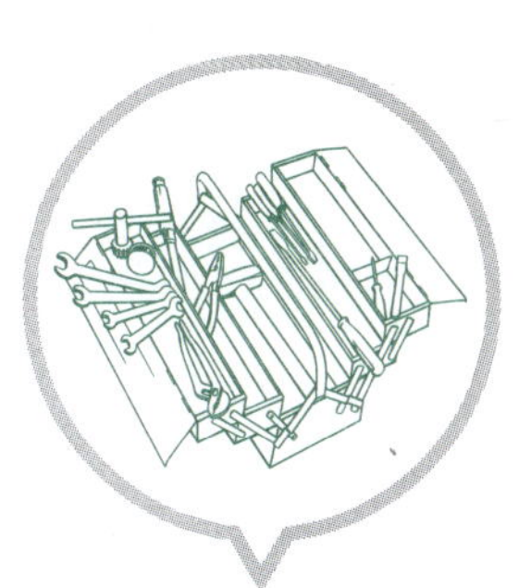

房地产开发流程管理工具箱

后期运营管理

天火同人房地产研究中心 组织编写

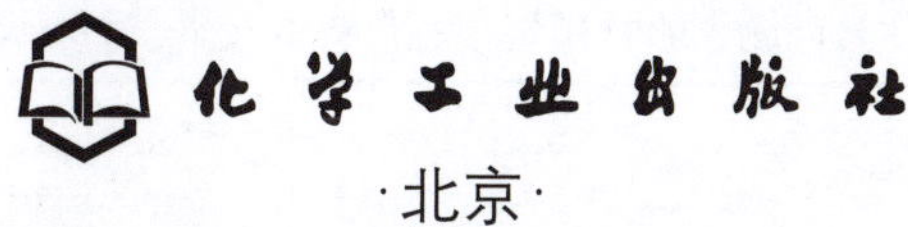

·北京·

内容提要

本套图书重新梳理了最新的房地产开发流程，按照标准化运作的要求，整理了开发商所需要用到的项目运营动作及管理制度，以项目前期投资决策为起点，依次包括项目立项管理、规划设计、成本预算、施工管理等十个关键环节，为开发商建立起一套标准化运作的参考体系。

本册书主要内容为项目后期运营管理，重点分析了人力资源管理、物业管理、财务管理的管理要点，同时提供实用性较强的管理图表，为项目后期运营提供指导性参考。

图书在版编目(CIP)数据

房地产开发流程管理工具箱. 后期运营管理 / 天火同人房地产研究中心组织编写. –北京：化学工业出版社，2015.3（2018.5重印）

ISBN 978-7-122-22959-5

Ⅰ. ①房… Ⅱ. ①天… Ⅲ. ①房地产开发–运营管理–流程–中国 Ⅳ. ①F229.233

中国版本图书馆CIP数据核字(2015)第026801号

责任编辑：王　斌　邹　宁　　装帧设计：杨春烨　林德才

出版发行：化学工业出版社(北京市东城区青年湖南街13号　邮政编码100011)
印　　装：中煤（北京）印务有限公司
710 mm × 1000 mm　1/16　印张 17　字数 340千字　2018年5月北京第1版第3次印刷

购书咨询：010-64518888 (传真：010-64519686)　售后服务：010-64518899
网　　址：http://www.cip.com.cn
凡购买本书，如有缺损质量问题，本社销售中心负责调换。

定　　价：68.00 元

策划单位：天火同人工作室

编写单位：天火同人房地产研究中心

参编人员：

刘丽娟　龙　镇　肖　鹏　张　杨　敖　勇　周国伟
赵　俏　吴仲津　曾庆伟　林樱如　邓沈穗　蔡丽诗
杨春烨　樊　娟　叶雯枫　王晓丽　李中石　卜昆鹏
刘丽伟　成文冠　孙权辉　林燕贞　林德才　张连杰
王　咏　曾　欢　舒立军　孟晓艳　孙树学　马玉玲
刘　娜　郭林慧　刘思明　李明辉　曾　艳　王丽君
卜华伟　张墨菊　廖金朴　严　昆

执行编辑：吴仲津　林樱如　邓沈穗

美术设计：杨春烨　林德才

设计创意：广州恒烨广告设计有限公司

目录 CONTENTS

目录 CONTENTS

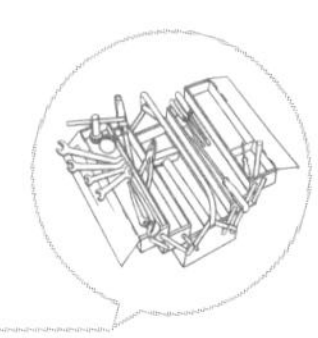

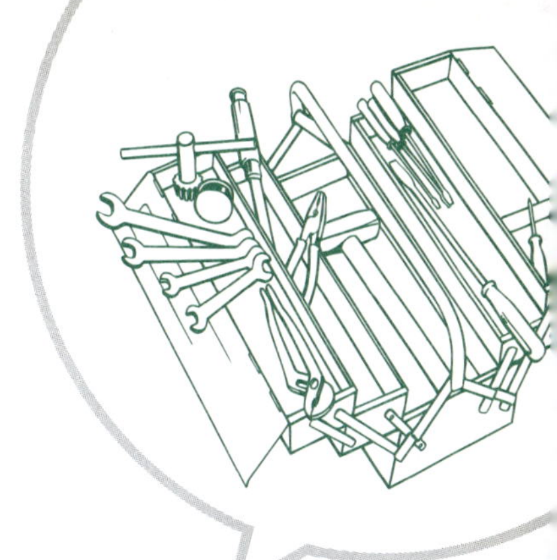

第一章 ChapterONE

房地产人力资源管理

房地产企业人力资源管理对企业的作用越来越重要。目前，诸多房地产企业在人员招聘、战略规划、工作分析、薪酬管理、绩效考核、培训开发等方面进行了很多有益的实践，为更多试图在这个领域通过创新管理来提高企业运转效率的企业，提供了示范性模板。

房地产人力资源管理规划

- 房地产行业人力资源管理四大问题
- 房地产人力资源管理对策
- 房地产人力资源管理风险规避

房地产人力资源管理实务

- 房地产企业部门职位设置
- 房地产企业员工招聘过程
- 房地产企业人力资源培训
- 房地产企业绩效考核过程
- 房地产企业薪酬设计
- 房地产企业人员流动管理

房地产人力资源管理工具箱

- 人力资源管理总体框架
- 人力资源管理招聘部分
- 人力资源管理人事管理部分
- 人力资源管理薪酬部分
- 人力资源管理绩效部分

第一节

房地产人力资源管理规划

对一个房地产企业来说，强化人力资源管理可以提升企业核心竞争力，降低企业运营成本，简化业务与管理流程，是企业管理中非常重要的一环。

一 房地产行业人力资源管理四大问题

中国的房地产企业大都是从项目运作到公司运营、从小公司运作向企业集团方向转变。对于以项目运作为主的房地产企业，从企业组织架构上看，还不算是一个企业集团。而对于大型地产企业而言，在其不断发展中，人力资源管理的问题也逐渐显现，主要体现为以下四类问题：

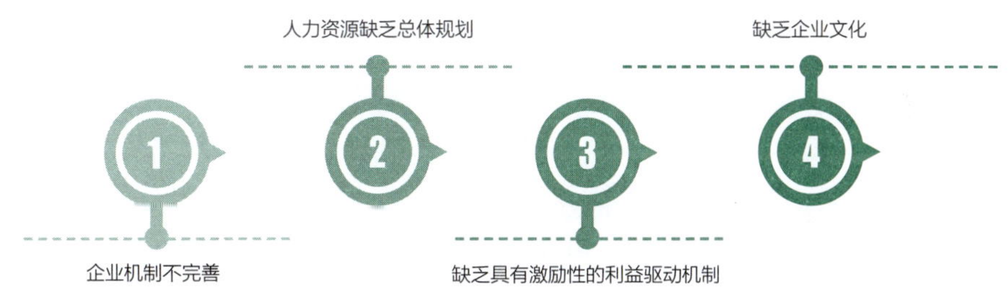

图 1-1　房地产人力资源管理的问题

1 企业机制不完善

处于项目运作阶段的房地产企业，人员规模小，公司的组织模式基本围绕项目展开，组织机构灵活，组织管理相对简单。而规模较大的房地产企业也是从区域公司或项目公司扩张发展起来的。规模的扩大伴随着组织管理与运营模式趋于复杂。不够完善的企业机制让组织架构很难有效运行。

2 人力资源缺乏总体规划

很多企业的人力资源管理流于形式，或者仅限于负责招聘、培训等基础功能，缺乏总体规划，这对想要长期储备人才的企业形成了伤害。从企业层面看，企业用人的时间性、突发性和临时性的需求比较多，对于规模小，品牌影响力不够的企业，吸引到合适人才的难度较高。另外，企业内部对人才的培养少，对外部招聘的依赖性强，导致人才招聘效率不高。

3 缺乏具有激励性的利益驱动机制

利益动力机制是实现公司发展战略目标的核心问题之一，利益动力机制主要包括薪酬模式和绩效激励体系的设定，以下三种不同类型的房地产企业，在人力资源缺失的方面各不相同，应根据实际情况做不同程度的改善。

1 战略多元型企业对一般员工的激励效果不明显

2 战略专业型企业中层人员流动性较高

3 专业项目型企业员工满意度相对较低

图 1-2　三种房地产企业激励机制的缺陷

类型 1. 企业对一般员工的激励效果不明显

这类问题多发生在战略多元型房地产企业中。这类企业的利益动力机制相对较好，重视结构性和长期性两方面特性的协调，他们对企业中技术类和管理类员工比较重视，对他们的能力、潜力、稳定性非常关注，也非常重视对他们的绩效考核以及通过考核结果进行专业培训，使得这类人才的流动率非常低。

但这类企业对于低层次的一般员工和专业员工，利益动力机制的动态性欠佳，激励方式和效果相对较差。这说明完全基于岗位职能的薪酬体制对于激励一般员工的效果不明显，这导致这类企业小部分人才的流失，流动去向主要为其他行业企业和战略专业型房地产企业。

类型 2. 企业中层人员流动性较高

这类问题主要发生在战略专业型房地产公司内。战略专业型企业的利益动力机制比较完善，一般员工以及专业员工的薪酬水平较高，员工满意度较好，流动率很低。但这类公司的中层管理人员薪酬水平相对较低，加之他们丰富的专业水平和经验受一些小型的房地产公司青睐，流动性较高。

类型 3. 专业项目型企业员工满意度相对较低

这类问题主要发生在专业项目型房地产企业。这类企业员工满意度相对较低，流动性大，这与企业战略多为短期型，奖励机制的结构性不好等特点密不可分。虽然企业薪酬制度灵活，能够很好地激励员工，但是他们无法要求员工在追求收入的同时还追求个人发展空间稳定性。这类企业的员工在积累了一定的工作经验后向大型房地产公司过渡的现象非常普遍。

4 缺乏企业文化

企业文化是企业的灵魂，是一种无形的竞争力。品牌形象是企业文化的外在体现。房地产市场由于同质化严重，竞争主要表现在品牌优势和附加值上。我国一些房地产企业的人事部门未把企业文化纳入房地产企业人力资源管理。这种情况下，必然使房地产企业的奋斗目标、经营理念难以达成全员共识，企业精神缺乏鲜明特色，凝聚力明显不足。

二 房地产人力资源管理对策

针对现存的房地产行业人力资源管理存在的问题，列举以下强化房地产行业人力资源管理的五项对策供企业管理者参考：

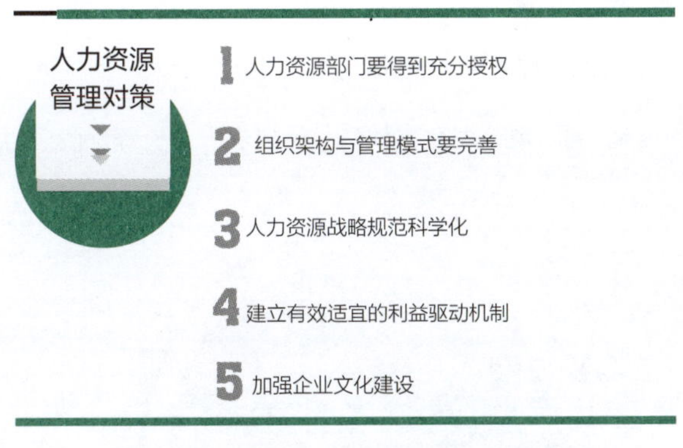

图 1-3　房地产人力资源管理对策

1 人力资源部门要得到充分授权

企业的主管领导要把人才问题当成一种战略来考虑，授权人力资源管理部门成立由高层管理人员、资深技术专家、企业优秀骨干和技术人员代表组成的专门评选机构，根据企业发展的需要，制定出严格的评选标准和要求，由人力资源部门负责。把权力交给人力资源部门的相关人员，使其感受到自己的重要性，从而提高自己的工作热情，将给企业带来更大的回报。

2 组织架构与管理模式要完善

良好的管理架构和组织模式，是大型房地产集团能否发展壮大的重要因素。高效、灵活的管控系统，有利于发挥集团总部与各业务运作层面分工协作，实现科学决策和对市场的快速响应。合理的管理流程系统，有利于组织内部资源的充分发挥，以及业务板块之间、区域之间的协同联动。随着房地产行业环境的不断变化，未来的业务模式以及扩张模式都需要进行创新与变革。因此，相应的组织架构与管理模式也需要持续优化和调整。

3 人力资源战略规范科学化

规范科学化人力资源战略是实现公司战略规划的关键性环节，通过预测因未来的环境变化和经营目标变化导致人力资源需求的变化，为公司提供未来所需要人员的配置方案、实施办法以及持续改进的措施，为实现公司总体战略目标提供人力资源保障，具体途径有以下三个：

图 1-4　人力资源战略规范科学化

途径 1. 关注“雇主品牌”建设

随着房地产行业人才竞争的加剧，领先的大型地产企业集团，开始加大投入，建立“雇主品牌”形象。为加强在人才市场上的竞争力，纷纷举行大型全国招聘巡回展，从一流院校招聘选拔大量优秀人才，进行储备培养。

途径 2. 招聘“综合潜质”人才

复合型能力成为地产行业高级人才的核心素质，房地产企业应完善人力资源发展战略，根据行业发展潮流，打破建筑、工程、地产等专业限制，注重以“综合素质潜质”为选拔标准，注重考察思维能力、经营管理潜质、学习能力和职业品质。

途径 3. 创建学习型组织

针对不同类别、层次人员，采取不同培养方式，构建系统的人才培养体系，通过开展各种类型的岗位培训和继续教育，有计划、有步骤地加大高层次、复合型人才的培养力度，创建学习型组织。

4 建立有效适宜的利益驱动机制

针对不同类型的房地产企业制定建立有效适宜的利益驱动机制。

表 1-1 利益驱动机制模式

战略多元型房地产企业	战略专业型房地产企业	专业项目型房地产企业
改善薪酬制度并完善激励机制，通过多种激励方式协调搭配来提升员工的满意度，避免薪酬的平均主义倾向	加强绩效考核，注意考核方式与激励手段，针对不同的职位确定工资、奖励等不同要素的不同比重；体现权力、责任和贡献匹配原则；加强对优秀中层管理人才的多方面考核与激励	改善企业组织机构，制定更为合理的高奖金、完善福利制度的稳定性薪酬制度，加强与员工的沟通，调整动力机制内部结构，加强长期发展战略的制定与建设

5 加强企业文化建设

抛弃那些仅停留在口号层面上的“企业文化”，真正从本企业实际入手，培育适合自身运营特点的企业文化。企业文化一定要符合公司未来的发展需要，与企业相符合的企业文化会帮助企业形成良好氛围，吸引和留住人才。

房地产行业企业文化建设应着重从以下三方面入手：

图 1-5　企业文化建设要点

（1）培育员工归属感

领导者与员工充分沟通，共同寻找企业的价值观，有效帮助员工产生对企业的战略以及企业领导的认同感和归属感。

（2）努力培养员工的成就感

成就感要建立在员工自身价值观的基础上，用企业的共同价值观影响并引导员工价值观，调动员工工作积极性，更好地向着为组织发展战略服务的价值观方向靠拢。

（3）确定适合员工的领导方式

在企业良好文化氛围下的沟通，可以促进企业领导者领导风格的完善，确定一种更适合员工的领导方式，形成良性循环，进一步加强企业文化建设。

三　房地产人力资源管理风险规避

当前，房地产企业在开展人力资源管理实践工作中，遇到了各式各样的挑战，也面临着前所未有的风险。在多变的企业内外部环境条件下，防范和化解各种人力资源管理风险，是企业人力资源管理工作者甚至企业决策者必须深入思考并加以解决的重要问题。

1 房地产人力资源管理的风险

人力资源风险存在于人力资源管理的各个环节中，来源于人力资源管理各个阶段、各项职能模块，主要包括以下三项风险：

图 1-6　房地产人力资源管理风险

（1）规划风险

人力资源规划不同于一般的人力资源日常管理工作，具有明显的时间阶段性。一般房地产企业几年才系统性地做一次人力资源规划工作，在发展速度如此快速的房地产行业，人力资源的规划工作的影响是十分重大的。人力资源规划具有“前瞻性、预见性、全局性”等特征，规划工作开展得不好，就会给企业人力资源管理带来极大的风险，造成被动局面。

许多房地产企业人力资源规划工作很不规范，只是做一些非常简单的估算与预测，或者根本没有人力资源规划意识。一旦遭遇企业内外部环境变化，会出现企业人手紧缺以及人浮于事、人员供求关系不平衡的状态，影响企业正常生产运营。

（2）培训风险

培训工作属于人力资源开发范畴，它主要着眼于员工的成长，以便于将来更好地开展工作。员工培训机会可以视为企业提供给员工的福利待遇。员工培训的成本在于：一，培训对象流失率高。许多企业往往将培训机会直接与员工的绩效表现相挂钩，重在激励表现优秀的员工，但通常情况下，优秀的员工往往存在更多的选择，员工接受完培训就另攀高枝，让企业浪费了宝贵的培训机会。二，选错培训课程。企业培训主管选择培训机构只注重培训机构的名气，却没与实际需求相联系，造成培训与实际需求不相符。

（3）人事管理风险

新《劳动合同法》对劳动者权益给予了更好的保护，劳动者自我保护意识加强，企业人事管理相关工作受到更加严格的规范，企业人事管理风险明显上升。

2 市场调查实施阶段

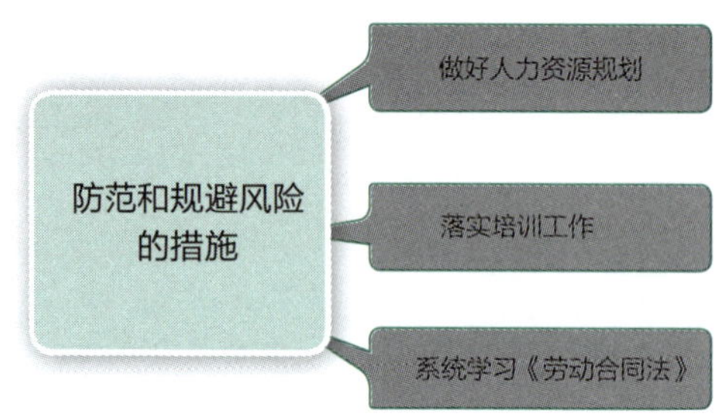

图 1-7 防范和规避风险的措施

措施 1. 做好人力资源规划

人力资源规划一方面要结合企业战略对企业未来几年整体用工做一个预测，包括人员的数量与质量要求，并与目前现状进行对照，形成差距分析，进而提出具体的人员招聘或解聘计划，实现人力资源的总体均衡。

房地产企业在做人力资源规划时，要重点针对行业紧缺人才，如技术类人才进行规划。

措施 2. 落实培训工作

企业在开展培训工作前注意三件事：一，谨慎确定接受培训的员工名单，除了考虑绩效表现外，还要倾向于那些“有潜力、忠诚度高”的员工，这些员工才是公司的未来，员工培训成本才能实现高回报；二，要深入调查员工的培训需求，做到有的放矢，让培训工作真正服务于员工的日常工作。

措施 3. 系统学习《劳动合同法》

企业人事主管应该系统性地学习《劳动合同法》，并严格按照《劳动合同法》执行。

第二节

房地产人力资源管理实务

人力资源管理重在降低企业运营成本，实现企业管理创新，简化业务与管理流程，使业务通过正常发挥个人或部门的功能顺利完成，整体效率达到最优状态，最终让高效率作用到企业竞争中来。

一 房地产企业部门职位设置

房地产开发涉及多个产业链条，包括产品研发、工程建设、营销管理等多个方面，这样性质的企业职位设置重在明确职级关系和职权，形成系统的管理体系。

1 职位设置的四项原则

图 1-8 职位设置的四项原则

原则 1. 职位设置遵循最低数量

进行职位设置时，应从企业实际需要出发，明确设置的岗位在企业中的作用，以尽可能少的岗位来承担尽可能多的工作职责。若设置一个岗位就可满足需要的，绝不设置额外的岗位，聘用额外的人员。

原则 2. 各岗位有效配合

根据企业的目标和任务，将企业的总目标及总任务层层分解到各个部门、岗位及人员，并明确各自的职责。在岗位职责中，还应进一步明确哪些内容是“主要责任”，哪些内容是“部分责任”，哪些只是协助性、辅助性的工作，以达到有效配合，实现组织的目标。

原则 3. 明确各岗位职责权利

职位设置除了要明确各岗位的职责外，还需赋予其履行职责所需的权限，保证职责、权力相统一。

原则 4. 合理有效的管理幅度

管理幅度是指组织中上级主管能直接有效地指挥和领导下属人员的数量。在设置岗位时，要设计一个合适的管理幅度，保证组织的有序运行。

2 职位说明书的六个作用

职位说明书是人力资源管理的基础性文件，是对工作的性质、任务、责任、环境、处理方法以及对岗位工作人员的资格条件的要求所做的书面记录。职位说明书在整个房地产企业人力资源管理活动中的作用，主要表现为六个方面：

图 1-9　职位说明书的六个作用

（1）招聘新员工

职位说明书中的“任职条件”是企业招聘和录用新员工的依据，并以职位说明书向新员工说明其上下级关系、本职位与公司内外部的沟通关系、主要职责范围、责任程度、考核标准等，使新员工明确其本人在企业中的地位和作用。

（2）确定薪酬标准

员工录用后，根据职位说明书的任职条件，以及员工具体条件与任职条件有无差异，确定其符合职位要求的程度，进而确定其薪酬标准。

（3）进行工作目标管理

根据职位说明书的主要职责范围、责任程度，房地产企业对员工进行工作目标管理，拟定员工的具体工作目标以及年度或季度要完成的指标值。

（4）进行考核与决定奖惩

房地产企业在对员工进行工作目标管理后，根据员工的具体工作目标以及年度或季度要完成的指标值对员工进行考核，并依据结果决定对员工的奖惩。

（5）教育与培训

根据职位说明书的任职条件，可以找出任职者在任职资格和工作能力上的差距，为对员工进行继续教育、在职培训提供依据。

（6）晋升与发展

如果任职者在任职资格和工作能力上都超出了职位说明书所要求的任职条件，则为自己的职务晋升和今后的发展提供了依据，同时也为企业的人力资源开发工作提出了方向。

二 房地产企业员工招聘过程

人才招聘是人才流入的重要渠道，主要解决企业员工的“进口”问题。所谓“好的开端是成功的一半”，人才招聘工作对企业整体人力资源管理工作意义重大，招聘工作是否合理有效决定了企业能否吸纳到优秀的人力资源。

1 员工招聘的四项步骤

企业招聘有两个作用：一，招聘到需要的员工；二，作为一次企业形象和企业文化的自我展示。因为在招聘活动的背后，行业竞争者和应聘者在近距离观察你们的公司。

为了实现招聘的目的，企业招聘要遵循四项规范：

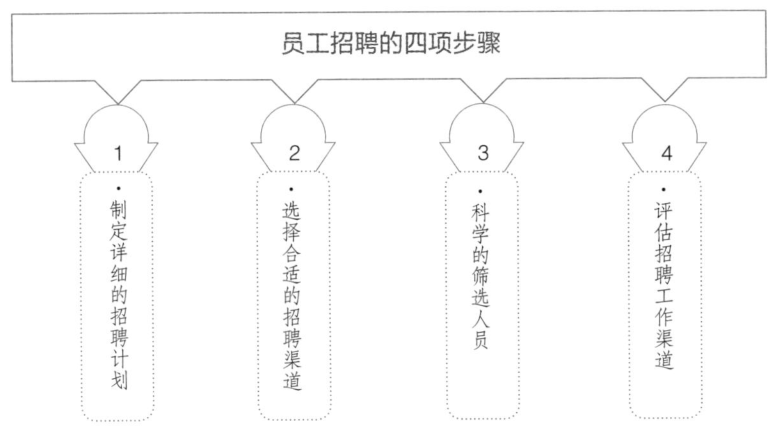

图 1-10　员工招聘的四项步骤

步骤 1. 制订详细的招聘计划

招聘方案的制订，目的在于使企业能合理地在中短期内将企业所需数量、质量以及能力结构的人员补充在可能产生的职位空缺上，减少公司招聘的随意性。

招聘方法的设计是一次多层次、全方位的系统工程，是企业成功吸纳高素质人才的保证。人力资源部作为组织部门要多和高层和用人部门沟通，尽量与部门在“用什么人”的问题上达成一致。同时要对现代招聘手法如人才测评、小组讨论、情景模拟等熟练理解和运用。

步骤 2. 选择合适的招聘渠道

公司招聘不外乎是内部招聘和外部招聘，具体来说不外乎是报纸、广播、电视、互联网广告和人才交流会、毕业生洽谈会、职业介绍所或猎头公司等几种形式。招聘形式是否恰当，直接影响着招聘的效率和效果。根据常规经验，建议更多地使用“报纸 + 网络”结合的方式。报纸招聘覆盖面广，受众多，信息真实有效，利于树立公司形象。

网上招聘房地产人力资源效率较高，也可突破地域及语言环境的制约，同时应聘者的素质较高，真正做到广纳贤才，而且费用较为低廉。当然，熟人推荐的未尝不可，但要注意甄别。

步骤 3. 科学的筛选人员

选聘标准的设计，是由有效招聘的目标所规定的，不同的招聘目标需要不同的选聘标准与之适应。房地产招聘中一般有高层、中层、一般员工的不同，也有专业技术和公司管理不同的职种，细分的话，招聘的标准肯定是各不相同的。要避免将面试者之间逐个对比，而是将他们与职位本身进行比较。

步骤 4. 评估招聘工作

招聘的目的在于了解应聘者的实际能力，如果应聘者受试的结果高于公司所要求的标准，应聘者就是公司所要求的人才，因此招聘应该符合以下标准：

表 1-2 招聘工作评估标准

有效性	可靠性	客观性	广博性
围绕岗位要求拟定测验专案，内容必须正确、合理，必须与工作性质相符合。例如，如果要挑选市场调查研究员，则所要测试的内容必须与行销、调查、统计和经济分析的知识有关	评判结果能够明确地反映应聘者的实际情况，测试成绩能表示应聘者在受试科目方面的才能、学识高低，例如应聘者管理学方面的测试成绩为 90 分，就应该表示他在这方面的造诣也确有 90 分的水准	招聘者不受主观因素的影响，如成见、偏好、价值观、个性、思想、感情等；另一方面，应聘者的身份、种族、宗教、党派、性别、籍贯和容貌等因素不会因不同而有高低之差别	测试的内容必须广泛到能测出所要担任的工作的每一种能力，并且每一测试科目的试题应该是广泛的，而不是只局限于特定领域

2 招聘过程应注意的四大问题

房地产企业只有把好招聘关，把员工的培训和教育做好，并能为员工提供更多更大的事业舞台，才能发挥出人力资源部门应有的作用。人力资源部门招聘过程应注意的四大问题是：

图 1-11　招聘过程应注意的四大问题

(1) 约定好招录条件

房地产企业招聘时：一，要公布招聘岗位、招聘人数及任职条件；比较规范的企业还会公布本企业的员工招聘流程；二，明确招聘岗位的具体职责。虽然很多企业的岗位名称相似，但岗位职责随单位不同而有所不同；三，要全面具体地描述任职条件，对于任职条件，能量化的最好量化，不能量化的就细化；四，职能描述要有可理解性，具体包括学历、专业要求、职称要求、特定资质要求、工作经验要求、英语水平、计算机水平以及其他任职要求。

有些任职条件还要在劳动合同中明确规定，作为员工试用期内是否符合录用条件的考察依据。

（2）全面收集应聘者信息

无论是现场招聘，还是通过网络招聘，劳动者都会持个人简介前来应聘。

个人简介是劳动者个人向单位出具的第一份书面文件。每一个应聘者的写法不太一样，有的较为详细，有的则相对简单，仅凭应聘者个人简介就确定该劳动者是否合适招聘岗位的判断存在较大风险。因此，在劳动者出具个人简介的基础上还要要求劳动者填写一份应聘申请表。

应聘申请表是由用人单位提供的要求劳动者如实填写的格式样表，其功能定位不仅在于了解劳动者的基本情况，还应具有一定的防范招聘风险的功能。因此应根据劳动合同法的要求做好此表的内容设计工作。一般来讲，应聘申请表除了注明劳动者的个人基本情况外，还应当特别注明劳动者的以下事项：

表 1-3 应聘者信息收集

学习和培训经历	应聘者的工作经历
明确应聘者学习和参训时间、培训机构、所取得的成绩，包括所取得的证件，如学历证书、培训证书、资格证书、英语等级证书、计算机等级证书、特殊资质证书等	注明工作时间期限、工作机构、所获的奖惩情况。注明应聘者是否受到过奖励、何种奖励，是否曾受到单位处罚、何种处罚，是否与原单位存在竞业限制的协议书，是否存在非全日制工作等情况

（3）对应聘者慎用承诺

为了吸引更多应聘者，吸引高素质人才，企业常对应聘者承诺高工资、高福利，有的承诺给予国外培训的机会，有的承诺赋予高职位，有的甚至承诺一些中长期激励措施。应该说，为了增加本单位对应聘者的吸引力，尤其对本单位所需要人才的吸引力，对应聘者适当作一些承诺是必要的，但对招聘者做出承诺时必须注意以下三点：

表 1-4 应聘承诺注意事项

充分了解应聘者	承诺要设定一定的享用条件	承诺兑现对企业影响不大
了解其所具有的知识、技能本单位现有员工是否具备，是否能对增强本单位的核心竞争力起作用	提前说明在本单位工作满几年，或者达到什么样的业绩，或者具备了什么样的条件才能享用承诺	兑现该承诺不应对公司现状产生过大的冲击，避免导致现有员工心理上的不平衡等

（4）重视应聘者的知情权

企业招聘员工过程中可以通过笔试、面试以及其他各种途径了解和知悉应聘者的情况。员工处于相对弱势的地位，对单位的了解甚少，有的单位甚至拒绝回答劳动者提出的有关该单位的问题。这样做有违企业招聘的初衷。

企业在招聘时把自己的真实情况全面、充分地展示给应聘者，让应聘者谨慎地做选择既是尊重应聘者知情权的要求，也是搞好招聘工作、防范招聘风险的重要步骤。因为只有在应聘者了解企业实情的情况下主动选择了企业，才会是稳定的。

3 员工招聘的渠道

企业招聘工作前，除了根据人力资源规划和工作分析的结果确定招聘人数、录用标准外，还要决定招聘的方法。即采用内部招聘还是外部招聘以及哪种招聘方法最经济、最有效。不同的招聘方法招聘的结果也不相同。

图 1-12 员工招聘渠道

渠道 1. 内部招聘

内部招聘即从企业内部人员中选聘具有所需岗位特质的人来充实该岗位队伍。在企业内部通常会有某些具备综合能力的人员，当所需岗位需要补充人员时，在本人同意的情况下，可以通过一定的测评方式，把具备一定能力的人充实到所需岗位队伍中。内部招聘使员工有一种公平合理、公开竞争的平等感觉，它会使员工更加努力奋斗，为自己的发展增加积极的因素。

渠道 2. 外部招聘

新员工会带来不同的价值观和新观点、新思路、新方法。外聘人才可以在无形当中给组织原有员工施加压力，形成危机意识，激发斗志和潜能。外部挑选的余地很大，能招聘到许多优秀人才，尤其是一些稀缺的复合型人才，这样还可以节省大量内部培养和培训的费用。同时，外部招聘也是一种很有效的信息交流方式，企业可以借此树立积极进取、锐意改革的良好形象。

一般外部招聘还有三种渠道可以进行：

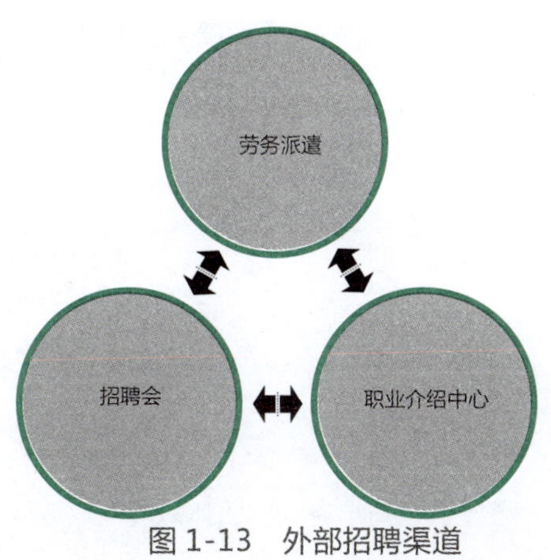

图 1-13　外部招聘渠道

①劳务派遣。

房地产企业根据工作实际需要，向正规的劳务派遣公司提出所用人员的标准条件和工资福利待遇等，劳务派遣公司为其派遣所需的各类人员，以满足房地产企业的用人需要。

②职业介绍中心。

房地产企业委托相关的职业介绍中心进行应聘人员筛选，可以减低企业人力部门的压力，应聘者通过职业介绍中心咨询和了解用人单位的情况，实现应聘者和企业双向选择的过程，企业更好地选拔和采用适合的人才。

③招聘会。

现场招聘是企业招聘常用的一种渠道。在招聘会上，用人企业和应聘者可以直接进行接洽和交流。与大而全的招聘会相比，专场招聘会更加精准化，能够充分发挥行业人才网站的行业资源优势与专业服务优势，因此房地产企业在进行招聘时，可以选择参加行业专场招聘会，以增强招聘效果。

三 房地产企业人力资源培训

招聘只能招聘到与职位要求能力相关的人，但招聘不到能力优秀的员工。优秀的员工还要由企业借助培训自我培养。企业内部培训是使员工的知识、技能与态度得到最快提高与改善的路径。

1 新员工培训

新员工入职培训是企业为新进员工所专门设计并实施的培训，它是在为企业塑造合格员工、传承企业文化。新员工入职培训的关键是及时、规范、全面。

新员工入职培训是一个企业录用的员工融入到团体的过程，是员工逐渐熟悉、适应企业环境并开始初步规划职业生涯、定位自己角色、开始发挥才能的过程。

新员工的入职培训内容包括以下两点：

图 1-14　新员工入职培训步骤

内容 1. 组织入职培训

新员工入职后，试用期内由办公室主任按照“新职员入职培训大纲”组织培训。

内容 2. 进行相关考核

按照培训的相关内容进行考核，考核合格后经用人部门经理了解确定后方可上岗，考核不合格者不予录用。

2 建立人力资源培训体系

培训员工是为了实现员工成长和企业成长的相互促进，人力资源部门作为中间的枢纽，要承担协调培训内容、培训形式与培训费用之间的平衡关系。以下几个原则有助于人力资源部门建立适合企业自身环境的培训体系。

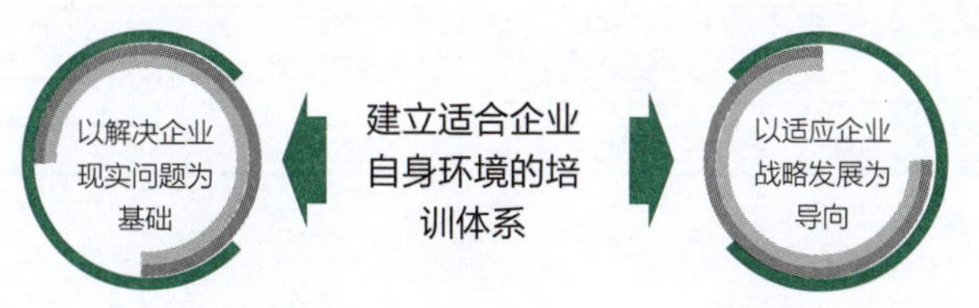

图 1-15　建立适合企业自身环境的培训体系

原则 1. 培训以解决企业现实问题为基础

企业培训工作应围绕着企业总体目标工作的实现来进行，以“员工”中心，以“分析培训需求，确定培训目标”和“培训效果的评估落实”为基本点。

图 1-16　总体培训步骤

①以员工为中心

“以员工为中心”的培训的直接目的是为提高和改善员工的态度、知识、技能和行为模式，建立多层次、多形式、多规格的教育体系。

②培训需求分析

“培训需求分析”通过访谈法和问卷调查的方式来实现。

表 1-5 培训需求分析内容

战略分析	基于企业的发展战略和目标，对符合业务需要的优秀管理人才、专业人才进行培训、提高、开发和使用
任务技能分析	编制《岗位说明书》和工作规范，对工作应达到的绩效标准及行为进行培训提高
绩效分析	根据每位员工达到理想绩效所必须掌握的知识、技能，通过对《绩效评估体系》实施结果的分析，了解员工行为、态度及工作绩效与理想目标之间的偏差，确定培训项目
现存问题分析	根据公司在某方面存在的问题进行培训
员工职业发展需求分析	根据员工职业生涯规划发展进行培训，使员工与公司共同成长

③培训效果的落实评估

培训效果评估工作很容易受到忽视，有些企业将培训课程结束当做整个培训活动的结束，有些企业认为效果评估只是发放一些调查表格对培训效果进行意见征询和简单反馈。其实，培训效果评估是培训活动的一个必要环节，对于整个培训体系有着重要的意义。

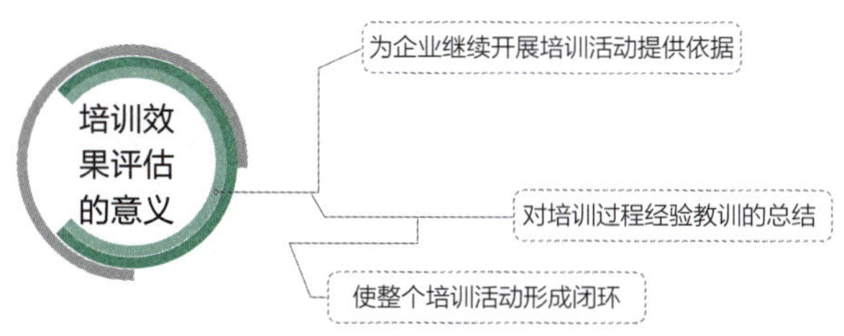

图 1-17　培训效果评估的意义

原则 2. 以适应企业战略发展为导向

没有战略的企业是短视，而战略是一种选择，是企业要向何处去，是对企业发展方向的确定。而这种方向、选择如何才能有效落地呢？答案就是要有合适的人，能战斗的人，这种人的选、育、用、留就是企业的人才战略。作为企业的管理者，时刻要清楚自己企业处在生命周期的何种阶段，要根据不同的阶段，配备合适的人，这些合适的人多数都是企业自己培养的。

四 房地产企业绩效考核过程

绩效考核的开展与人力资源管理的各项工作环环相扣、密不可分。它为培训提供建议、为人事调整提供参考、为薪酬激励提供依据，也与员工关系和企业文化结合紧密。通过与这几方面工作的有机融合，形成良性循环，人力资源管理工作才算是执行到位。

1 绩效考核管理流程

房地产企业的绩效考核管理流程主要包括以下四项步骤：

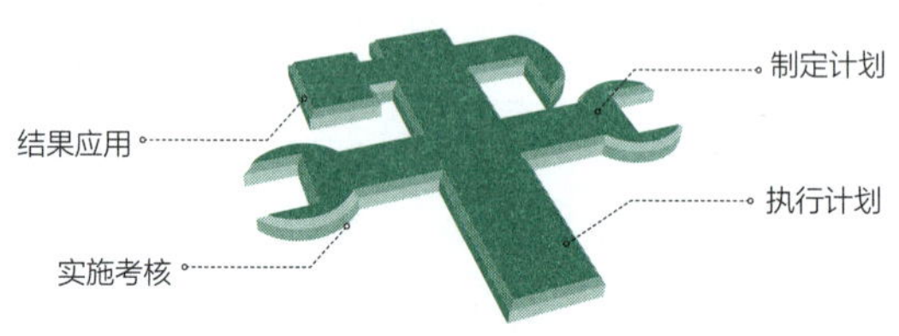

图 1-18　绩效考核管理步骤

步骤 1. 制定计划

考核者与被考核者根据部门职能和岗位职责沟通员工本考核期内的工作，确定计划，对每项工作确定绩优和不良关键事件，并达成共识，填写“绩效积分卡”，双方签字确认。

步骤 2. 执行计划

被考核者按照计划开展工作，直接上级给予指导。考核者对被考核者的工作表现适当记录，作为考核依据。

步骤 3. 实施考核

考核者按照规定的评分标准进行打分并提交人力资源部，提供绩优和不良关键绩效的具体事件，人力资源部对考核结果进行审核。考核者和被考核者就考核成绩、本考核期内的表现进行沟通，并填写“绩效积分卡”。

步骤 4. 结果应用

人力资源部对考核结果进行整合，由被考核者所在部门和人力资源部分别备案。

2 绩效考核要抓住要点

房地产企业考核体系主要由项目考核和年度考核两部分组成，绩效的考核与奖励以项目考核为准。年度考核只是对项目考核目标的分解，它以事先责成子公司总经理在工资总额中扣存一定比例的年薪，然后由集团根据其年度目标完成情况决定是否返还和返还比例作为奖惩的主要手段。

图 1-19　房地产企业考核体系

（1）项目经营目标责任考核

在取得项目土地使用权、项目公司成立、宗地的规划指标等工作完成以后，以项目可行性研究报告确定的开发进度与收益测算为基础，集团事业部对项目经营目标进行统一设定。

与经营目标相关的指标

经营目标主要包括利润目标和开发进度两部分。

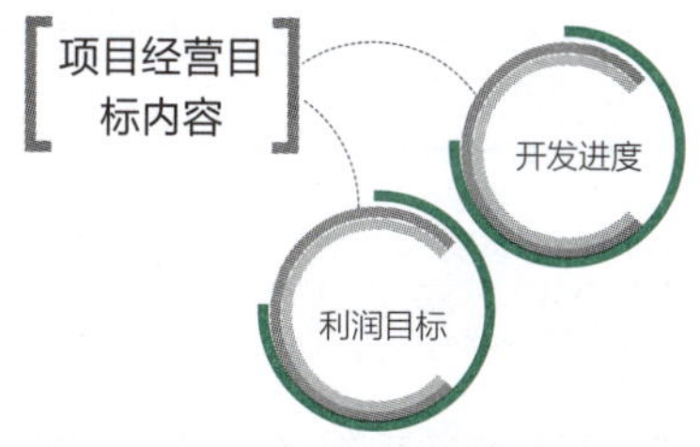

图 1-20　项目经营目标内容

以下三大指标与利润目标相关。

表 1-6 与利润目标相关的指标

规划指标	成本费用	利润目标
净用地、全部和分项建筑面积等	根据会计科目设置，含土地成本、前期费用、基础设施费、配套设施费、建安造价、期间费用六部分。需要指出的是，不可预见费虽然在做项目可行性研究时是必要的，但在进行项目经营目标考核中不宜作为单独的成本科目	平均售价、分项收入、净利润、成本利润率等指标

以下七大指标与开发进度相关。

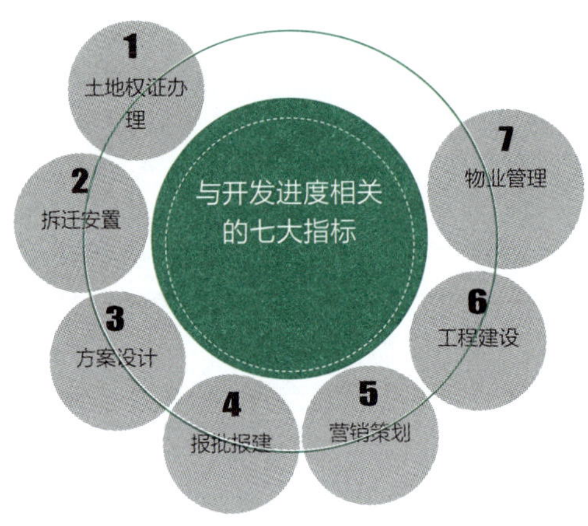

图 1-21　与开发进度相关的七大指标

项目经营目标考核的奖与惩

以“净利润”指标为核心，其数值不得低于项目考核书所列的目标，考虑到项目开发往往是跨年度的，期间可能发生影响项目经营目标完成结果的重大情况，因此，每年集团可根据实际情况对项目经营目标做出调整，最终的考核指标即以项目每年的年度经营目标相加后确定。超出“净利润”目标的部分，集团给予子公司一定比例作为奖金。

为防止出现利润与成本不同步增长的情况，项目的“净利润”指标必须以项目考核书确定的“成本利润率”为参照，成本利润率每下降 1%，超出净利润部分的奖励比例下调 1%。

对项目的开发进度以办理完毕 98%以上业主的入住手续为准，每迟延 10 天，超出净利润部分的奖励比例下调 1%。

在完成“净利润”指标的前提下，如果子公司通过努力积极争取当地的优惠政策，使项目税费与正常情况及同类项目相比得到较大减免；或者子公司通过努力，使主要的成本科目实际发生额与考核指标及同类项目相比确有明显下降，经查证属实，按减免或下降额的一定比例给予奖励（但为此所产生的招待公关等费用应计入成本费用总额，列入当年的年度考核）。

（2）年度经营目标责任考核

年度经营目标由经济指标和综合管理指标两部分组成，满分 100 分。其中，经济指标占

70%，综合管理指标占30%。两者考核均实行百分制，先对每项指标逐一考核评分，累计所得分数后乘以各自权数即为该公司当年两种指标考核的最终得分。

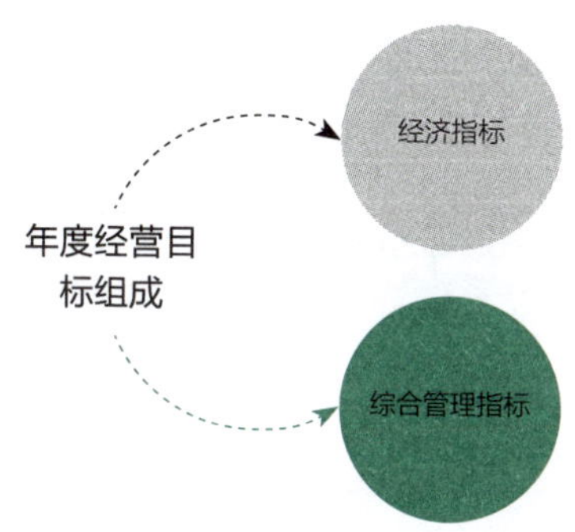

图1-22　年度经营目标组成

年度经济目标主要包括销售收入和管理费用指标。其中，工资总额、招待费两项弹性较大的科目单独列出。其他的项目开发成本费用列入综合管理目标作专项考核。

考核分值的计算方法：

成本费用总额和成本费用率采取双向控制、统配使用，可支配费用随收入增减而增减。如：某年的管理费用指标245万元 ÷ 收入指标6200万元 ×100% = 当年的成本费用率3.95%，即每增加100元的收入就要增加3.95元的费用。经济指标以“经营收入为核心，成本控制为调节因素”为考核分值的原则。

经营收入的考核办法：

以各项实际完成收入的数值除以各项核定指标再乘以各项收入占总收入的权数，得出此项收入的考核分值。

经营收入考核值为各项收入的考核分值累加数。设定：A_i 为实际收入； B_i 为经营指标数，i 为权数，则经营收入分值为：$\Sigma A_i/B_i \times i \times 100\%$。

计算出经营收入的考核分后，以实际完成的经营收入（ΣA_i）为基数乘以核定的费用率，得出实际完成收入应该控制的费用（用 β 表示），再将实际发生的费用（用 α 表示）除

以实际完成收入应该控制的费用（β），以 100 减去，即为成本费用指标考核得分。设定：α 为实际发生的费用，β 为实际完成收入应该控制的费用，则成本费用指标考核得值为：$100-\alpha/\beta\times100$。

经济指标的总分值为：$[\Sigma A_i/B_i\times i\times100\%+(100-\alpha/\beta\times100)]\times70\%$。

综合管理目标考核

根据子公司发展与经营情况，按满分 100 分设定各项管理工作的内容、分值与考核办法，由集团事业部会同集团相关职能部门根据对子公司的检查记录进行评分。其内容主要有：

表 1-7 综合管理目标考核内容

项目工程进度	重要的进度目标，每项每迟延若干天扣一定的分数
财务管理	自主融资额不得低于多少、财务纪律、预算编制与执行情况、前面所说的专项费用控制等
综合管理	集团劳动人事制度执行情况、员工培训、信息沟通、规划设计和营销方案等重大事项的及时上报审批、合同管理、文件、车辆、档案、物资、保密等事项的管理等
安全管理	有健全的安全管理机构与制度、不发生民事转刑事案件和非正常死亡、无重大职工人身安全、盗窃、火灾等事故
品牌建设	认真执行集团的 CIS 系统、争创统一的集团房产品牌、业主投诉率控制在一定数值以内等
土地储备	积极在项目所在地和周边进行新项目的考察调研，争取在一定的时间内有新的项目签约

五 房地产企业薪酬设计

房地产是我国的支柱产业之一，涉及国民经济的各个行业，房地产业的人力资源的薪酬管理也已经成为了房地产业留住人才、激励人才的重要措施。当前，国家进行宏观调控的背景下，积极打压房价，房地产企业面临着新的机遇和风险，所以就更应该重视薪酬管理，这样才能为企业更好地留住人才，为企业在激烈的竞争中赢得一席之地。

1 房地产企业薪酬管理四大问题

目前，我国房地产业薪酬管理体系中存在较多问题，以下四个问题较为突出：

图 1-23　薪酬管理四大问题

问题 1. 薪酬考核体系不科学

许多房地产开发公司薪酬考核体系都存在很多问题。有些企业受原有薪酬体系的影响，旧体系表面致力于公平原则，可是员工却认为公司的绩效考核不具有实际作用，过程形式化，根本达不到所要的公平效果。有调查显示，很多公司的员工都认为公司目前的薪酬制度仅代表了部分员工的利益，没有认真客观地分析绩效考核结果。即便干同样的活，每个人的能力不一样，应该细分工种，明确分工，让不同的级别的人之间的工作待遇也能形成差异，才可以激发出员工的奋斗意识。

问题 2. 全面薪酬体制不健全

房地产行业的特点是项目式运作，而且每个项目运作开发建设周期长、地域跨度广，公司有时还会多项目同时交叉运作，项目建设周期与企业会计核算周期不一致，运营的模式相对比较复杂，如果房地产项目策划失败就很难量化考评。所以房地产业至今也没有建立起来一套完整的全面薪酬绩效激励机制，建立全面薪酬体制也是当前房地产业薪酬管理体系改革的方向。

问题 3. 薪酬管理没有与企业经济效益挂钩

部分房地产开发公司没有认识到薪酬管理在企业人力资源管理中的重要作用，薪酬管理的方法不科学，工资调整方法不科学，调薪没有固定标准，而且没有与企业效益挂钩，公司在调薪上仍然采取人人都涨和主观调薪。这样的薪酬管理方式不能激发员工的积极性，甚至还会出现人浮于事的现象。

问题 4. 薪酬体系中非经济性报酬不够

非经济的报酬是指员工对工作本身、对所处工作环境等外在因素的心理满足感。具体而言，它包括良好的工作环境、工作的挑战性、责任感和成就感、轻松愉快的工作氛围、员工个人价值的实现等。

公司的薪资体系不应忽视不同层次员工的非经济性报酬的积极作用。薪酬管理不能仅停留在指标考核层面上，而不发挥其他人力资源管理的作用。

目前，中国大多数企业的薪酬体系不全面，致力于企业管理高效率的房地产开发企业应该积极迅速地进行薪酬管理体系改革。

2 优化房地产薪酬管理体系

优化房地产薪酬管理体系，使之成为与企业发展战略相匹配的薪酬体系，最大化地利用人才、激励人才，以此推动企业的良好发展。优化薪酬结构，要做到以下四个方面：

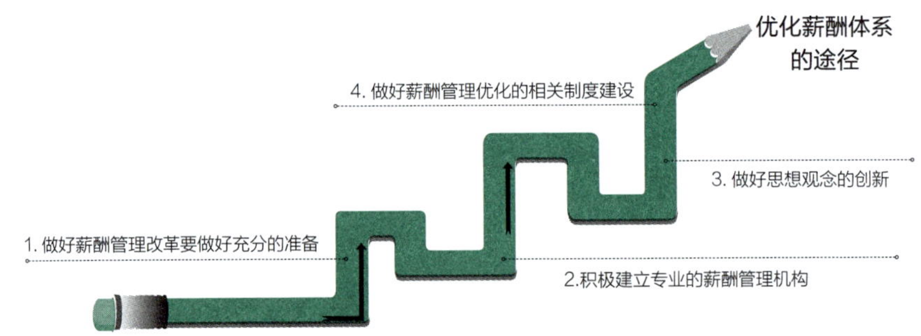

图 1-24 优化薪酬体系的途径

（1）做好薪酬管理改革要做好充分的准备

房地产薪酬管理改革要做好以下几项工作：

①积极的组织宣传。制定和实施薪酬体系前一定要保证员工与领导者之间顺畅沟通，对改革后的体系做充分的宣传和培训。为了让员工理解薪酬改革并支持改革，企业可以利用各种媒体进行宣传，公开、透明地与员工进行充分的双向沟通，使之能够深入了解、接受薪酬

调整方案，并支持方案推行。员工认同和积极参与的薪酬改革才能顺利进行。

②有重点的宣传。与员工沟通原有薪酬体系中存在的问题以及对员工激励和企业发展的影响，重点强调薪酬改革的意义、目的和导向，并达到预期的目的。

③印发专门的宣传。房地产开发公司在改革薪酬时一定要对于员工争论的焦点问题以问答的形式向员工讲解基本情况、原理。

（2）积极建立专业的薪酬管理机构

积极建立专门的薪酬管理机构，根据实际情况制定相应的薪酬管理体系，并且随着企业发展战略的变化而相应改变薪酬内容和薪酬结构，为薪酬改革提供组织保障。这一管理机构设置在人力资源管理部门中，从而可以配合其他人力资源管理，合理配置薪酬。要保证薪酬管理人员的素质过硬，除了具备相应的专业知识以外，还要在工作中保持中立性，这样才能保证薪酬制定符合企业发展战略，确保企业健康发展。

（3）做好思想观念的创新

企业薪酬改革中的思想观念创新是全员的，主要包括以下四点：

①薪酬管理改革，管理者首先要摆脱陈旧落后的管理理念，把薪酬管理看成是一种必要的企业投入，而非看做是成本支出。

②房地产业薪酬管理一定要保证企业价值和组织观念上与改革相适应，与企业经营战略相辅相成、相得益彰，这样才能为企业提供强有力的支持。

③房地产企业还要注意过渡阶段的利弊因素，综合各方面的利弊，保证薪酬改革效益实现最大化。

④房地产企业也要引导员工积极树立薪酬观念，树立岗位贡献与薪酬对等的内部公平理念，热爱企业，努力搞好本职工作，提高业务素质，增进自身价值。

（4）做好薪酬管理优化的相关制度建设

房地产公司可以根据自身公司的岗位说明书，考核员工工作过程，解决绩效管理中的实际问题，对公司的经营起到推动作用。

薪酬管理改革要逐步完善相关配套制度，建立完善的企业法人治理结构，强化经营者的激励机制，改变陈旧观念。

六 房地产企业人员流动管理

员工流动速度过快，致使企业投资成本加大，是影响企业发展的重要因素。做好企业人员流动管理，人力资源管理部门首先要挖掘导致企业人员流动的原因。

1 房地产企业人员流动三大原因

造成房地产企业人员流动的原因主要有以下三点：

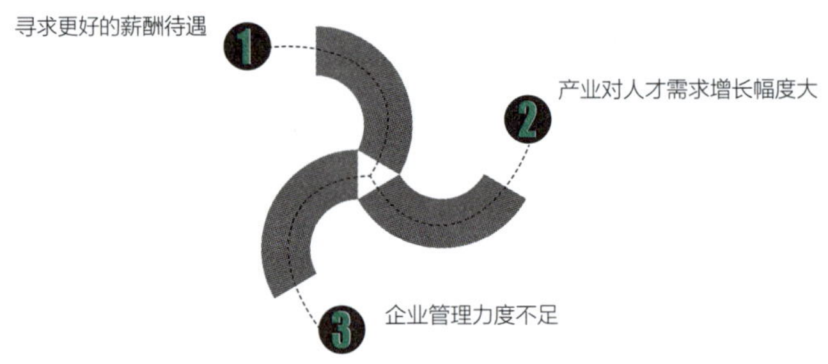

图 1-25 企业人员流动原因

原因 1. 寻求更好的薪酬待遇

薪酬是影响房地产行业员工稳定性的重要因素，薪酬待遇也是造成房地产企业员工流动的决定性原因，引发企业不稳定因素的罪魁祸首，70% 的不稳定因素直接由薪酬导致。

原因 2. 产业对人才需求增长幅度大

房地产行业看似有 20 多年的历史，但真正称得上是一个“行业”，不过是在最近的数年间。这么短的时间，客观上不可能积累大量人才，加之开发利润刺激，成千上万的房地产公司一夜涌出，更加剧了这个行业的人才短缺、甚至是奇缺的矛盾。能成为企业的核心员工，工作之于他，不仅是高报酬，还要能发挥专业特长和成就自己的事业。他们在公司内所处的位置、所扮演的角色、所担当的责任、所发挥的作用都要具有特殊性。核心员工的工作需求会不断发生变化，一旦感到组织不能满足他们自身的发展，或自身价值没有得到组织的完全认可，他们的工作的态度就会发生转变，对所从事工作的不满意度就会上升，最终会选择离职。

原因3.企业管理力度不足

企业业务反馈不及时、工作时间不合理、公司管理存在漏洞等，也会造成企业人员流动。特别是在房地产产业，由于人才供给和市场需求的巨大落差，人才获取多采取高薪挖角的方式。企业付出了高额的薪酬把人“挖”来，必然想尽快得到更多回报，于是就拼命用人，员工工作压力大。整个房地产行业也因此陷入了一个恶性循环的怪圈。

2 防止企业人员流失对策

员工是企业的重要资源，人员的大量流失会影响企业竞争力，制约企业的发展。防止企业人员流失，要做好以下三点：

图1-26 防止企业人员流失对策

（1）要有合适的员工激励手段

经济利益激励是企业激励的主要模式，在房地产企业中使用得非常普遍，体现为收入分配的差距。以合理的分配机制做保证，把财富的分配与每个员工的贡献对等起来，让真正做事的人获取最大份额的财富，是企业留住员工的关键手段。

经济利益激励机制主要有以下三种表现形式：

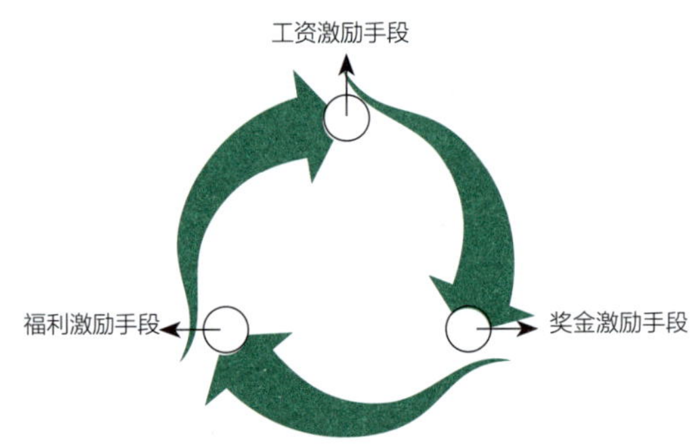

图 1-27　经济利益激励机制的表现形式

工资激励手段

工资作为一项基本的经济来源能够有效地影响员工的行为，所以，企业可以用高薪来留住人才。所谓高薪是指，在企业外部，员工的薪资高于或大致相当于同行业平均水平；在企业内部，适当拉开薪资的差距。

奖金激励手段

奖金作为工资激励的一种辅助手段，主要包括企业的月度奖、年终奖和发明奖等其他形式。除了对有突出贡献的人才实行年终重奖外，还可制定多样化的奖励办法，增强各个阶层员工工作积极性。

福利激励手段

企业福利中常用的、激励效果显著的福利主要包括员工的保健、住房待遇和社会保险等方面。例如，长虹集团公司采取高标准住房待遇留人的制度对留住优秀人才起到了较好的激励效果。公司设有专家住宅楼奖励，高、中档住宅楼奖励，根据人才的贡献大小决定其所应获得的住宅楼奖励等级与档次。

（2）制定适当的约束制度

经济利益激励机制意味着企业支付给员工高薪、高奖金、高福利。这是企业的经济负担，也会诱发某些人才走或留的短期行为。

为此，企业在做经济利益奖励时候要注意：

首先，对年度奖励等部分实行现付与延期兑现相结合制度即奖励期权制，以此建立人才的约束机制。具体策略有：一，以现金即时支付一部分奖励，余下部分转入个人账户，留待将来支付；二，突出人才可以以期股的形式优惠购买、获奖企业股份。

其次，奖励期权制最好少动用甚至不动用企业现金支出。因为这样做既减轻了企业的现金支出压力，有利于企业扩大再生产，又有利于将人才和企业结成紧密的利益共同体，鼓励其敬业精神。

（3）为人才提供发展空间

企业为优秀人才提供成长与发展空间，保证其自身的不断提高，可以帮助人才充分发挥和利用其潜能，更大程度地实现自身价值，提高工作满意度；同时会令他们感受到个人职业发展的前景乐观，从而增强对企业的归属感和责任感，自觉地留在企业，竭力为企业服务。

第三节

房地产人力资源管理工具箱

房地产行业人力资源管理作为企业获取竞争优势的主要手段，对企业发挥着越来越重要的作用。人力资源管理的目的和愿景是通过对人力资源的开发与管理投资于人力，实现人力资本的升值，进而为企业创造更好的价值。

一 人力资源管理总体框架

1 人力资源管理内容

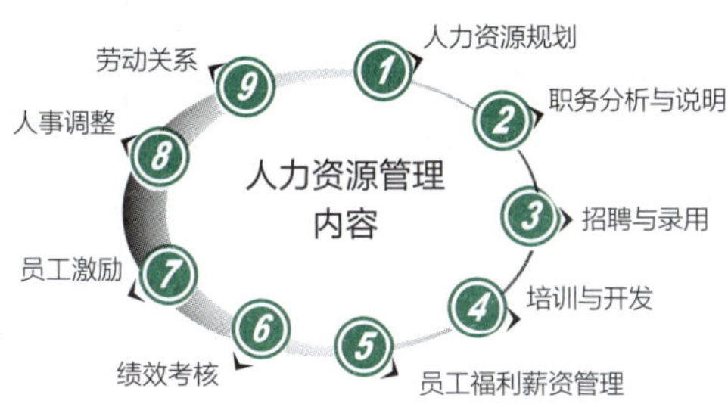

2 人力资源管理流程

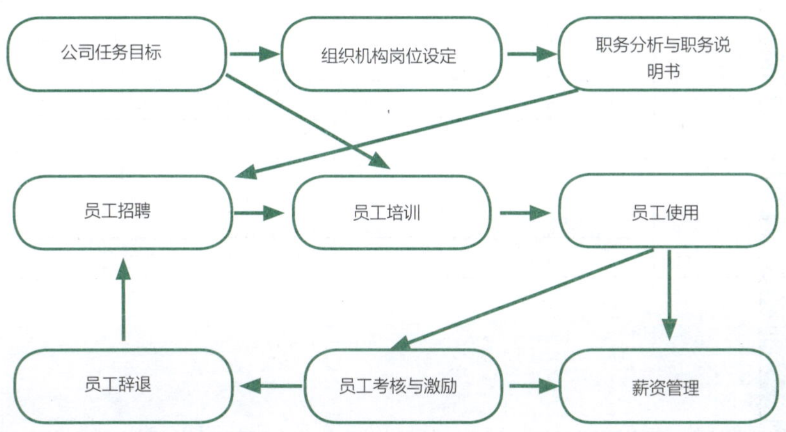

二 人力资源管理招聘部分

1 人事部年度招聘计划报批表

部门有关情况	录用部门	录用职位概况				考试方法和其他		
		职位名称	人数	专业	资格条件	考试方法	招考范围	招考对象
公司核定的编制数								
本年度拟录用人数								
备注								

2 招聘需求申报表

<table>
<tr><th>招聘岗位</th><th></th><th>拟招人数</th><th></th><th>期望到位时间</th><th colspan="2"></th></tr>
<tr><td colspan="7">岗位职责简述：（工作地点）</td></tr>
<tr><td colspan="7">基本素质要求：
学历：年龄：____岁～____岁性别：
专业：相关工作经验：年以上
其他：</td></tr>
<tr><td colspan="7">专业素质要求：</td></tr>
<tr><td>提供待遇标准</td><td>最低</td><td></td><td>平均</td><td></td><td>最高</td><td></td></tr>
<tr><td colspan="7">其他招聘要求（是否有目标人选、是否需要猎头等）

部门负责人签名：</td></tr>
<tr><td colspan="7">以上内容由需招聘部门负责人填写</td></tr>
<tr><td colspan="7">公司主管领导审核意见：

签名：</td></tr>
<tr><td colspan="7">招聘结果反馈：

签名：</td></tr>
</table>

3 应聘人员登记表

<table>
<tr><td>姓名</td><td></td><td>性别</td><td></td><td>年龄</td><td></td><td>出生日期</td><td></td></tr>
<tr><td>籍贯</td><td></td><td>民族</td><td></td><td>健康状况</td><td></td><td>婚姻状况</td><td></td></tr>
<tr><td>应聘职位职称</td><td colspan="3"></td><td>所学专业</td><td colspan="3"></td></tr>
<tr><td>（技术等级）</td><td colspan="3"></td><td>原工作单位及职务</td><td colspan="3"></td></tr>
<tr><td>第一学历</td><td colspan="3"></td><td>毕业院校</td><td colspan="3"></td></tr>
<tr><td>最高学历</td><td colspan="3"></td><td>毕业院校</td><td colspan="3"></td></tr>
<tr><td rowspan="4">工作经验</td><td>起止时间</td><td colspan="2">公司名称</td><td colspan="2">所担任职务</td><td colspan="2">相关证明人</td></tr>
<tr><td></td><td colspan="2"></td><td colspan="2"></td><td colspan="2"></td></tr>
<tr><td></td><td colspan="2"></td><td colspan="2"></td><td colspan="2"></td></tr>
<tr><td></td><td colspan="2"></td><td colspan="2"></td><td colspan="2"></td></tr>
<tr><td rowspan="4">工作期间业绩</td><td>起止时间</td><td colspan="2">专业技术工作名称（如项目、课题等）</td><td colspan="2">工作内容</td><td colspan="2">完成情况</td></tr>
<tr><td></td><td colspan="2"></td><td colspan="2"></td><td colspan="2"></td></tr>
<tr><td></td><td colspan="2"></td><td colspan="2"></td><td colspan="2"></td></tr>
<tr><td></td><td colspan="2"></td><td colspan="2"></td><td colspan="2"></td></tr>
<tr><td rowspan="4">论文成果</td><td>日期</td><td colspan="2">论文名称</td><td colspan="2">内容提要</td><td colspan="2">发表、获奖情况</td></tr>
<tr><td></td><td colspan="2"></td><td colspan="2"></td><td colspan="2"></td></tr>
<tr><td></td><td colspan="2"></td><td colspan="2"></td><td colspan="2"></td></tr>
<tr><td></td><td colspan="2"></td><td colspan="2"></td><td colspan="2"></td></tr>
<tr><td>备注</td><td colspan="7"></td></tr>
</table>

4 某房地产企业销售人员面试试题（范例）

考核内容	面试题目
基本素质与工作态度	1. 你认为一个销售人员需要具备什么样的素质
	2. 销售人员的工作职责
	3. 你如何看待房地产这个行业
	4. 你希望有怎样的合作伙伴与团队
业务水平与技巧	1. 售楼部最应该注意的事项是什么
	2. 谈一谈接待客户的流程
	3. 接待客户的要点
	4. 怎样推荐房源
	5. 怎样回访与跟踪客户
	6. 自己所销售的楼盘条件一般时，怎样说服客户
自信力	怎样评价你过去所在团队中的工作业绩及你发挥的作用
价值取向及其他	1. 你为何重新求职
	2. 高薪、晋升、表彰你会选择哪一种
	3. 业余时间你通常在做什么

5 销售人员面试评估表（范例）

应聘者姓名		性别		年龄	
应聘职位		所属部门		面试日期	
评估项目	测评内容				分数
仪表	端庄整洁、健康状况良好				
语言表达	吐字清晰、用词恰当、逻辑性强				
知识	大专学历、常识丰富				
工作经验	专业工作经验及同类职位工作经验丰富				
沟通能力	亲和力强，富有感染力，能接受别人对自己的观点或意见				
工作态度	诚恳、有责任心、自律性强				
总体评价					

应聘者姓名			性别		年龄	
应聘职位			所属部门		面试日期	
评估项目	评估等级					
	好	分数	中	分数	差	分数
仪表	端庄整洁		一般		不整洁	
表达能力	清晰流畅		基本达意		含糊不清	
工作态度	诚恳		一般		随意	
进取心	强烈		一般		欠缺	
工作经验	丰富		一年以下		欠缺	
反应能力	敏捷、灵活		一般		迟钝	
总体评价						
面试评定	□下一轮面试□可以录用□不予考虑□其他					

6 新员工试用申请及核定表

<table>
<tr><td rowspan="11">试用申请</td><td>姓名</td><td></td><td>性别</td><td>□男□女</td><td rowspan="7">（1）试用部门</td><td rowspan="7">部厂处
依 _____ 字第 _____ 号奉准增补
拟派任工作：
拟训练计划
主管：__________ 经办</td></tr>
<tr><td>籍贯</td><td colspan="3"></td></tr>
<tr><td>年龄</td><td colspan="3"></td></tr>
<tr><td>地址</td><td colspan="3"></td></tr>
<tr><td>服役</td><td colspan="3"></td></tr>
<tr><td rowspan="2">学历</td><td colspan="3"></td></tr>
<tr><td colspan="3"></td></tr>
<tr><td>专长</td><td colspan="3"></td><td rowspan="2">（2）甄选主办部门</td><td rowspan="2">甄选方式：□公开招考 □推荐挑选
甄选日期：_____ 年 _____ 月 _____ 日
办理经过：
评语：</td></tr>
<tr><td>资历</td><td colspan="3"></td></tr>
<tr><td>（5）直管接意主见</td><td colspan="3"></td><td>（3）人事部门</td><td>预定试用日期：自年月日
至年月日
拟暂工资：自试用日起暂支 _____ 元
其他意见：</td></tr>
<tr><td>（6）董事长意见</td><td colspan="3"></td><td colspan="2">（4）经理意见</td></tr>
<tr><td>（7）事业关系室</td><td colspan="4"></td><td rowspan="3">（8）试用部门</td><td rowspan="3">试用期间：自 ____ 年 ____ 月 ____ 日
自 ____ 年 ____ 月 ____ 日
工作项目：
工作情形：
评语：
□拟正式任用 □拟予辞退
拟给职位：自 __ 月 __ 日起以任用
拟给工资：自 __ 月 __ 日起支 __ 元
其他：
主管经办：</td></tr>
<tr><td>（9）人事部门</td><td colspan="4">考勤记录：
意见：
职位：
薪资：
其他：</td></tr>
<tr><td>（10）直接主管意见</td><td colspan="4"></td></tr>
<tr><td></td><td colspan="6">（13）董事长（12）总经理（11）经理</td></tr>
</table>

7 职员转正申请表

<table>
<tr><td>姓名</td><td colspan="3"></td><td>部门</td><td colspan="3"></td><td>职务</td><td colspan="2"></td></tr>
<tr><td>学历</td><td colspan="3"></td><td>专业</td><td colspan="3"></td><td>到岗日期</td><td colspan="2"></td></tr>
<tr><td>试用期间</td><td colspan="7">____年___月___日～___年___月___日</td><td>工资级别</td><td colspan="2"></td></tr>
<tr><td rowspan="2">评核内容</td><td colspan="3">1、试用期间的主要工作表现</td><td colspan="7"></td></tr>
<tr><td colspan="3">2、对公司或主管有何建议</td><td colspan="7"></td></tr>
<tr><td rowspan="9">考核内容</td><td colspan="2" rowspan="2"></td><td colspan="2">优秀（95%）</td><td colspan="2">良好（85%）</td><td colspan="2">一般（75%）</td><td colspan="2">差（60%）</td></tr>
<tr><td>自评</td><td>初核</td><td>自评</td><td>初核</td><td>自评</td><td>初核</td><td>自评</td><td>初核</td></tr>
<tr><td>专业知识</td><td>20</td><td></td><td></td><td></td><td></td><td></td><td></td><td></td><td></td></tr>
<tr><td>工作能力</td><td>20</td><td></td><td></td><td></td><td></td><td></td><td></td><td></td><td></td></tr>
<tr><td>工作效率</td><td>15</td><td></td><td></td><td></td><td></td><td></td><td></td><td></td><td></td></tr>
<tr><td>协调能力</td><td>15</td><td></td><td></td><td></td><td></td><td></td><td></td><td></td><td></td></tr>
<tr><td>责任感</td><td>15</td><td></td><td></td><td></td><td></td><td></td><td></td><td></td><td></td></tr>
<tr><td>品德</td><td>10</td><td></td><td></td><td></td><td></td><td></td><td></td><td></td><td></td></tr>
<tr><td>上进心</td><td>5</td><td></td><td></td><td></td><td></td><td></td><td></td><td></td><td></td></tr>
<tr><td colspan="2">自评人</td><td colspan="3"></td><td colspan="3">自评分数</td><td colspan="3"></td></tr>
<tr><td colspan="2">初核人</td><td colspan="3"></td><td colspan="3">初核分数</td><td colspan="3"></td></tr>
<tr><td colspan="2">初核评语</td><td colspan="9"></td></tr>
<tr><td>考勤状况</td><td colspan="2">迟到____次
—______分</td><td colspan="2">早退_____次
—_______分</td><td colspan="2">病假____天
—______分</td><td colspan="2">事假___天
—_____分</td><td colspan="2">旷工___次
—_____分</td></tr>
<tr><td>考核结果</td><td rowspan="2">结论</td><td colspan="9" rowspan="2">提前转正，晋（__）级，从__月__日起正式聘用。
按期转正，晋（__）级
按期转正，不予晋级
延长试用期____个月
（到___年___月___日止）
试用期不合格，不拟聘用</td></tr>
<tr><td>_____
分</td></tr>
<tr><td colspan="2">部门经理审批</td><td colspan="3"></td><td colspan="3">人力资源部主管审批</td><td colspan="3"></td></tr>
</table>

8 雇佣合同书范本

雇佣合同书范本

××公司（以下称甲方）因工作需要，按照国家、××市有关劳动法律法规、规章规定，聘用__________（以下称乙方）为我公司员工。双方根据“平等自愿，协商一致”的原则，签定本合同，确立劳动关系，明确双方的权利、义务，并共同遵守履行。

一、合同期限

本合同自___年___月___日起生效。本合同有效期经甲、乙双方商定，采取下列第___种形式。

1. 合同有效期限 ___ 年，至 ___ 年 ___ 月 ___ 日止。

2. 无固定期限。本合同除可因甲方生产经营发生变化或在定期考核中发现乙方未能认真履行本合同规定的劳动义务而依法予以终止外，其他终止条件为：____________________。

3. 合同期限至于 ______ 工作（任务）完成时终止。其完成的标志事件是 _________。

新招收、调入、统一分配人员的劳动合同，自生效之日起 ___ 个月内为试用期。

本合同由甲乙双方各存一份。鉴证时还需交鉴证机构一份。均具有同等效力。

二、工作任务

（一）乙方职位是 __________，向 ____________ 报告。

（二）在合同期内，甲方将可能指派乙方于其他职位。

三、工作时间

（一）甲方实行每日不超过八小时，平均每周不超过四十小时的工作制度。并保证乙方每周至少不间断休息二十四小时。

（二）甲方可以报经劳动行政部门批准实行不定时工作制或综合计算工时工作制。

（三）甲方因生产、工作需要，经与工会或乙方协商同意，可安排乙方加班加点。但每个工作日延长工作时间不得超过三小时，每月累计不得超过三十六小时。

（四）有下列情形之一的，甲方延长工作时间不受本条第（三）项规定限制：

1. 发生自然灾害、事故或者其他原因，威胁劳动者生命健康和财产安全，需要紧急处理的；

2. 生产设备、交通运输线路、公共设施发生故障，影响生产或公共利益，必须及时抢修的；

3. 在法定节日和公休假日内工作不能间断，必须连续生产、运输或者营业的；

4. 必须利用法定节日或公休假日的停产期间进行设备检修、保养的；

5. 为完成国防紧急任务的；

6. 为完成国家下达的其他紧急生产任务的。

四、休假

乙方在合同期内享受国家规定的节日、公休假日以及年休假、探亲、婚丧、计划生育、女职工劳动保护等假期的待遇。

五、劳动报酬

（一）乙方工资分配形式、标准：

1. 甲方按照政府有关企业职工工资，特别是不得低于于本市最低工资标准的规定制定本企业工资制度，确定乙方工资形式和工资标准。

2. 乙方试用期工资为人民币 ×× 元 / 月，试用期满乙方起点工资定为人民币 ×× 元 / 月。甲方可按企业工资制度调整乙方工资。

（二）甲方每月如期发放货币工资。如遇节假日或休息日，则延后在次工作日支付工资。

（三）甲方安排乙方加班，平时和休息日加班无法安排补休的，按不低于国家（含省、市）规定的标准发给加班工资。

其中：①安排延长工作时间的，甲方支付不低于工资 150% 的加班工资，如加班时间在 22 时至次日 6 时期间的，支付 200% 的加班工资；

②休息日加班，支付 200% 的加班工资；

③法定休假日加班支付 300% 加班工资。但乙方实行综合计算工时工作制的，其工作时间应以一定周期综合计算，属加班时间部分，应按加班工资计发。

（四）非因乙方原因所致的停工、停产，在一个工资支付周期内的，甲方应按本条第 1 项标准支付工资；超过一个工资支付周期的，甲方按不低于本市规定的失业救济标准发给乙方生活费。

（五）乙方在法定工作时间内经甲方批准依法参加社会活动期间，以及依法享年假、探亲假、婚假、丧假、计划生育假、女职工劳动保护假期间，甲方按本合同确定的乙方的工资标准支付工资。

（六）如甲方克扣或无故拖欠乙方工资，拒不支付乙方加班工资，低于本市最低标准支付乙方工资的，均应予补发，并应按国家规定支付乙方经济补偿和赔偿金。

六、保险福利待遇

（一）在合同期内，甲、乙双方需按照国家及省、市有关规定，缴纳基本养老保险、失业保险和工伤保险等社会劳动保险基金，同时甲方应定期向乙方通告缴纳社会劳动保险基金情况。

（二）甲方按国家、省、市有关规定，给予女工“五期”（经期、孕期、产期、哺乳期及更年期）的劳保福利待遇和乙方符合计划生育子女的劳保医疗待遇。

（三）乙方患职业病或因工负伤医疗期间的保险福利待遇，甲方按本市有关社会工伤保险规定执行；医疗终结，经市医务劳动鉴定委员会确认，属完全丧失劳动能力的，由甲方按规定给予办理提前退休；属部分丧失劳动能力的，按本市有关规定执行。

（四）乙方在合同期内患病或非因工负伤，其病假工资、疾病救济费和医疗费等，按不低于国家、省、市有关规定执行。

（五）乙方因工或非因工死亡的丧葬补助费、供养直系亲属抚恤费、救济费、一次性优抚金、生活补贴、供养直系亲属死亡补助费等，按国家及本市有关规定由社会劳动保险公司或甲方分别计发。

（六）非因乙方原因所致的停工、停产期间，乙方按国家规定享受的休假、劳动保险、医疗等待遇不变。

（七）乙方其他各种福利待遇，按甲方依法制定的制度执行。

七、劳动保护和劳动条件

（一）甲方执行国家有关劳动保护规定和标准，包括有关女职工、未成年工（16周岁至未满18周岁的职工）的劳动保护规定和《××省劳动安全卫生条例》，切实保护乙方在生产、工作中的安全和健康。

（二）甲方按国家“先培训后上岗”的规定对乙方进行安全生产知识、规章制度和操作规则培训以及其他的业务技术培训。乙方应参加上述培训并严格遵守其岗位有关的安全卫生法规、规章制度和操作规则。

（三）甲方根据乙方从事的工作岗位和有关规定，发给乙方必要的劳动保护用品，并按劳动保护规定定期免费安排乙方进行体检。

（四）乙方有权拒绝甲方违章指挥，对甲方及其管理人员漠视乙方安全健康的行为，有权提出批评并向有关部门检举、控告。

八、劳动纪律及奖惩

乙方应遵守甲方依法制订的《员工守则》及各项管理制度，甲方有权对乙方履行制度的情况进行检查、督促、考核和奖惩。

九、续订、变更、解除、终止劳动合同

1. 本合同固定期限届满即自然失效，双方必须终止执行。如双方协商同意，可以续订合同。

2. 如甲方因生产经营情况变化，调整生产任务，或者乙方因个人原因要求变更本合同条款，经合同双方协商同意，可以变更劳动合同的相关内容，并由双方签字（盖章）。如甲方订立劳动合同时所依据的客观情况发生重大变化，致使原合同无法履行，经当事人双方协商不能就变更劳动合同达成协议的，甲方可以解除劳动合同。

（三）有下列情形之一的，劳动合同即告终止：

1. 乙方已达到法定退休年龄的；

2. 乙方死亡；

3. 乙方被批准自费出国留学或出境定居的；

4. 甲方被依法撤销、解散、歇业、关闭、宣告破产；

5. 本劳动合同约定的终止条件（事件）已经出现。

（四）本合同经甲、乙双方协商一致可以解除。

（五）有下列情形之一的，甲方可解除劳动合同：

1. 乙方在试用期内，被证明不符合录用条件的；

2. 乙方严重违反劳动纪律及甲方依法制定的规章制度的；

3. 乙方严重失职、营私舞弊，对甲方利益造成重大损害的；

4. 乙方的行为按照国家的法律、法规规定被追究刑事责任或送劳动教养的；

5. 乙方不能胜任工作，经培训或调整工作岗位仍不胜任工作的；

6. 乙方患病或非因工负伤，医疗期届满后不能从事原工作，也不能从事由用人单位另行安排工作的。如属完全丧失劳动能力达到残废标准一至四级的，应同时按规定办理退休或退职手续。停工医疗期计算，按甲方制定的不低于《××市劳动局转发劳动部企业职工患病或非因工负伤医疗期规定》的标准执行。

7. 劳动合同期虽未满，但甲方因生产经营状况发生严重困难或生产任务不足，确需按规定裁减有关人员的；

8. 甲方破产或濒临破产处于法定整顿期间，确需按有关规定裁减人员的；

9. 甲方经批准转产，调整生产任务或改进生产条件，无法在企业内部调剂安排的富余职工；

10. 其他符合国家、省、市规定的可解除劳动合同条件的。

（六）有下列情形之一的，乙方可随时解除劳动合同：

1. 在试用期内；

2. 经国家有关部门确认，甲方劳动安全卫生条件恶劣，没有相应保护措施，严重危害乙方安全健康的；

3. 甲方不能按劳动合同规定支付劳动报酬；

4. 甲方不按规定为乙方办理缴纳退休养老保险等社会劳动保险基金的；

5. 甲方以暴力、威胁或者非法限制人身自由的手段强迫劳动的；

6. 甲方故意不履行劳动合同，严重违反国家法律、法规，侵害乙方其他合法权益的。

如乙方依据上款第 2 项至 6 项规定解除劳动合同的，均可追究甲方违约责任。

（七）乙方非依据本合同规定解除劳动合同，应提前三十天以书面形式通知甲方。但不解除乙方应依约承担的责任。

（八）有下列情形之一，甲方不得解除劳动合同：

1. 乙方患职业病或因工负伤，医疗终结期内或医疗终结后经市、县级市医务劳动鉴定委员会确认属大部分丧失劳动能力的；

2. 乙方患病或非因工负伤，在规定的医疗期内或医疗期虽满但经区级以上医院证明仍确需住院治疗的；

3. 符合计划生育政策的女职工在孕期、产假期、哺乳期内的；

4. 乙方经批准享受法定假期，在规定期限内的；

5. 符合国家、×× 省、×× 市有关其他不得解除劳动合同规定的。

（九）除试用期内或职工被违纪辞退、除名、开除及本合同另有其他特别规定等情况外，甲乙双方终止、解除、续订本合同，必须提前一个月书面通知对方。提前时间不足者，按相距的实际天数，以乙方当月工资收入的日平均数额计算补偿给对方。

（十）甲方应按规定为终止、解除劳动合同的职工办理填发《职工劳动手册》、转移档案等有关手续，为乙方办理待业登记、领取失业救济金提供方便。

（十一）甲方租赁给乙方居住的房屋，双方应签订住房合同。甲乙双方因各种原因解除或终止本劳动合同时，有关住房问题按住房合同规定办理。

（十二）若本合同终止或解除，乙方应将合同履行期内交给乙方无偿使用、保管的物品、工具、技术资料等，如数交还给甲方，如有遗失应予赔偿。

（十三）乙方符合国家规定的退休（含提前退休）条件，甲方应按规定为其办理退休手续，并按本市有关规定办理。

（十四）甲方在合同期内解除劳动合同按《××市劳动局转发劳动部违反和解除劳动合同的经济补偿办法》规定发给乙方经济补偿金、医疗补助费。属试用期内或因乙方被作违纪辞退、除名、开除导致劳动合同解除的，甲方不发给补偿金或生活补助费。

十、违反合同承担的责任

（一）一方违反合同，承担违约责任。给对方造成直接经济损失的，应当根据后果或责任大小，予以适当赔偿。

（二）乙方经甲方出资培训，双方签订培训合同并相应变更本合同有关条款。培训合同是本合同的附件。一方无故不履行培训合同，应按合同规定赔偿对方的损失。

（三）劳动合同期未满，又不符合双方可以解除劳动合同或双方约定的其他可以终止、解除劳动合同条件，在未经对方同意而解除劳动合同的一方，应按政府有关规定和劳动合同约定，承担违约责任。

乙方独自承担的违约赔偿损失的金额超过上年本人全部工资收入部分，可以减免。但属教育培训费、住房或保守甲方商业秘密方面的损失赔偿除外。

十一、调解和仲裁

双方履行本合同如发生争议，应先协商解决，协商无效，可向甲方所在地劳动争议调解委员会申请调解，或于劳动争议发生之日起六十天内向甲方所在地的劳动争议仲裁委员会申请仲裁，对仲裁不服的，可于收到裁决书十五日内向甲方所在地的人民法院起诉。

十二、合同之修正：

对于本合同之任何修正，只有双方共同签署，以书面形式承认的才能生效。

十三、适用法律

本合同受中华人民共和国法律所管辖，在合同期内，如本合同的条款与国家、×× 市有关劳动管理新规定不符，双方按新规定执行。

甲方（盖章）： 乙方（签名或盖章）：

法定代表人：

（或委托代理人）

____ 年 ____ 月 ____ 日 ____ 年 ____ 月 ____ 日

鉴证机构（盖章）：

鉴证人：

鉴证日期：____ 年 ____ 月 ____ 日

三 人力资源管理人事管理部分

1 员工档案表

姓名		性别		出生日期		年龄		照片
户籍地址				联系电话				
现在通讯地址				身份证号码				
最高学历	年　学校　系　专业				家庭状况	已婚		未婚

续表

<table>
<tr><td>应征工作</td><td></td><td>希望待遇</td><td></td><td>可接受的最低待遇</td><td></td></tr>
<tr><td colspan="6">主要简历
（从中学开始，以及工作单位的起止时间，公司名称、所在地、工资）</td></tr>
<tr><td colspan="6">工作经验及技能：</td></tr>
<tr><td colspan="6">离开现单位的原因：
填表人：　　年　月　日</td></tr>
</table>

2 工作评价表

<table>
<tr><td colspan="2" rowspan="3">工作评价表</td><td>部门：</td></tr>
<tr><td>科室：</td></tr>
<tr><td>工作名称：</td></tr>
<tr><td>因素</td><td>得分</td><td>补充说明</td></tr>
<tr><td>技能</td><td></td><td></td></tr>
<tr><td>知识</td><td></td><td></td></tr>
<tr><td>经验</td><td></td><td></td></tr>
<tr><td>职权</td><td></td><td></td></tr>
<tr><td>责任</td><td></td><td></td></tr>
<tr><td>社会交往</td><td></td><td></td></tr>
<tr><td>复杂性</td><td></td><td></td></tr>
<tr><td>工作条件</td><td></td><td></td></tr>
<tr><td colspan="3">总计</td></tr>
<tr><td colspan="2">评估人：</td><td>签名：</td></tr>
<tr><td colspan="2">职务：</td><td>日期：</td></tr>
</table>

3 职员调动、晋升申报表

姓名		性别		年龄	
学历		专业		到岗日期	
申报类别	□岗位调动 □晋升工资 □职务晋升				
原位	部门		调位	部门	
	职务			职务	
	职位			职位	
	工资级别			工资级别	
调动晋升原因					
备注					
晋升调动生效日期					
原位	部门主管		现任	部门主管	
	人力资源部主管			人力资源部主管	

4 离职结算单

姓名	部门	员工号	职务／工种	入公司日期	备注
事由	合同到期□ 辞职□ 辞退□ 开除□				
财务会计部 □欠款清理 □财务清算 经理： 日期：					
办公室 □通讯设备 主任： 日期：					
劳资部 □合同解除 □保险手续 □工资发放 经理： 日期：					

续表

人事部 □员工手册 □档案调出 经理： 日期：
本部门 □借用图书 □文件资料 □办公室钥匙 □办公用品 部门负责人： 交 接 人： 日 期：
总务部 □胸卡 □工作服 □劳保用品 □宿舍退房及用品验收 经理： 日期：
离职本人： 我确认上述手续已全部完成，从此解除我与某某公司的劳动服务关系。 签字： 日期：

5 房地产企业职位说明书

部门		岗位名称	
任职人		任职人签字	
直接主管		直接主管签字	
任职条件	学历		
	工作经历		
	专业知识		
	业务了解范围		
岗位目标与权限			
岗位职责 按重要顺序依此 列出每项职责及目标		负责程度 全责 / 部分 / 支持	衡量标准 数量、质量

6 员工培训计划

计划编号： 月份：

□内部培训 □外出培训	
培训项目	
培训名称	
培训时间 / 地点	
培训老师 / 教材	
培训目标	
考核方式	
培训费用（预算）	
制定	

7 人事管理制度样例

编制 ________________

审核 ________________

批准 ________________

第一章 总则

第一条 本规则依据 XXXXXXXXXXXX 厂（以下简称本厂）组织规程第十八条的规定制定，以达高度运用人力，提高经营绩效之目的。

第二条 凡本厂员工人事管理除另有规定外，悉依据本制度规定办理。

第二章 任用

第一条 各级人员的派任，均应依其专业经验予以派任。

第二条 各级人员任免程序如下：

（一）总经理、副总经理、助理——由董事会任免。

（二）部长、副部长、主任、副主任——由总经理提请董事会任免。

（三）组长、副组长——由主管部长（主任）任免或主管部长（主任）提请总经理任免，事后报董事会核备。

（四）新进人员经试用考核合格后始予正式任用。

第三条 新进人员之任用，部门主管级以下人员应呈报总经理批准，部门主管级以上人员应层呈董事长批准。

第四条 有下列事情之一者，不得予以任用：

（一）剥夺公权、尚未恢复者；

（二）曾犯刑事案件，经判刑确定者；

（三）受禁治产宣告、尚未撤销者；

（四）通缉在案，尚未撤销者；

（五）吸食鸦片或其他毒品者；

（六）身体有缺陷、或健康状况欠佳，难以胜任工作者；

（七）未满十六周岁者。

第五条 新进人员除另有规定外，自到职日起三个月为试用期，必要时可视其试用期间成绩表现之优劣予以缩短或延长之。

第六条 试用人员成绩表现优良者，由其直属单位主管填报试用人员任免签报单呈报总经理（董事长）核准正式任用。

第七条 试用人员成绩表现欠佳者，应由其直属主管权宜延长试用或停止试用，并填报试用人员任免签报单层呈总经理（董事长）核备。

第八条 新进人员于报到后，试用开始前，应在人事管理部门（本厂人事管理部门为企业管理办公室）办妥下列手续：

（一）填妥本厂新进职员履历表；

（二）缴验学历证件及身份证；

（三）最近半身正面免冠照片 2 张。

第九条 本厂员工之服务年资自试用之日起计算。

第三章 服务

第一条 本厂各级人员的职责，除依职位说明书外，如为该说明书未经载列，而经上级主管指派办理者，应尽力完成，不得拒绝。

第二条 本厂员工均应遵守下列规定：

（一）遵守本厂一切规章及公告。

（二）尊重工厂信誉，凡个人意见涉及本厂方面者，非经许可不得对外发表，除办理本厂指定任务外，不得擅用本厂名义。

（三）尽忠职守，保守业务上的一切机密。

（四）执行职务时，应力求切实，不得畏难规避，互相推诿或无故稽延。

（五）爱护工厂财物，不浪费，公物非经许可不得私自携出。

（六）待人接物要态度谦和，以争取同仁及顾客的合作。

（七）注意本身品德修养，切戒不良嗜好。

（八）出勤管理应依员工出勤管理制度之规定办理。员工出勤管理制度另订。

（九）因业务需要加班者，应依加班管理制度办理。加班管理制度另订。

第四章 待遇

第一条 本厂员工之待遇除另有规定外，悉依本章各条办理。

第二条 本厂员工工资按工作性质分为：

（一）计时工资。

（二）计件工资。

第三条 本厂员工工资标准规定见下表。

第四条 工资结算办法。

（一）计时工资结算办法。

（二）计件工资结算办法。

第五条 前条工资标准所列特殊岗位、职务、工龄津贴无等级之分。

第六条 本厂员工工资的结算及发放按下列规定执行：

（一）员工的工资为月结算。结算时间为每月 XX 日。

（二）员工工资每月 XX 日发放。

第七条 本厂员工年终奖金之发给依下列规定办理：

（一）服务满三个月者，依工作质量经董事会评核后计发奖金。

（二）服务未满三个月者，不发给年终奖金。

（三）服务年资之计算以截至上年十二月三十一日止为准。

第八条 初任人员之薪给自到职日起，按日计算。

第九条 升薪或减薪员工之薪给自人事令生效日起，按日计算。

第五章 调迁与差假

第一节 调迁

第一条 本厂基于业务上之需要，可随时调迁员工之职务或服务地点，员工不得借故推诿。

第二条 调任人员应依限办理交代并报到完毕，如主管人员逾限五日，其他人员逾限三日，即视同自动辞职。

第三条 调任人员在接任者未到前离职时，其所遗职务由其主管或其主管指定之其他人员代理。

第四条 调任人员之薪给自到新职日起，按日计算。

第二节 出差

本厂员工出差按员工出差管理制度执行。员工出差管理制度另定。

第三节 给假

第一条 下列日期为例假日：

（一）元旦；

（二）春节；

（三）国际劳动节；

（四）国庆节。

第二条 前条所列假日休息天数应视具体生产情况而定，但其间之工作应按加班管理制度之规定办理。

第三条 员工请假应照下列规定办理：

（一）病假——因病须治疗或休养者可请病假，每月不得超过5天，每年累计不得超过三十天，逾期未痊愈，即予停薪留职，但以一年为限。

（二）事假——因私事待理者，可请事假，每年累计不得超过三十天。

（三）婚假——本人结婚，可请婚假七天。

（四）丧假——父母、配偶或子女丧之时，可请丧假八天；祖父母、外祖母、配偶之父母、兄弟姊妹丧亡时，可请丧假六天。

（五）产假——女性员工分娩，可请产假九十天。怀孕三个月至七个月而流产者，可请假四星期；七个月以上流产者，可请假六星期；未满三个月流产者，可请假一星期。

注：产假系指已婚女性员工，未婚女性员工分娩或流产按病假规定办理。

（六）公假——因参加政府举办之资格培训考试（不以就业为前提者）、兵役征召或集会及参加选举者，可请公假，假期依实际需要情况决定。

（七）工伤假——因工伤可请工伤假，假期依实际需要情况决定。

第四条 请假逾期，除病假依照第三条第一款规定办理外，其余均以旷工论处。但因患重病非短期内所能治愈，经医师证明属实者，可视其病况与在工厂资历及服务成绩，报请总经理特准延长其病假，最多三个月。

第五条 请假期内之薪水，依下列规定支给。

（一）除事假不发薪水外，其余请假未逾规定天数或经延长病假者，其请假期间内薪水发给基本工资的60%。

（二）请公假者薪水照发。

（三）工伤假工资照发，且其治疗费用凭治疗单据全额报销。

第六条 员工请假均应填具请假单呈报，并送企业管理办公室登记后，始为准假。凡未经准假而擅离职守或未经批准续假而缺勤者，除因临时大病或重大事故经证明属实，并于事后三天内依规定呈核外，应以旷职论处。

第七条 员工请假应依下列规定呈请批准：

（一）副总经理、助理请假三天以内者（含三天）呈请总经理核准，超过三天层呈董事长核准。

（二）（副）部长、（副）主任请假三天以内者（含三天）呈请所属副总经理（助理）核准，三天以上七天以内者（含七天）层呈总经理核准，超过七天者，层呈董事长核准。

（三）其余人员请假三天以内者（含三天）呈请所属部长（主任）核准；三天以上七天以内（含七天）层呈所属副总经理（助理）核准；超过七天者，层呈总经理核准。

第八条 员工请假不论假别均应书明理由，病假超过三天者（含三天），应检附医师证明文件。唯外伤可显示者可酌情免附。

第六章 考核与奖惩

第一节 考核

第一条 各级主管人员对其直属员工，负有平时工作成绩考核之责任。每月一次，应按《××厂员工考核实施细则》（另定）将各项人员之工作情况，逐一详列于考核表中，详细评核其工作绩效，并将结果分为A、B、C、D、E五等，凡列A等及E等者，均应详述理由，呈上一级主管核阅及密存，作为年度考核、培训等的参考依据。

第二条 年度工作考核应于员工到职届满三个月后之当年年底办理。由其直属主管依据平时工作考核成绩及勤惰情况予以评核。评核等级分为A、B、C、D、E五等，A等或E等的考核，均应详细列述具体事实及理由。其在考核年度中曾受记过以上处分或请假超过规定期限或旷工累计达三天以上者，不得考列B等以上。

第三条 凡年度考核列A等者，经总经理报请董事会核准后发给特别年终奖金（数额由董事会商定，但不应少于当年最高月薪的两倍），列B等者发给当年最高月薪的两倍之年终奖金，列C等者发给当年最高月薪的一倍之年终奖金、列D等者不发给年终奖金、列E等者予以辞退。

第四条 总经理、副总经理、助理之考核由董事长评核。组长及以上人员的考核，由其直属主管层转总经理核定，其余人员均由各部门层转部长（主任）核定。

第二节 奖惩

第一条 员工之奖励，分为嘉奖、记功及奖金三种，其处理范围如下：

（一）有下列情况之一者，应予嘉奖：

1. 品德良好、足为同仁表率，有具体事迹的。

2. 其他有利于本厂或公众利益之行为，且有事证者。

（二）有下列情况之一者，应予记功：

1. 细心维护工厂财物及设备，致节省费用有显著成效者。

2. 担任临时重要任务，能如期完成，并达成预期目标者。

3. 及时制止了重大意外事件或变故的发生者。

（三）有下列情况之一者，应发给奖金：

1. 对业务、维护或管理有重大改善，因而提高质量或降低成本者。

2. 对工厂设备维护得宜，或抢修工作提早完成，因而增加效益者。

3. 对业务、维护或管理之方法作重大改革之建议或发明，经采纳施行后成效显著者。

4. 对采购销售、会计处理、财物调度、人力运用等方法有重大改善，因而降低成本或增加收入可明确计算其价值者。

5. 对天灾、人祸或有害于工厂利益之事件，能奋勇救护，或预先防止，使工厂免受损失有事实为证者。

6. 一年内曾记功二次以上者。

7. 对本身主管业务表现出卓越才能，品德优良，服务成绩特优，且有具体事迹足资为证者。

8. 工作上有特殊功绩，使工厂增加收益或减少损失者。

以上奖金之数额，各视实际贡献之价值决定。

第二条 员工之惩戒，分为警告、记过及免职三种，其处理范围如下：

（一）有下列情况之一且有具体事证者，应予警告：

1. 未经准许擅带外人入厂参观者。

2. 擅用他人经管之工具及设备者。

3. 拒绝警卫检查其携带之物品者。

4. 涂写墙壁、设备有碍观瞻者。

5. 携带眷属、小孩在工作场所有碍秩序者。

（二）有下列情况之一者，予以记过处分：

1. 未经准假，而擅离工作岗位者。

2. 无正当理由，延误公事致工厂发生损失者。

3. 行为不检，有损工厂声誉者。

4. 指挥不当或监督不周，致部属发生重大错误，使工厂发生损失者。

5. 在工作场所喧哗口角者。

6. 对同事有胁迫、恫吓及欺骗行为者。

7. 一年内警告二次者。

（三）有下列情况之一者，应予免职：

1. 在工厂内酗酒滋事、妨害秩序者。

2. 向外泄露工厂业务机密者。

3. 对上级主管不满，不通过正当渠道陈述己见，或提供建议，而任意谩骂者。

4. 对本身职务不能胜任者。

5. 无故旷工至三日以上，或一月内无故旷工累计达六日以上者。

6. 胁迫上级主管，或蓄意违抗合理指挥，或打骂侮辱主管行为情节重大者。

7. 利用工厂名义，在外招摇撞骗者。

8. 利用职权营私舞弊者。

9. 未按照规定指示，擅自改变工作方法，致使发生错误，使工厂蒙受损失者。

10. 故意损坏工厂财物者。

11. 在工厂内赌博，或有伤风化的行为的。

12. 在工厂内打架斗殴者。

13. 散播有损工厂之谣言，而妨害工作秩序者。

14. 因故意过失行为，而引起灾害者。

15. 有煽动怠工或罢工之具体事实者。

16. 触犯国家法律法规，被司法机关予以处罚者。

17. 一年内记过三次者。

第三条 员工之奖惩事项，由各部门主管列举事实，逐级核定，并呈请总经理核定。

第四条 其他未列举而应予奖励或惩戒事项，可视情节轻重分别予以奖惩。

第五条 员工奖惩可累计，以嘉奖两次作记功一次，记功两次可发给一定数额资金。警告两次作记过一次，记过三次予以免职。同一年度功过不得相互抵消。

第七章 离职

第一条 员工有下列情况之一者，应予停职：

（一）有违犯本厂规章之嫌疑，情节重大，但尚在调查之中，未作决定者。

（二）违犯刑事案件，经司法机关起诉，判刑但未确定者。

第二条 前条各款如经查明，无过失或判决无罪者，可申请复职，如准予复职，除因非本身过失而致停职者外，不得要求补发其停职期间之薪水。

第三条 在停职期间，薪水停发，并应即办理移交。

第四条 本厂因业务紧缩，或因不可抗力停工在一个月以上者，可随时裁遣人员，但解雇人员时，应事前三十日预先通告。

员工对于其所承受工作不能胜任时，本厂亦可随时解雇，并在三十日前预先通告。

第五条 员工在接到前条预告后，如另谋工作可于工作时间请假外出，但每星期不得超过两日工作时间，其请假日之薪水照发。

第六条 依照第五条规定解雇人员时除预告期间发给工资外，并依下列规定，加发资遣费（但如系本厂发生破产情况，依破产法办理，不在此限）：

在本厂连续工作期满一年者，发给一个月薪水。以上所称薪水，系以员工最后服务月份之薪水为准。

第七条 员工辞职，应于七天前以书面形式层转总经理核准。核准辞职后，应即办妥移交，但不发给任何补助或津贴。如离职未经核准或移交不清，即擅自离职者，以免职处理。

第八条 员工不论依照上列任何条款暂时或永久离开本厂者，均应办妥移交，如因移交不清，致本厂发生损害者，均依法追究其赔偿。

第八章 教育与训练

第一条 本厂视业务需要举办定期或不定期、业务、技能或质量之教育与训练。

第二条 有关教育与训练，其应参加人员、课程、时间、地点悉依既定计划办理。

第三条 本厂为教育与训练之执行可指派各有关人员担任讲师或学员，被指派者不得借故推诿。

第四条 本厂视实际需要，可聘请外来专家担任讲师或指派有关人员参加外界举办之有关业务讲习。

第五条 各种教育与训练或讲习，于期满后均应举办测验，或提出心得报告，其成绩作为员工考核资料之一。

第九章 附则

第一条 本规程经呈请董事长核准后公布实施。

第二条 本规程如有未尽事宜，可由总经理呈请董事长核准修订之。

四 人力资源管理薪酬部分

1 员工工资表

职等								
职位								
姓名								

续表

应领工资金额	本薪								
	主管津贴								
	修护津贴								
	交通津贴								
	外调津贴								
	全勤奖金								
	绩效奖金								
	应付薪资								
	所得税								
	劳保费								
	福利金								
	退储金								
	借支								
	合计								
实领金额									
伙食津贴									
误餐 值班费									
总计									
盖章									

核准：主管：制表：

2 员工工资职级设计表

姓名					职务					等级			
年龄						工龄							
评定标准	说明	1		2		3		4		5		权数	点数
	学历		初中		高中		大专		本科		硕士以上		
	服务年资		1年		2年		3年		5年以上		10年以上		
	相关经营		1年		2年		3年		5年以上		10年以上		
	其他经营		1年		2年		3年		5年以上		10年以上		
	成绩		-		丙		乙		甲		优		
原等级				原评定点数				基本点数			合计	1.0	
本年点数				核定本薪				职务加给			全计		

3 员工工资调整表

职别工号	姓名	本薪		技术津贴				合计		
		原工资	按调整	原工资	按调整	原工资	按调整	原工资	按调整	增加率
合计										

4 公司工资制度方案样例

第一章 总则

第一条 按照公司经营理念和管理模式，遵照国家有关劳动人事管理政策和公司其他有关规章制度，特制定本方案。

第二章 原则

第二条 按照各尽所能、按劳分配原则，坚持工资增长幅度不超过本公司经济效益增长幅度，职工平均实际收入增长幅度不超过本公司劳动生产率增长幅度的原则。

第三条 结合公司的生产、经营、管理特点，建立起公司规范合理的工资分配制度。

第四条 以员工岗位责任、劳动绩效、劳动态度、劳动技能等指标综合考核员工报酬，适当向经营风险大、责任重大、技术含量高、有定量工作指标的岗位倾斜。

第五条 构造适当工资档次落差，调动公司员工积极性的激励机制。

第三章 年薪制

第六条 适用范围。

1. 公司董事长、总经理；

2. 下属法人企业总经理；

3. 董事、副总经理是否适用，由董事会决定。

第七条 工资模式。

公司经营者与其业绩挂钩，其工资与年经营利润成正比。

年薪 = 基薪＋提成薪水（经营利润 × 提成比例）

1. 基薪按月预发，根据年基薪额的 1/12 支付；

2. 提成薪水，在公司财务年度经营报表经审计后核算。

第八条 实行年薪制职员须支付抵押金，若经营业绩不良，则用抵押金充抵。

第九条 年薪制考核指标还可与资产增值幅度、技术进步、产品质量、环保、安全等指标挂钩，进行综合评价。

第十条 年薪制须由董事会专门作出实施细则。

第四章 正式员工工资制

第十一条 适用范围。

公司签订正式劳动合同的所有员工。

第十二条 工资模式。采用结构工资制。

员工工资 = 基础工资＋岗位工资＋工龄工资＋奖金＋津贴

1. 基础工资。

参照当地职工平均生活水平、最低生活标准、生活费用价格指数和各类政策性补贴确定，在工资总额中占%（如 40%～ 50%）。

2. 岗位工资。

（1）根据职务高低、岗位责任繁简轻重、工作条件确定；

（2）公司岗位工资分为（如5类18级）的等级序列，见正式员工工资标准表，分别适用于公司高、中、初级员工，其在工资总额中占%（如20%～30%）。

3. 工龄工资。

（1）按员工为企业服务年限长短确定，鼓励员工长期、稳定地为企业工作；

（2）年功工资根据工龄长短，分段制定标准，区分社会工龄、公司工龄；

（3）年功工资标准见正式员工工资标准表。

4. 奖金（效益工资）。

（1）根据各部门工作任务、经营指标、员工职责履行状况、工作绩效考核结果确立；

（2）绩效考评由人事部统一进行，与经营利润、销售额、特殊业绩、贡献相联系；

（3）奖金在工资总额中占%（如30%）左右，也可上不封顶；

（4）奖金考核标准见正式员工工资标准表；

（5）奖金通过隐秘形式发放。

5. 津贴。

（1）包括交通津贴、伙食津贴、工种津贴、住房津贴、夜班津贴、加班补贴等；

（2）各类津贴见公司补贴津贴标准。

第十三条 关于岗位工资。

1. 岗位工资标准的确立、变更。

（1）公司岗位工资标准经董事会批准；

（2）根据公司经营状况变化，可以变更岗位工资标准。

2. 员工岗位工资核定。

员工根据聘用的岗位和级别，核定岗位工资等级，初步确定岗位在同类岗位的下限一级，经1年考核，再调整等级。

3. 员工岗位工资变更。

根据变岗变薪原则，晋升增薪，降级减薪。工资变更从岗位变动的后 1 个月起调整。

第十四条 关于奖金。

1. 奖金的核定程序。

（1）由财务部向人事部提供各部门、子公司、分公司完成利润的经济指标数据；

（2）由行政部向人事部提供各部门员工的出勤和岗位职责履行情况记录；

（3）人事部依据汇总资料，测算考核出各部门员工定量或定性的工作绩效，确定每个员工效益工资的计算数额；

（4）考核结果和奖金计划经公司领导审批后，发放奖金。

2. 奖金的发放，与岗位工资一同或分开发放。

第十五条 关于工龄工资。

1. 员工 1 年内实际出勤不满半年的，不计当年工龄，不计发当年工龄工资；

2. 试用期不计工龄工资，工龄计算从试用期起算。

第十六条 其他注意事项。

1. 各类假期依据公司请假管理办法，决定工资的扣除；

2. 各类培训教育依据公司培训教育管理办法，决定工资的扣除；

3. 员工加班、值班费用，按月统计，计入工资总额；

4. 各类补贴、津贴依据公司各类补贴管理办法，计入工资总额；

5. 被公司聘为中、高级的专业技术人员，岗位工资可向上浮动 1 ～ 2 级；

6. 在工作中表现杰出、成绩卓著的特殊贡献者，因故能晋升职务的，可提高其工资待遇，晋升岗位工资等级。

第五章 非正式员工工资制

第十七条 适用范围：订立非正式员工劳动合同的临时工、离退休返聘人员。

第十八条 工资模式：简单等级工资制。见非正式员工工资标准表。

第十九条 人事部须会同行政部、财务部对非正式员工的工作业绩、经营成果、出勤、各种假期、加班值班情况汇总，确定在其标准工资基础上的实发工资总额。

第二十条 非合同工享有的各种补贴、津贴一并在月工资中支付。

第六章 附则

第二十一条 公司每月支薪日为 ×× 日。

第二十二条公司派驻下属企业人员工资由本公司支付。

第二十三条 公司短期借调人员工资由借用单位支付。

第二十四条 公司实行每年 13 个月工资制，即年底发双月薪。

第二十五条 以上工资均为含税工资，根据国家税法，由公司统一按个人所得税标准代扣代缴个人所得税。

第二十六条 本方案经董事会批准实行，解释权在董事会。

五 人力资源管理绩效部分

1 普通工作人员绩效考核表

<table>
<tr><td>被考者姓名</td><td></td><td></td><td></td><td colspan="2">被考核者部门</td><td colspan="2"></td><td>考核期</td><td></td></tr>
<tr><td colspan="4" rowspan="2">考核项目</td><td rowspan="2">考核项目</td><td rowspan="2">标准分</td><td colspan="3">评分</td><td rowspan="2">小计</td></tr>
<tr><td>自评</td><td>部门评议</td><td>分管领导评议</td></tr>
</table>

续表

工作行为与态度 45分			责任心	积极主动，责任心强，能很好完成任务	13				
				有责任心，可放心交付工作	10				
				尚有责任心，基本能完成工作	8				
				无责任心，自由散漫，上班时间常做与工作无关事情	6				
			勤奋度	任劳任怨，爱岗敬业	12				
				守时守规，不偷懒，积极工作	10				
				时间观念不强，主动积极性不够，需有人督促	8				
				私事为重，经常脱岗、迟到、混日子，交办工作不力	6				
			忠诚度	对公司的现状和前途有信心，奉献在先，回报在后	10				
				视承担的工作和责任为重，而不仅仅是谋生手段	8				
				言行尚规范，无越轨行为	6				
				自我意识重，只讲获取，不讲奉献	4				
			诚信度	品德兼优，言行一致，以身作则	10				
				言而有信，品行好	9				
				诚实，行为规范	8				
				不够诚实，不能实事求是	4				

续表

工作能力与效果 55分			团队合作	善于团结合作，起带头作用，发挥部门优势	12				
				尚能与他人合作，保证部门完成任务	9				
				主动不够，勉强配合领导和他人完成任务	7				
				难与他人合作，成为公司、部门的包袱	6				
			执行力	认真执行领导交办的各项工作，理解力极强，办事得力、快速	15				
				快速执行领导交办的各项工作，时有提出合理化建议	13				
				执行力度一般，需督促	10				
				能力差，态度不积极	6				
			工作效率	完成交办的工作精确，速度快，质量高，没有差错	15				
				能分清主次，按时按质完成任务，效果满意	13				
				在上级指导和督促下完成任务，工作时有差错	10				
				工作不分主次，效率低，工作时有差错	8				
			综合素质	善于学习，有创新精神，有经济意识，有创效益能力	13				
				以公司利益为重，维护公司的形象，尊重和维护领导威信	10				
				不做有损于公司利益的事，不说有损于公司形象的话	8				
				各方面对自己没有高要求，工作能力有待提高	6				

续表

合　计					100				
出勤奖惩记录	迟到	早退	事假	病假	超假	旷工	奖励	惩处	计分
加扣分									

2 管理人员绩效考核表

部门			职位	姓名			
评　价　内　容			满分	初评	复评	调整	决定
领导能力	1	领导部属时，是否自己率先示范	10				
	2	遭遇困难时，是否能沉着果断地指导部属	5				
	3	是否公平且冷静地对待部属	5				
	4	小组是否充满活泼、朝气	5				
	5	是否得到部属坚定的信赖	5				
部属培养	6	是否确实把握部属的优、缺点	5				
	7	是否确实给予了帮助、建议，以发挥部属的优点	5				
	8	是否适才适所	10				
	9	是否能引发部属自我的启发	5				
	10	是否仔细聆听部属的意见	5				
士气	11	是否注意身体的健康	5				
	12	是否谨慎地使用金钱	10				
	13	是否热心于小组内部意见的沟通	5				
	14	绝少引起异性问题	5				
	15	不与顾客勾结	10				

续表

目标达成	16	是否能以公司的方针拟订目标	5				
	17	是否尽最大的努力达成目标	15				
	18	是否能以最小的成本、早日、确定地达成目标	15				
	19	是否能严守权限、达成目标	5				
	20	能随机应变，达成目标	5				
责任感	21	是否能以全公司的立场发言、提议	5				
	22	是否能以长期的观点制定企划	5				
	23	是否能以公司的观点制定企划	10				
	24	是否能与其他部门交流情报	5				
	25	是否能积极地与其他部门交流情报	5				
自我启发	26	是否热衷于小团体派别的扩展	5				
	27	是否虚心听取部属的建议、意见	5				
	28	是否经常吸取新的潮流、技术	5				
	29	是否不怠于未来的预测	10				
	30	是否可以改正自己的缺点	5				
评价分数合计			200				
初评人:		复评人:		调整人:		决定人:	

填表说明:
1、考评人在考核每一项目后填写适当的分数。
2、评分标准：180 分以上为“优秀”
150—180 分以上为“良好”
120—150 分为“中等”
100—120 分为“及格”
100 分以下为“不及格”

3 公司部门中层领导年度工作考核表

<table>
<tr><td colspan="6">__________ 公司部门中层领导
年度工作考核表（ 年度）
姓 名 ________
职 务 ________
何时任现职 ______</td></tr>
<tr><td colspan="6">一、述职报告摘要（由本人填写）

年　月　日　　　　　　　　　　签名</td></tr>
<tr><td colspan="6">二、民主评议情况</td></tr>
<tr><td colspan="2" rowspan="2">参加评议人数</td><td colspan="4">任职情况综合分析</td></tr>
<tr><td>优秀</td><td>称职</td><td>基本称职</td><td>不称职</td></tr>
<tr><td>本部门员工</td><td></td><td></td><td></td><td></td><td></td></tr>
<tr><td>其他人员</td><td></td><td></td><td></td><td></td><td></td></tr>
<tr><td>总结</td><td></td><td></td><td></td><td></td><td></td></tr>
<tr><td colspan="6">三、考核领导小组意见</td></tr>
<tr><td colspan="6">组长
年　月　日</td></tr>
<tr><td colspan="6">四、被考核者意见</td></tr>
<tr><td colspan="6">签名

年　月　日</td></tr>
<tr><td colspan="6">五、董事会意见</td></tr>
<tr><td colspan="6">董事长签字
年　月　日</td></tr>
</table>

4 公司中层以上领导综合考核表

考核项目	考核内容	评分等级			
		好	较好	一般	较差
工作实绩评价	岗位职责范围完成情况				
	公司布置的任务完成情况				
	年度工作目标完成情况				
德能素质评价	思想理论水平：能掌握政策并指导工作				
	本职业务能力：熟悉本职与相关业务，能完成业务				
	组织协调能力：能合理安排工作，协调其他部门关系				
	调研综合能力：进行组织调查研究，提出对策				
	用人能力：能指导下级工作，并对下级作出公正评价				
	口头表达能力：口头表达逻辑清楚，有说服力				
	文字表达能力：能独立完成各种文字工作				
	法纪观念：廉洁奉公，遵守并维护法纪				
	改革创新能力：能接受新事物，工作有创造性				
自我述职评价	自我评价客观，对自身问题能认真分析				
	对今后努力方向明确，整改措施切实可行				
	综合评价等级				

5 经理人员综合素质考核表

考核项目	考核内容	考核得分
领导能力	率先示范，受部属信赖	5 4 3 2 1
计划性	能以长期的展望拟定计划	5 4 3 2 1
先见性	能预测未来，拟定对策	5 4 3 2 1
果断力	能当机立断	5 4 3 2 1
执行力	朝着目标果断地执行	5 4 3 2 1
交涉力	关于公司内外的交涉	5 4 3 2 1
责任感	有强烈的责任感，可信赖	5 4 3 2 1
利益感	对利益有敏锐的感觉	5 4 3 2 1
数字概念	有数字概念	5 4 3 2 1
国际意识	有国际意识、眼光广阔	5 4 3 2 1
自我启发	经常努力地自我启发、革新	5 4 3 2 1
人缘	受部属、同事尊敬、敬爱	5 4 3 2 1
协调性	与其他部门的协调联系密切	5 4 3 2 1
创造力	能将创造力应用于工作	5 4 3 2 1
情报力	对情报很敏锐，且有卓越的收集力	5 4 3 2 1
评价		

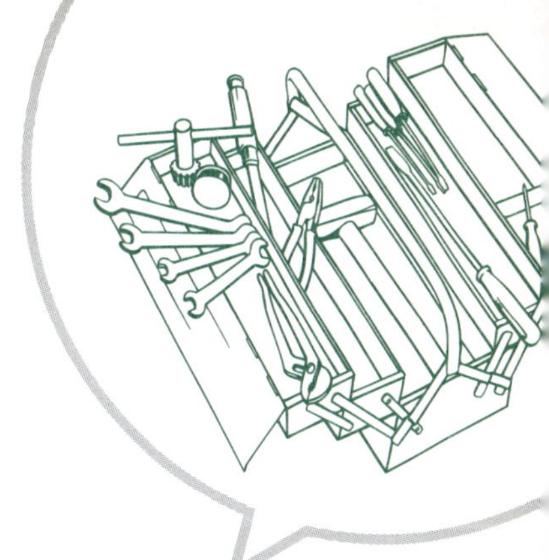

第二章 ChapterTWO

房地产物业管理

作为房地产开发的延续和完善，物业管理在房地产开发建设、流通、消费使用的全过程中作用至关重要。良好的物业管理服务不仅有利于树立开发商的形象，加快项目后期市场销售的速度，有利于维护房屋使用者或投资者的利益，让物业起到保值、增值的作用。

地产项目物业管理的关键节点

物业管理的三个特点
物业管理的两个作用
物业管理项目的进入与退出
物业管理公司的组建与管理

物业管理全过程

物业管理前期介入
前期物业管理的工作内容
日常物业管理七大内容
物业管理后期盈利

物业管理实用工具箱

全程物业管理工作流程
物业管理过程程序和表格
物业公司管理

第一节

地产项目物业管理的关键节点

物业管理是指物业管理经营人受物业所有人委托，依照国家有关法律规范，按照合同和契约行使管理权，运用现代管理科学和先进技术，以经济手段对物业实施统一管理，并为居住者提供高效、周到的服务，使物业发挥最大的使用价值和经济价值。

一 物业管理的三个特点

房地产是特殊的商品，由此延伸的物业管理也具有不同于一般服务行业的特点。

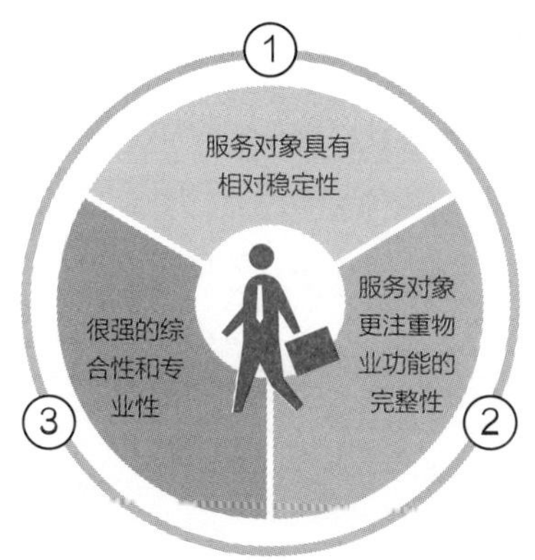

图 2-1　物业管理的三大特点

1 服务对象具有相对稳定性

物业管理的顾客主要是拥有产权的业主及其亲友或者是长期租客，流动性小。服务者与顾客之间、顾客与顾客之间低头不见抬头见。如果服务质量不好，负面宣传会传播得很快，对企业的影响较大。

2 服务对象更注重物业功能的完整性

物业管理的顾客因其拥有产权或长期使用物业的需要，会特别关注物业使用功能的完整性，在物业完好的基础上才会考虑其他需要。因此，对物业的管理、养护与维修是物业管理服务的重中之重，是其他物业管理服务项目的基础和源泉。

3 很强的综合性和专业性

从事物业管理服务不仅要具备一般服务的知识和技能，而且要熟悉房屋建筑、给排水、强电、弱电、安全智能化、园林绿化、特种动物养殖等多种专业知识，这就要求从业人员不仅要有极强的专业性，而且要有一专多能的综合素质。

二 物业管理的两个作用

物业管理是房地产开发商运营中不可忽视的环节，对开发商来说它的主要作用有以下两个：

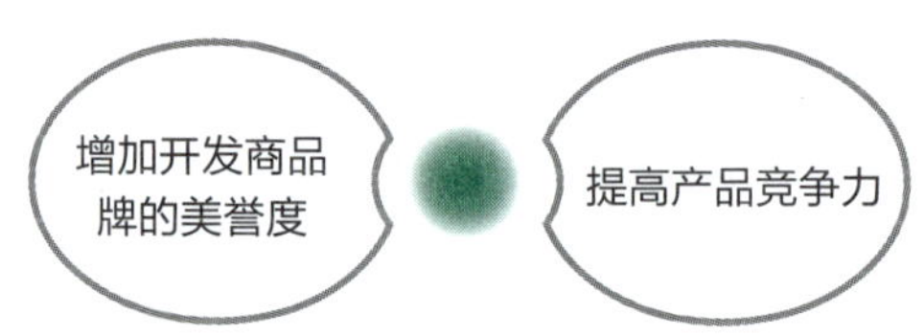

图 2-2　物业管理的两个作用

1 增加开发商品牌的美誉度

房地产开发商重视物业管理，有助于使自己的房地产开发业务形成完整的运作系统。在没有物业管理环节的房屋销售中，开发商与业主的接触仅限于物业买卖，业主对开发商的感知基本只有房屋本身，而优质物业管理能带来与业主的深度交流，给业主供全套完整的服务，弥补房屋本身的不足并起到维护客户和市场的作用。物业管理是一个树立企业良好信誉、形象，提高品牌的美誉度的绝好机会和平台。

2 提高产品竞争力

物业管理已成为投资置业者选择物业的一项重要标准，好的物业管理可以作为地产产品的一大卖点，能提高产品竞争力并促进企业产品的整体销售。

三 物业管理项目的进入与退出

物业管理项目是指物业管理企业接受业主（或物业使用人）委托按物业管理委托合同约定的需完成的任务。一个普通的物业管理企业可以管理多个项目，大型物业管理企业能管理的项目就更多。物业管理企业的服务质量、经营状况决定其承接项目的多少。因此，物业管理项目的多少可以反映物业管理企业的规模和经营业绩。

图 2-3 物业管理项目的进入与退出

1 物业管理项目的进入方式

物业管理项目进入是指物业服务企业接受开发建设单位或业主的委托，在签订（前期）物业服务合同的前提下，经过对物业的承接验收，从事物业管理服务的活动。

业主大会成立前后，可以进入物业管理项目，进入的方式不尽相同，经济适用房和廉租房等特殊物业的物业管理进入还需采取特殊方式。

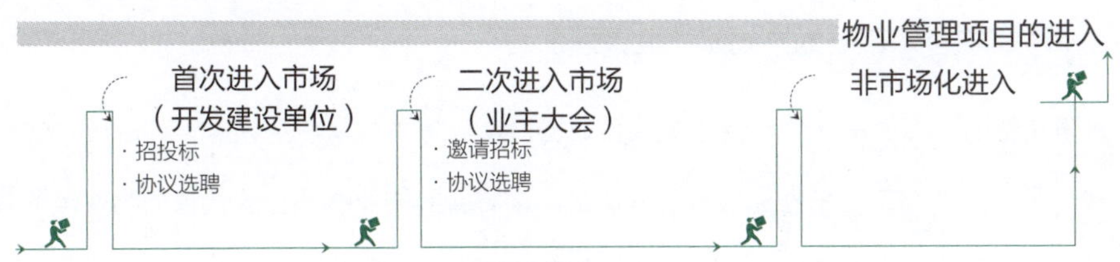

图 2-4 物业管理项目的进入方式

（1）首次进入市场的方式（前期物业管理）

前期物业管理阶段，业主大会还未成立，一般由建设单位通过招投标或协议选聘的方式选择物业管理公司。

方式 1. 物业管理招投标

在前期物业管理阶段，通常的做法是物业服务企业通过参与开发建设单位组织招投标的方式进入项目管理服务。物业管理招标分为公开招标和邀请招标两种方式。

新建商品房项目的招投标要在项目取得《销售许可证》之前完成，物业服务企业可以通过前期介入，即开发阶段依据物业服务的经验为开发建设单位提供合理化建议。好品牌的专业化物业服务也越来越受到业主的青睐和重视，这对提升开发建设单位自身品牌，促进商品房的销售起到积极作用。开发建设单位自然非常重视选聘物业服务企业。

方式 2. 协议选聘

根据国务院《物业管理条例》的规定，当投标人少于 3 个或者住宅规模较小的，经物业所在地的区、县人民政府房地产行政主管部门批准，可以采用协议方式选聘具有相应资质的物业服务企业。

这种协议选聘物业服务企业的方式适用于规模较小、客户群体单一、业主意见相对容易统一的项目，实施过程简单明了，并节约相关资源，多为符合条件的项目所采用。

（2）二次进入市场的方式（物业管理）

这里所称的“二次进入”是指业主大会成立后，管理项目从前期物业管理阶段过渡到物业管理阶段，业主委员会根据业主大会的决定，选聘新的物业服务企业代替原物业服务企业对项目进行物业管理服务的活动，又称“二手物业项目”接管。

业主大会选聘物业服务企业一般采用邀请招标或协议选聘的方式进行，更为理性的业主大会也采取公开招标的方式。

（3）非市场化进入

作为社会保障的一个重要方面，近年来政府对于经济适用房和廉租房的开发建设力度逐年加大，但因为建筑密度、居住人群缴费意识等种种因素，一些市场化程度较高的物业服务企业担心后期管理服务难度大，影响企业的品牌建设，往往不愿意接管。这种情况下，诚信度较高的大型国有物业服务企业在政府有关部门的引导下，接管这些项目的物业管理服务，有助于缓和社会矛盾。市场上会出现一些诚信缺失的物业服务企业擅自退出项目管理服务的情况，当业主大会无法组织选聘新的物业服务企业时，紧急情况下为了公共利益和社会稳定的需要，政府部门会指派物业服务企业临时进入项目实施管理服务。一方面，这些物业服务企业会继续小区的一些常规服务，保证业主正常的生活秩序；另一方面，也可以配合有关部门组织召开业主大会，成立业主委员会，重新选聘新的物业服务企业。

2 物业管理进入项目存在的问题

物业管理行业市场缺乏有效的规范和监督力度，物业管理企业面临的市场压力却越来越大，导致该行业存在一些不规范的现象。

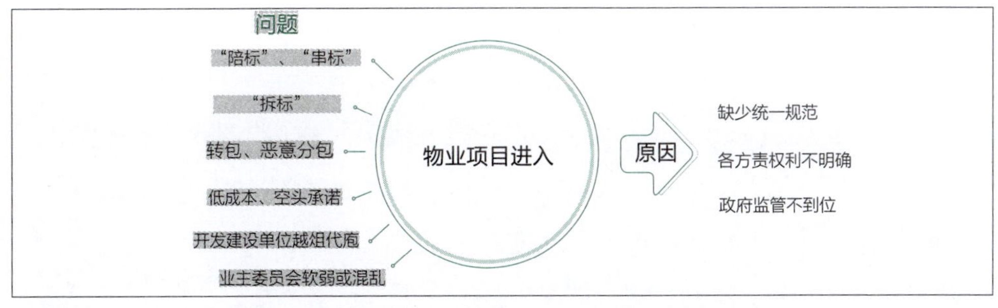

图 2-5 物业管理进入项目存在的问题及原因

（1）物业管理公司进入项目时存在的问题

物业管理项目的进入过程存在以下六类问题：

与其他物业服务企业通谋，以“陪标”或“串标”方式进入项目

所谓投标人之间通谋是指：投标人之间秘密接触，并就投标价格达成协议，采用哄抬投标报价、故意压低投标报价或者商定轮流中标等方式，达到排挤其他投标人的目的，从而损害招标人或其他投标人的合法权益。这种现象通常发生在一些非住宅项目的竞标中，他们之间通过串通投标报价来瓜分市场，以期获得高额利润。

与开发建设单位通谋，以“拆标”方式进入项目

我国对于物业服务企业采取的是资质等级管理。建设部下发的《物业服务企业资质管理办法》对企业资质的评定很大成分依据企业在管面积和种类。由企业资质的高低来确定其可以承接的管理项目规模。

一些开发建设单位为了能让自己派生的低资质物业服务企业中标，往往将一些大型项目人为拆分成几个小项目，或者将一个管理面积较大需要采取招投标方式选择物业服务企业的项目，拆分成数个符合协议选聘条件的项目，然后让派生或指定的物业服务企业进入项目实施管理。

以“转包”或“恶意分包”方式从其他物业企业获得项目管理权

当试图投标的物业服务企业不具备国家要求或招标文件要求的资质，又没有办法与开发建设单位达成“通谋”时，会借用资质等级高的物业服务企业的名义参与投标，资质等级高的企业中标后，在收取一定的管理费后将项目的全部业务“转包”。个别资质等级高的物业服务企业在中标后，为规避风险，赚取利润，按照专业的不同，将工程、保洁、绿化、电梯、消防、秩序维护、综合管理等拆分或打包后，分包给其他资质等级低的物业服务企业（而不是其他专业公司），从而使那些管理水平较弱的物业服务企业进入项目管理。

以“低成本”或增加“空头承诺”方式欺骗招标人进入项目

管理规模小、资质等级低的“项目公司”在全国物业管理行业中普遍存在，部分三级和三级暂定企业由于管理规模小、管理成本高加之服务水平低，面临着被市场淘汰的危机。于是，少数企业不惜以极低的服务价格或极高的追加投资牟取中标。对业主谎称若其取得小区管理权，将实行对所有居民免收秩序维护、保洁费，将收取的机动车停放费全部作为房屋维修资

金等“优惠” 措施，以搏取业主好感，而在成功进入物业管理后并不兑现承诺。

开发建设单位越俎代庖，违规选择物业管理企业进入项目

开发建设单位与选聘物业服务企业签订的前期物业服务合同到期，房屋已经全部售出并交付使用，但小区又未成立业主大会、业主委员会的情况下，有些开发建设单位为了维护开发建设单位自身利益，如兑现对业主免交物业管理费或超低价收费等承诺，不按规定交纳自留或尚未售出的空置房屋物业服务费，掩盖开发建设遗留问题（如：擅自更改规划、搭建违章建筑、不按标准建设配套设施等）等，违规招标或直接与物业管理企业签订物业管理合同。由此进入项目管理的服务企业必会受制于开发建设单位，有的不能也不敢站在为业主排忧解难的公正立场，同时也会影响企业正常收入，影响质价相符收费机制的形成。

业主委员会的软弱或混乱

《物业管理条例》规定，业主大会代表和维护物业管理区域内全体业主在物业管理活动中的合法权益，业主委员会是业主大会的日常工作机构，执行业主大会的决定事项，发挥民主决策作用。

如果业主委员会能够客观、公正、全面地履行相应职责，则很多物业纠纷可以迎刃而解。然而，一些业主委员会却因软弱或管理混乱导致无法发挥应有的作用，表现在以下四个方面：

①业主参与度普遍不高，业主大会民主决策的作用得不到充分发挥；

②个别业主委员会成员热衷于挑起物业服务企业和业主的矛盾；

③个别人打着维护业主权益的旗号，利用手中的职权牟取私利，向物业服务企业索要钱物、指定维修工程发包单位索取回扣、要求安置亲属工作及免交物业管理费等；

④在一些城市甚至同时出现了两个业主委员会各自选聘一个物业服务企业，使得一个小区出现两个物业服务企业同时服务的现象。

（2）问题的原因分析

造成上述问题的原因总结起来有三条：

缺少统一规范的操作平台

全国各地物业管理发展不平衡，有些地方仍未实施物业管理招投标制度，即使目前大中城市已普遍推行前期物业管理招投标制度，但绝大部分是邀请招标，部分项目还存在陪标现象，市场竞争尚不充分。同时各地法规不统一，项目进入尺度不一致，一些地方缺乏有效的操作模式、平台和完善的操作方案，致使物业项目招投标流于形式。

合同各方主体责权利不明确，缺乏履约意识

还有一类原因来自合同约定：

①有些开发建设单位不重视《物业管理条例》关于项目招投标的有关规定，没有严格按照规范程序执行的意愿，加之《物业管理条例》对于招投标违规的处罚方式并不能从根本上制约开发建设单位，因此物业管理项目前期招投标并没有得到规范和落实。

②由于目前开发建设单位与物业服务企业“共生”现象普遍存在，造成双方对于物业合同的签订流于形式，各方责权利模糊，项目交接也应付差事，给业主入住以后的物业管理服务埋下了许多隐患。

③由于物业服务企业之间毫无自律地比拼少收费、多投入，导致招标人出于降低投入的考虑而倾向于频繁更换物业管理企业，迫使企业签订权利义务不对等的合同，使物业服务企业的整体生存环境渐趋恶化，也使整个行业处于低水平运作状态。

政府监管不到位

由于部分物业服务企业尚不具有独立的缔约和竞价地位，物业管理资源配置的市场程度相对较低，尽管大部分地区物业管理项目已进入政府监管的起步阶段，但监管不力一定程度地造成市场混乱状况。目前，对物业管理项目政府的监管力度已经有所加强，如 2008 年镇江市出台的《物业服务企业履约保证金管理办法》规定，由建设单位或业主大会依法选聘物业服务企业并由该企业承接物业项目的，由物业服务企业支付 1 万～ 10 万元履约保证金，用以保证物业服务企业信守合同，诚实经营，以及非正常退出项目后过渡管理所发生的费用。现在很多城市都出台了有关规范物业项目进入的有关办法，提高了物业行业的准入门槛，淘汰了一部分资质低、管理实力弱的企业进入市场。

3 物业管理项目的三种退出方式

物业管理项目退出是指物业管理服务供需双方在履行合同期满后或经双方协商提前解除合同，按照程序办理交接手续后终止管理服务的行为。

物业管理项目退出包括正常退出和非正常退出。

正常退出是指合同期满，业主大会不再续聘，物业管理企业撤出物业管理项目；或合同未满，供求双方经过协商达成一致意见，同意提前终止合同，物业管理企业撤出物业管理项目。

非正常退出是指物业管理企业在履约过程中，未经双方协商不辞而别，或被业主委员会逐出物业管理项目。

方式 1. 合同期满双方不再续约

根据《物业管理条例》的规定，“前期物业服务合同可以约定期限；期限未满，业主委员会与物业服务企业签订的物业服务合同生效的，前期物业服务合同终止。”这里表述的物业服务企业，可以是原物业服务企业，也可以是业主大会新选聘的物业服务企业。业主大会与原物业服务企业是否续订合同，取决于双方的意思。任意一方不同意继续履行合同的，其他方均不得要求强制履行。在这种情况下，前期物业管理企业（原物业服务企业）办理好移交手续后退出项目管理服务。

方式 2. 履约期间供需双方协商终止合同

合同是双方当事人意思表示一致的协议。根据合同自愿原则，当事人在法律规定范围内享有自愿解除合同的权利。“选聘和解聘物业服务企业”属于全体业主共同决定的事项，在物业服务合同期限内，当业主大会和物业服务企业就合同的终止问题达成一致意见时，物业服务合同即时终止。

方式 3. 非正常退出

合同期未满也未经供需双方协商，供给方不辞而别，或需求方将供给方逐出项目。另外，因地震、洪水等不可抗力以及因为政府规划、拆迁等原因致使物业灭失的，也必然产生物业服务企业退出项目的情况。

4 物业管理项目退出的原因

物业服务企业退出项目的原因很复杂。表面上看，由于物业费收费标准低，物业费收缴困难，物业服务企业入不敷出造成物业服务企业退出项目。实际上还有深层次的原因，如，开发建设单位前期遗留问题，业主行为规范的差异，业委会的专业程度，以及物业管理企业忽视自身服务质量的提高，都是造成弃管的因素。

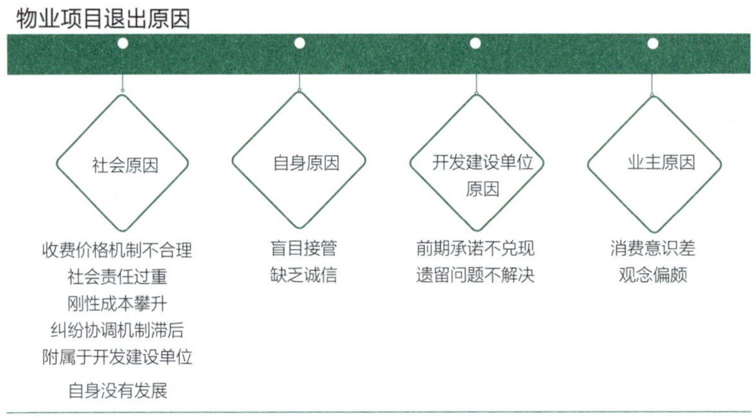

图 2-6　物业管理项目退出的原因

（1）物业管理项目退出的五类社会原因

导致物业管理项目退出的社会原因包括以下五个：

物业管理服务费收费价格机制不合理

物业管理在大多数地区服务收费标准仍实行政府定价或指导价。政府价格主管部门在制定价格时往往出于稳定社会秩序或其他考虑，而真正考虑物业管理基本现状、物业管理的服务水平以及物业费动态变动等情况并不多，一般对住宅小区物业管理收费标准定得很低。物业管理服务付出与收费标准存在差异，各企业为了使盈亏平衡就只能降低服务标准。另外，物业管理服务费标准偏低，直接导致物业服务企业长期亏损经营、无发展后劲，不得不选择退出。

物业管理企业承担的社会责任过重

行业管理部门对物业服务企业的制约体现在多家、多头、多口管理现象十分普遍，导致物业服务企业不合理地承担过多责任，背离了企业市场运作原则。比如，很多业主认为物业管理应该对住宅区的公共事务全权负责，不切实际地拓宽物业管理的外延和内涵，把社会治安、环境治理、邻里纠纷等全部加到物业服务企业身上。住宅区业主动辄就以拒交物业管理费或向行政管理部门投诉来向物业服务企业施加压力，而部分行政管理部门由于对物业管理行业不了解或为了息事宁人，将责任全部推向物业服务企业一方。

物业管理刚性成本不断攀升

物业服务费价格不涨反降、劳动力成本提高等原因，造成物业管理行业利润率明显下降。在这个劳动密集型的行业里，人工成本增幅显著高于总支出增幅，用人量最大的秩序维护和保洁岗，因为政府规定最低工资标准提高而使得该岗位的工资普遍提高了20%～40%，有的甚至达到了60%。由于政府的调控以及业主的立场，对应的物业服务费却难以上涨。因此，有的企业主营业务处于亏损状态，不得以选择退出。

物业管理的纠纷协调机制滞后，纠纷解决方式单一

物业管理区域内发生的矛盾和纠纷覆盖面广，涉及业主之间，业主与物业服务企业、开发建设单位之间，物业服务企业与公用事业单位之间，以及物业管理各方主体与政府之间的复杂关系。目前，我国的纠纷解决机制还不健全，物业服务企业与业主之间发生纠纷往往没有一个居中调处的机构，多方矛盾很难得到妥善解决。物业管理服务是一种“准公共产品”，在一定范围内没有排他性。也就是说，产品的生产成本由该范围的成员共同承担，产品生产出来以后也由所有成员共同消费（无法排除某一个成员）。如果某一个成员拒绝承担生产成本，或司法部门允许其少承担生产成本则侵害了其他成员的切身利益，并损害物业服务企业的利益，或导致企业退出在管项目。

垄断性专项服务企业不规范操作给物业服务企业带来的负担

不少城市供水、供电、供气、供热等单位至今仍违反《物业管理条例》规定，没有做到

在物业管理区域内向最终用户收取相关费用。为了填补“表损”和“线损”，逼迫物业服务企业替自己消化有关费用，加大了物业管理的运营成本。此外，一些城市的自来水、供电、燃气和供暖等专业部门只收费却不肯承担相关管线与管道的维修费用，发生损坏时推诿责任，使得处在面对业主第一线的物业服务企业陷入被动局面。

（2）物业管理企业自身原因

物业管理企业自身原因也可能导致物业管理项目的退出：

缺乏经营风险的有效评估，盲目接管项目

少数物业服务企业为了实现短期的商业盈利目的，不顾自身实际状况，盲目地追求市场占有率，将扩大企业管理规模误认为是企业发展最终目标，通过低价策略赢得管理权。对人工工资等管理成本预估不科学，经常在运作中捉襟见肘，直至陷入亏损后或降低服务标准或选择退出。

缺乏诚信，不履行物业服务合同约定

个别物业服务企业违背物业服务合同，侵害业主的合法权益，出现了多收费、少服务、管理服务不到位等问题。有的物业服务企业关于物业费、车位费等的使用情况缺乏透明度，不愿向业主公开，业主只见收费，不了解支出，感觉享受不到合同约定的管理和服务，造成业主对物业管理服务工作的认可度和信誉度低下，使业主在合同到期后不再选择原物业服务企业。随着前期物业管理阶段的结束，有的企业不能坦然面对业主大会关于更换物业服务企业的决定，影响物业管理项目的顺利交接，引发新的矛盾和纠纷。

企业自身包袱沉重，无力履行物业服务合同

相当一部分物业服务企业还在实行“建管合一”，即由房地产开发建设单位组建，隶属于开发建设单位的子公司。这类物业服务企业的特点是：①受母公司的制约或观念守旧，没有扩大管理规模的意识；②有的物业服务企业借助以前老国有企业整合起来，接纳了许企业的多余人员，工作人员素质参差不齐，又不宜淘汰，服务能力不足，企业包袱沉重；③有的物业服务企业不具有成本转嫁能力，无法消化物业服务成本上升时的成本，物业服务不能保本，服务质量下降，形成非良性循环。

（3）开发建设单位原因

开发建设单位不负责，会给物业管理带来困难：

前期承诺不兑现

开发建设单位在商品房的销售阶段作出的前期承诺，到业主入住后不兑现是一个普遍问题。物业服务企业在承接项目时，没有与房地产开发建设单位就前期承诺的责任承担问题交割清楚，造成很多后遗症。业主对于这些问题的解决方案往往就是拒缴物业费。而物业服务企业迫于种种压力，一般不敢公开向开发建设单位主张权利，最后往往选择退出项目管理服务的方式进行逃避。

遗留问题不解决

物业服务企业代替开发建设单位解决项目遗留问题，是现在很多“父子关系”的物业服务企业的一项工作，然而很多开发建设单位的遗留问题不是一朝一夕形成的，解决起来比较复杂，且成本费用非常高。在开发建设单位对物业服务企业资金支持不足的情况下，物业服务企业单靠自身的力量往往很难达到业主满意。在遗留问题迟迟得不到解决的情况下，业主将责任归责于物业服务企业，以拒缴物业服务费的方式来“维权”。

（4）业主原因

业主作为物业管理的主要服务对象，直接影响物业管理的结果：

业主消费意识差，物业服务企业因物业费收缴率低而退出项目

物业管理服务具有广泛性，服务的对象是一个物业区域内的全体业主而不是某一家、某一户，物业服务企业无法因为少数业主不交物业费就停止服务活动，所以一些业主在住房消费上花钱买服务的观念还未建立起来，有些业主不清楚物业管理服务运行的全过程、管理服务工作量和各项费用的开支情况，日常进出看到的只是秩序维护员、保洁员在工作，于是凭

直觉作出简单判断，认为质价不符，经常“逃费”、“躲费”。长此以往，就会形成这样的恶性循环：业主欠费——物业服务企业亏损——服务质量下降——业主长期拒交费。

目前，业主拖欠物业费尚未与我国的个人信用体系相挂钩，物业管理企业除了诉讼解决以外没有其他途径来强力救济。

业主对于物业管理政策不够了解

业主对物业服务的消费观念尚未完全形成，但对物业服务的要求和期望却很高。很多业主希望用缴纳低廉的物业费换来无限的管家贴身服务，加上一些物业服务企业在自身宣传时没有讲清楚服务的内涵与外延，让业主在理想与现实之间形成较大反差；物业管理法律关系中某些共性问题，如小区停车收费问题、业主财产损失纠纷、共用部位出租、物业收费标准及服务内容有欠协商等问题长期存在并到达了矛盾多发时期；同时，物业管理纠纷具有很强的示范效应，一个小区内某几名业主起诉或被诉，经过媒体报导渲染后，会牵连其他有同样情况的业主起诉或被诉，矛盾激化，物业服务企业选择退出在管项目。

业主之间矛盾突出，业主大会（业主委员会）履约能力不强

我国的业主委员会制度，由于没能充分考虑到我国物业管理产生的背景和社会需求，从开始自发的发起后，基本没有经过一定时间的磨合和实践，就在政府的规定和各地的推动下进入了快车道，这样就自然缺乏了市场基础和适合的土壤，形成履约能力不足的局面。在现实中，一些运作不规范的业主委员会将自己的权利凌驾于众多业主和业主大会之上，擅自以业主大会的名义解聘物业服务企业，当物业服务企业质疑业主委员会的解聘程序是否合法时，双方便产生争议，最终导致“恶炒物业服务企业”的事件发生。同时，由于目前法律上对业主大会（或业主委员会）这一自治组织法律地位规定的缺失，加之没有一定的办公经费支持，使得其无法为过失甚至违法行为承担相应责任。

四 物业管理公司的组建与管理

物业公司是专门从事地上永久性建筑物、附属设备、各项设施及相关场地和周围环境的专业化管理，为业主和非业主使用人提供良好的生活或工作环境，具有独立法人资格的经济实体。

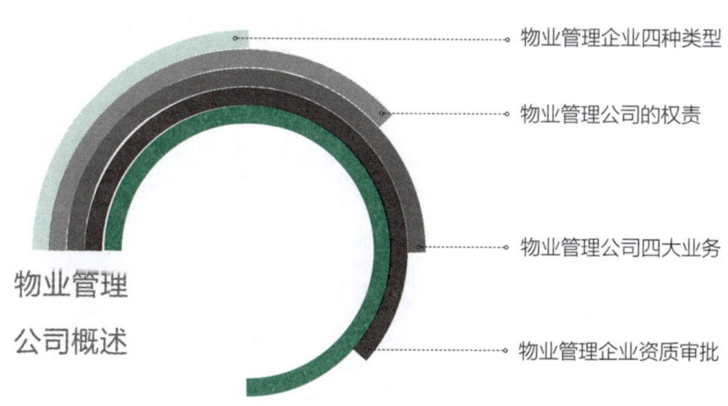

图 2-7　物业管理公司概述

1 物业管理企业四种类型

根据物业管理性质、设置机构的原则以及当前我国物业管理的实际情况，通常将物业管理分为以下四种模式：

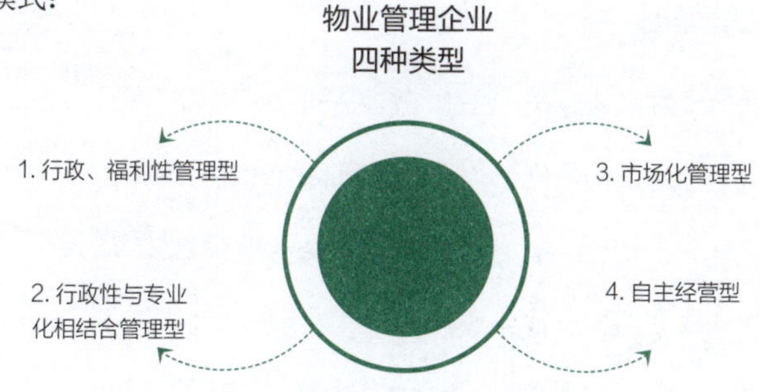

图 2-8　物业管理企业四种类型

类型 1. 行政、福利性管理型

主要是指直管公房住宅区的管理，其特点是由房屋所有权单位或房管部门组建的房管所实施管理。其住户只有使用权，没有所有权，住户只象征性缴一些房租，维修房屋需要的费用主要靠财政拨款，住户不需要承担维修费用。

以区、街道办事处成立物业管理公司的模式特点是突出了地方政府的行政管理作用，因其管理机构与政权基层组织相一致，在实施管理时具有权威性，制约力强。专业管理机构在小区物管会领导下，各自履行自己的职责，能做到统一安排、分工明确、专业协作、各负其责。这种模式要防止物管会大包大揽、行政管理代替一切的情况。

类型 2. 行政性与专业化相结合管理型

主要是指政府建房，并按一定的优惠条件内销给单位职工的住宅区的管理。其特点是房屋所有权部分商品化，由独立核算、自我运转的专业管理部门对其实行综合管理，有偿服务，同时政府或开发单位少量补贴的管理方法。

以房管部门建立物业管理模式的特点是发挥了房管部门管理房产的优势，能较好地进行科学管理，保持房屋较高完好率，有利于维护小区整体风貌；弱点是难以协调各专业部门，容易各自为政，扯皮现象多。

类型 3. 市场化管理型

开发商采用招投标或协议的方式，通过“物业管理服务合同”委托专业化的物业管理企业，按照“统一管理，综合服务”的原则，提供劳务商品的管理行为。

按照市场经济规律建立的物业管理模式的特点是管理行为按市场经济规律办事，实行有偿服务。按照这种模式成立的物业管理公司按“独立核算、自负盈亏、自我运行、自我完善”的方式运行，这种模式应防止片面追求经济效益，而应注重经济效益、社会效益和环境效益的统一。

类型 4．自主经营型

自主经营型即开发商、业主不将自有的物业委托给专业的物业管理企业管理，而是由自己单位内部设立物业管理部门来管理。当前，万科、合生创展、中海等知名开发商都拥有自身的物业管理公司，形成开发、管理的一体化。

2 物业管理公司权责

物业管理公司在物业管理中的以下方面享有权利并负有义务：

（1）权利

物业管理公司拥有以下权利：

①物业管理公司可根据有关法规，结合实际情况，制定小区管理办法；

②依照物业管理合同和物业管理办法对住宅小区实施管理；

③依照物业管理合同和有关规定收取管理费用；

④有权制止违反规章制度的行为；

⑤有权要求业委会协助管理；

⑥有权选聘专营公司（如清洁公司、保安公司等）承担专项管理业务；

⑦可以实行多种经营，以其收益补充小区管理经费；

⑧有权对设置不合理及效率低下的设施、设备进行改造或改进；

⑨物业管理法规所赋予的其他权利。

（2）义务

享有权利的同时，物业管理企业还需要履行以下义务：

①履行物业管理合同，依法经营，完成各项物业管理和服务工作；

②接受业委会和住宅小区居民的监督；

③重大的管理措施应当提交业委会审议，并经业委会认可；

④接受房地产行政主管部门、有关行政主管部门及住宅小区所在地人民政府的监督指导。

3 物业管理公司四大业务

物业管理的业务内容可分为四类：

①基本业务类：包括对房屋建筑、机电设备、供电供水、公共设施等进行运行、保养和维护；

②专项业务类：包括安全保卫、环境卫生、园林绿化、消防管理、车辆交通等；

③特色业务类：包括特约服务和便民服务；

④经营业务类：包括房屋中介服务、装修业务等。

物业管理	基本业务	专项业务	特色业务	经营业务
	◎房屋本体、建筑公共部位得到维修、养护和管理 ◎共用设施、设备的管理 ◎市政共用设施和附属建筑物、构筑物的养护和管理 ◎智能化设施设备管理	◎治安管理 ◎环境卫生 ◎园林绿化 ◎消防管理 ◎车辆交通	◎特约服务 ◎便民服务	◎房屋中介服务 ◎装修业务

图 2-9　物业管理四类业务

类型 1. 基本业务

物业管理的基本业务主要包括对房屋建筑和公共设施设备的管理和维护。

房屋本体、建筑公共部位得到维修、养护和管理

范围包括：公共屋面、房屋承重及抗震结构部位、外墙面、楼梯间、公共通道、门厅、共用排烟道。

管理责任人与服务中心相结合，落实巡查制度及年度房屋建筑维护、养护计划，执行房屋修缮标准、有关工程施工技术规范，健全档案记录，保持房屋正常的使用功能及完好。根据房屋的完损情况、季节变化、住户对象等采取日常修缮服务，季节修缮服务，重点修缮服务和特殊修缮服务等形式，并做到制度化、规范化。

共用设施、设备的管理

范围包括：上下水管道、落水管、共用照明、煤气干线、楼内消防设施、电梯、水泵房。

共用设施设备的管理由维修管理和运行管理两大部分组成，进行统一管理。对于不同的设施、设备进行不同的维修管理，执行相应的工作质量标准，建立设施设备管理账册和重要设备的技术档案，落实定期检查、维修、保养制度，各种运行记录齐备。达到设施设备齐全、功能正常、运行良好。

市政共用设施和附属建筑物、构筑物的养护和管理

范围包括：道路、室外上下水管道、化粪池、沟渠池、地上车库等。

根据共用设施和附属建筑、构筑物的类别不同，指定并落实巡查制度、维修保养制度、大中修工程的验收制度、积累有关技术资料。对于有些专项类别，如：车库，制定专业管理方案并实施。通过有序的工作使其达到功能正常、畅通、达标，基本完好。

智能化设施设备管理

范围包括：楼宇对讲系统、用户宽带数据网系统、室内红外线报警系统，周界红外线对射报警系统、门禁及车库管理系统、电子巡更系统等。

根据智能系统的构成、分系统设备的组成情况，建立起适合的智能系统、操作性强的管理制度。从管理前期介入人员培训入手，做好智能系统设备的档案管理、智能系统的运行管理、系统的维护保养管理、设备维护保养工作质量的检查及设备维修管理，并以科技为先导、智能指挥中心统一指挥、全方位服务，充分利用现有资源，提升智能系统功能，通过严格管理保证智能系统运作正常。

类型 2. 专项业务

物业管理的专项业务包括治安管理、环境卫生管理、园林绿化管理、消防管理和车辆交通管理。依据实际情况分别发包给专门的服务公司。

治安管理

向当地有关部门了解物业管理区可能存在的治安问题，制定治安案件发生率控制标准；

制定物业管理区治安管理条例，保安员岗位职责及保安工作作业流程。

环境卫生

卫生管理是对房屋公共部位的清洁、卫生，进行垃圾的收集、清运，达到环卫设施齐全。实行标准化清扫保洁，垃圾日清，按计划消毒、灭鼠、灭虫。通过对小区的清洁卫生，区域管理的过程控制，确保向住户提供高档次的服务水准及高质量的生活场所。

园林绿化

绿化的功能是美化环境，通过物业管理达到绿草茵茵、绿树成荫的效果。专业化的管理养护人员，科学合理地保养、管理小区的绿化。绿化管理的主要内容是花木、草坪的养护，具体包括禁止砍伐攀折花木、禁止用树木晾晒衣物、禁止车辆穿越绿地等方面。

消防管理

物业管理应高度重视消防工作，一定要保证消防设备处于良好待用状态，并培训一支业余消防队伍，一遇火情可立即作出反应。另外，还要提高业主和使用人的防火和自救意识。贯彻“预防为主、防治（消）结合”的方针，对所辖物业区域的消防工作进行全面的管理。

车辆交通

对小区内各类车辆（汽车、摩托车、自行车等）进出、行驶、停泊实施管理工作，确保车辆安全、交通畅通、组织有序、停放整齐，创造优美的辖区环境。

类型3.特色业务

物业管理的特色业务是指物业管理企业根据本管辖区域内的总体实际情况及个别特殊情况，拓展出满足业主个别需求的业务。

特约服务

特约服务指提供公共性服务（基本业务和专项业务的总和）以外的，为满足业户个别需求，受其委托而提供的服务。例如，为个别客户接送小孩，以专业的养护工作为业主及住户提供舒适便利的生活环境等。

便民服务

即向业主及住户提供便利、高效、经济的便民服务，使居民生活更方便、更迅捷。以业主及住户为中心，有步骤地开展各种无偿与有偿服务，并不断倾听业主及住户的意见，开辟新的服务项目。包括家具维修和清洁、家政服务、代购机票等服务项目。

类型4.经营业务

物业管理的经营业务包括房屋中介服务、装修业务等，是物业管理企业具有经营性质的业务类别，是物业企业利润增收的重要方面。

房屋中介服务

物业公司提供的房屋中介服务包括物业出租、转让、市场调查、物业估价等。

装修业务

在物业辖区里，对业主及住户的装修实行全面的监管，以确保装修设计合理，隐蔽工程符合设计规定及图纸要求，装修材料及施工过程符合消防管理规定的要求，并安全使用，保障住宅的结构安全及小区的整体美观，使业主有一个舒适、安宁的生活环境。

4 物业管理企业资质审批

物业管理企业资质等级分为一级、二级、三级。

（1）物业管理企业资质审批单位

国务院建设主管部门负责一级物业管理企业资质证书的颁发和管理；省、自治区人民政府建设主管部门负责二级物业管理企业资质证书的颁发和管理；直辖市人民政府房地产主管部门负责二级和三级物业管理企业资质证书的颁发和管理，并接受国务院建设主管部门的指导和监督；设区的市级人民政府房地产主管部门负责三级物业管理企业资质的颁发和管理，并接受省、自治区人民政府建设主管部门的指导和监督。

（2）物业管理企业资质等级审核内容

各资质等级物业管理企业的条件如下：

表 2-1　物业管理企业资质等级比较

资质等级	注册资本（万元）	从事物业管理类型（种类）	物业管理面积要求（万平方米）	企业管理制度和标准	企业信用档案系统	企业经营业绩要求	专业管理人员（人数）	中级以上职称管理人员	中级以上职称管理人员对财务、工程人员持有中级职称要求
一级资质	≥ 500	≥ 2	本档计算基数之和的 100%	有要求	有	优良业绩	≥ 30	≥ 20	有
二级资质	≥ 300	≥ 2	本档计算基数之和的 100%	有要求	有	良好业绩	≥ 20	≥ 10	有
三级资质	≥ 50	≥ 1	无要求	有要求	有	无要求	≥ 10	≥ 5	有

不同资质物业企业的物业计算基数标准不同，三类资质不要求此项，一二类资质物业管理面积计算基数如下：

表 2-2　各类物业资质面积计算基数

	一级资质	二级资质
多层住宅	200	100
高层住宅	100	20
独立式住宅（别墅）	15	8
办公楼、工业厂房及其他物业	50	20

计算面积计算基数时，将资质规定中的分类面积数作为分母，将企业的该类物业实际管理面积数量作为分子，然后加和。

例：有一家企业想申报一级资质，管理多层住宅 60 万平方米；管理高层住宅 80 万平方米；管理工业厂房 80 万平方米。

计算：（60/200+80/100+80/50）×100%=（0.3+0.8+1.6）×100%=270%

因此，该企业在这一项上，符合一级企业资质申报要求。

（3）申请资质需提供的资料

新设立的物业管理企业，其资质等级按最低等级核定，并设一年的暂定期。物业管理企业在领取营业执照之日起 30 天内，持以下资料向当地的房地产主管部门申请资质：营业执照、企业章程、验资证明、企业法定代表人的身份证明、物业管理专业人员的职业资格证书和劳动合同、管理和技术人员的职称证书和劳动合同。

（4）物业管理企业的资质管理

资质管理是房地产行政主管部门依法对物业管理企业和行业进行管理的主要内容之一。除资质审批外，资质管理还包括对已设立的物业管理企业是否遵守法规、规章，是否履行合同，以及经营管理、信用等情况进行监督检查。资质管理有利于规范物业管理行为，加强对物业管理活动的监督，维护物业管理市场秩序，提高物业管理企业的管理和服务水平。物业管理企业在申请核定资质等级时，若出现违反《物业管理条例》规定的相关行为，将不会获得资质审批部门的批准。

第二节

物业管理全过程

物业管理是一项涉及面广、长期连续的管理工作。按阶段来分，它可以分为前期介入、前期物业管理以及正常居住期；按专业来分，可以分为物业维修、交通管理、安全管理、卫生保洁、绿化养护等诸多项目。本节分为前期介入、前期物业管理、日常居住期物业服务的七个内容和物业管理的后期盈利策略四个部分叙述物业管理的重点及实操步骤。

物业管理全过程	1	2	3	4
	前期介入	前期物业管理	日常物业管理	后期盈利
	5大作用 3个时机 4个职责	4个特点 3个特殊内容 业主入住4个关键 二次装修4个重点	7大内容	成本控制4方面 物管收费11个对策 7大亏本因素处理 6大集资渠道 3个新利润增长点

图 2-10　物业管理全过程

前期物业管理与前期介入是不同的，主要表现在：

①内容作用不同。前期介入是建设单位开发建设物业项目阶段引入的物业管理专业技术支持，前期物业管理是物业服务企业对新物业项目实施的物业管理服务。

②服务的对象不同。前期介入服务的对象是建设单位，并由建设单位根据约定支付早期介入服务费用；而前期物业管理服务的对象是全体业主，并按规定向业主收取物业管理服务费用。

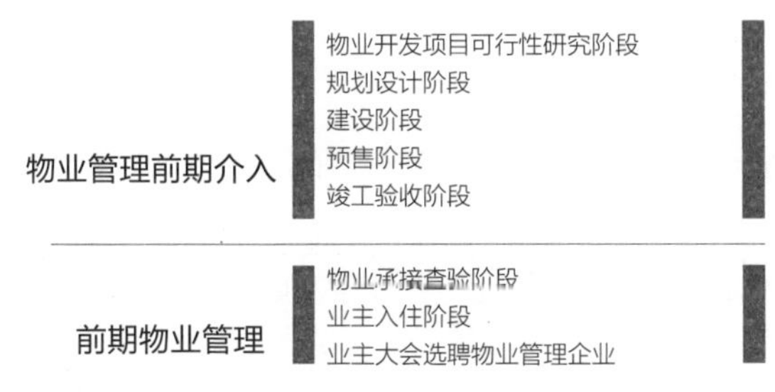

图 2-11　物业管理前期介入与前期物业管理的划分

一　物业管理前期介入

前期介入是指新建物业竣工之前，建设单位根据项目开发建设需要所引入的物业管理咨询活动。

物业管理的咨询活动，主要指从物业管理的角度对开发建设项目提出的合理化意见和建议，可以由物业服务企业提供，也可以由物业管理专业人员提供。

前期介入对开发建设单位而言并非强制性要求，而是根据项目和管理需要进行选择。

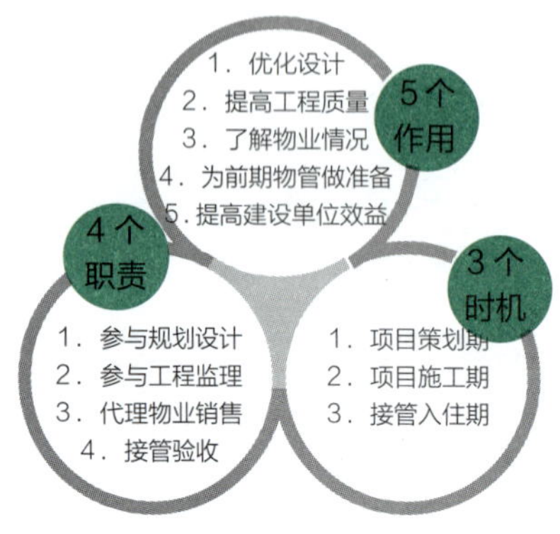

图 2-12　物业管理前期介入

1 物业管理前期介入的五个作用

物业管理前期介入，对开发建设单位、物业管理后续管理和业主都有不可忽视的作用。

作用 1．优化设计

人们对物业的品位和环境要求越来越高，这客观上促使开发商的地产开发除了要执行国家有关技术标准外，还会考虑到物业的功能、布局、造型、环境以及物业使用者的便利、安全和舒适等因素。物业服务企业可从业主（或物业使用人）及日后管理的角度，就房屋设计和功能配置、设备选型和材料选用、公共设施配套等方面提出建议，使物业的设计更加优化、完善。

作用 2．有助于提高工程质量

在物业建设过程中，物业服务企业利用自身优势帮助建设单位加强工程质量管理，及时发现设计、施工过程中的缺陷，提前防范质量隐患，使工程质量问题在施工过程中及时得到解决，避免在日后使用中再投入额外资金和精力，减少浪费。

作用 3. 有利于了解物业情况

对物业及其配套设施设备的运行管理和维修养护是物业管理的主要工作之一。要做好这方面的工作，必须对物业的建筑结构、管线走向、设备安装等情况了如指掌。物业服务企业可以通过早期介入，如对于图纸的改动部分做好记录，对设备安装、管线布置尤其是隐蔽工程状况进行全过程跟踪等，充分了解所管物业的情况，从而在日后的管理中做到心中有数，“对症下药”。

作用 4. 为前期物业管理做准备

物业服务企业可利用早期介入的机会，逐步开展制订物业管理方案和各项规章制度、进行机构设计、招聘人员、实施上岗培训等前期物业管理的准备工作，方便物业移交后物业管理各项工作的顺利开展。同时，通过在早期介入过程中与各方的磨合，理顺与环卫、水电、通信、治安、绿化等部门之间的关系，为日后管理建立畅通的沟通渠道。

作用 5. 有助于提高建设单位开发效益

早期介入是物业服务企业从物业开发项目的可行性研究开始到项目竣工验收的全程介入，建设单位可以得到物业服务企业的专业支持，开发出市场定位准确、功能使用考虑周全、业主满意的物业，促进物业的销售。同时，建设单位还可以通过引入高水平的物业管理咨询提升自身的品牌。

2 前期介入三个时机

物业管理前期介入分三个时机。其中，在项目研究策划阶段介入提出的意见最及时，采纳后能优化设计，有利于后期管理工作的顺利进行。

表 2-3 物业管理前期介入的三个时机

介入时机	工作重点	工作内容
规划设计期	完善物业的作用和管理功能设计	①为便于日后管理，降低管理成本提供意见； ②对整体环境设计、封闭管理、硬件设施、设备配备及安装位置、娱乐配套提出建议与要求
项目建设期	强化物业施工监理	①从用户的角度，跟进设计在施工中的落实情况； ②提出整改意见； ③协助技术质量监督； ④为开发商施工单位提供保安、清洁服务； ⑤开展工地管理、维持工地良好秩序、保障施工通道通畅
接管验收期	及时发现存在的问题，分清整改责任，落实经费，及时纠正	①认真验收； ②分清整改责任，为业主追讨应得的补偿

时机 1. 在项目研究策划期开始介入

物业管理全程介入的早期，指的是房地产开发的立项决策阶段，也称可行性研究阶段。主要工作是：

①参与物业的规划、设计和建设；

②通过分析原设计图纸，为开发商提出有关楼宇结构布局和功能方面的改良建议、有关设备的设置和服务方面的意见、设计遗漏工程项目的建议等；

③从配套设备、环境附属工程、保安消防等方面严格把关，从物业结构布局和功能方面、设备设施的设置和服务方面提出改进意见，以便建成后的物业能满足业主和使用人的要求，有利于后期管理工作的进行。

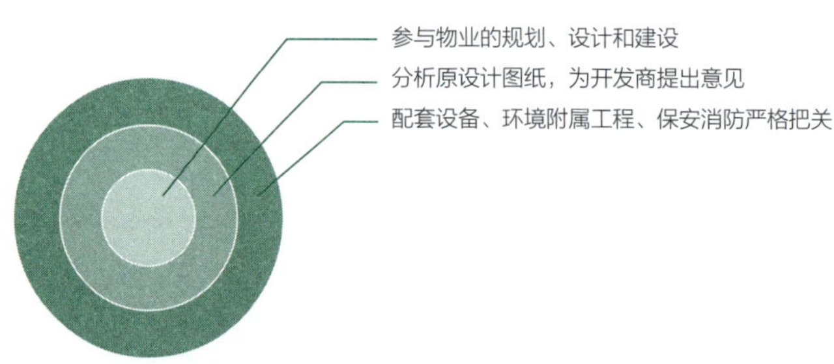

图 2-13 物业管理全程介入早期的工作

时机2.在项目施工期开始介入

建设过程中，物业管理前期顾问人员的工作是：

①必须经常到现场了解工程进度、施工情况，逐步对物业硬件增加了解，对有些影响使用功能的问题早发现、早协调、早解决，为今后物业管理工作奠定良好的基础；

②检查前期工程的施工质量，并就原设计中不合理但又可以改动部分提出建议；

③配合设备安装管线布置进行现场监督，确保质量，提出遗漏工程项目建议，进行机电设备的测试、检验，指出前期工程的缺陷并提出改良方案，准备交接和验收的各方面工作等；

④物业管理公司作为用户单位的代表，在物业的建设过程中参与监理，做好隐蔽工程的记录归档。

链接

所谓“隐蔽工程”，就是在装修后被隐蔽起来，表面上无法看到的施工项目。根据装修工序，这些“隐蔽工程”都会被后一道工序所覆盖，所以很难检查其材料是否符合规格、施工是否规范。对隐蔽工程进行监督，不仅强化了房屋建造中的生产技术的监控，而且还落实、保证了质量监督的组织措施，从而确保房屋建造的质量及物业管理功能的实现。

⑤介入人员必须定期视察施工现场，参与工程例会，及时提出维护发展商利益和保证施工质量的专业意见和建议，协助开发商做好使用功能的验收，对各种设备、管线都逐一检查。

时机3.在项目验收接管入住时期介入

接管验收是物业管理企业接管开发企业、建设单位的物业，以物业主体结构安全和满足使用功能为主要内容的接管验收，是竣工验收的再验收，是物业管理公司在接管物业中不可缺少的重要环节。不仅包括主体建筑、附属设备、配套设施，而且包括道路、场地和环境绿化等，还应特别注重对综合功能的验收，进行机电设备的测试检验，准备交接和验收，指出前期工程缺陷，就改良方案的可行性及费用提出建议。

物业的接管验收，由开发建设单位和物业管理公司共同组织验收小组进行。在接管验收时应注意：

①明确交接双方责、权、利关系。

在市场经济条件下，交接双方是两个独立的经济体，通过接管验收，签署一系列文件，实现权利和义务的同时转移，从而在法律上界定清楚双方各自的义务和权利。

②确保物业具备正常的使用功能，充分维护业主的利益。

通过物业管理公司的接管验收，进一步促进开发企业或施工企业按标准设计和建设，减少日后管理中的麻烦和开支，弥补业主专业知识的不足，从总体上把握整个物业的质量。

③为日后管理创造条件。

通过接管验收，一方面使工程质量达到了要求，减少管理过程中的维修、养护工作量；另一方面，根据接管物业的有关文件资料，可以摸清物业的性能和特点，预期管理中可能遇到的问题，计划安排好各管理事项，发挥专业化、社会化、现代化的管理优势。

④提高物业的综合效益。

例如居住区的接管验收，不是简单的房屋验收，而是居住区各组成部分的验收。通过综合验收，使小区的建设注重综合效益并使其得到不断的提高。

⑤促进了建设项目及时投产，发挥投资效果，总结建设经验。

接管验收工作既是建设项目进行投产、发挥效益的前提，也是其正常运营的保证。同时，接管验收实际上是一项清理总结的过程，既会发现建设过程中的问题，有利于及时纠正，也会获得一些好的经验，为以后的建设提供借鉴。

3 前期介入四个职责

物业管理公司前期介入的主要职责是参与规划设计、参与工程监理、代理物业销售和物业接管验收。

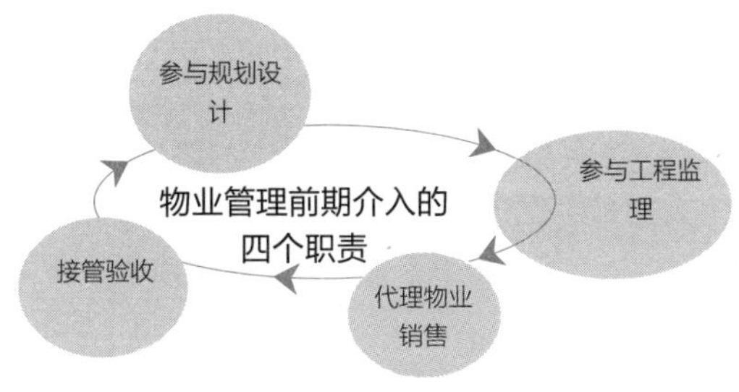

图 2-14　物业管理前期介入的四个职责

职责 1. 参与规划设计

物业管理公司对规划设计的参与形式

物业管理公司对规划设计的参与形式，主要表现在：

①全面细致地反映物业管理能得以顺利实施的各种需要；

②在以往管理实践中发现规划设计上的种种问题或缺陷，从使用、维护、管理、经营以及未来功能的调整和保值增值等角度，对设计方案提出意见或建议；

③对物业实施超前管理，为完善物业建设提出建设性意见，避免物业建成后在使用阶段出现问题；

④把问题以咨询报告的形式提交给设计单位，并建议其在设计中予以纠正，以保证日后物业的正常使用。

物业管理企业选派工程技术人员的工作内容

物业管理企业选派工程技术人员参加工程规划设计的目的，是从有利于投资、综合开发、合理布局、安全使用和投入使用后长期物业管理的角度进行参谋，提出建议。

主要内容包括：就物业的结构布局、功能方面提出改进建议；就物业环境设计、配套设施的合理性、适应性及细节提出意见或建议；提供设备设施的设置、选型及服务方面的改进意见；就物业管理用房等公共配套建筑提出意见。

协助管理商对管理档次进行定位

管理商对管理档次进行定位，具体的操作须由顾问团对项目进行实地考察，通过研读、消化、理解发展商所提供的项目方案、可行性研究报告、初步规划、设计施工图、项目模型等资料，了解项目的规划意图、设计内容和规范，确定项目档次，协助管理商对管理档次做定位。工作内容包括以下十方面：

①对顾问项目进行整体的物业管理策划，并以此指导后期的物业管理顾问工作；

②对物业管理从各专业角度提出专业建议，方便日后的物业管理；

③从智能化的角度，提出专业建议；

④从环保的角度，提出专业建议；

⑤从创建优秀小区的角度，根据优秀物业管理小区的考核评比标准，提出专业改进建议；

⑥在施工过程中，协助发展商监督各专业工程的进展情况；

⑦协助发展商监督各专业设备安装和调试工作，确保工程质量；

⑧协助发展商组织各专业工程、设施设备的验收工作，对不合格处提出整改意见，由发展商责成有关施工单位进行整改，然后进行复验，最后协助收集验收报告；

⑨配合发展商楼宇营销宣传、推广工作的需要，提供开发企业简介、主要业绩证书、在管物业图片及资质证书等资料；

⑩对发展商销售人员进行物业管理基础知识专业培训。

职责 2. 参与工程监理

物业管理公司参与工程监理主要体现在两个方面，即施工设备设施的安装监控和不合理设计的修改。物业设备设施是附属于房屋建筑的各类设备的总称，它是构成房屋建筑实体的不可分割的有机组成部分，是发挥物业功能和实现物业价值的物质基础和必要条件。具体监控的内容主要包含四大系统：

表 2-4　项目工程四大设备系统

设备系统	设备、设施	
给排水系统	供水设备、设施	总蓄水池、水泵、分蓄水池、水阀、水表及供水管网等
	排水设备、设施	排水管道、排污管道、通风管、清通设备、提升设备、室外排水管道、污水井、化粪池等
	热水供应设备	淋浴器、热水管道、热水表、加热器、循环管、冷水箱、疏水器、自动温度调节器、减压阀等
	消防设备	灭火器、消防栓、消防龙头、消防泵、喷淋系统和配套的消防设备（如烟感、温感、光感探测器）、消防报警系统、防火卷帘、防火门、排烟送风系统、防火阀、消防电梯、消防走道及事故照明、应急照明设备等
燃气系统	煤气灶、煤气表、煤气管道、天然气管网	
空调、通风系统	供暖设备	有热水供暖和蒸汽供暖之分，包括锅炉、蒸汽喷射器、输热部分（热量的输送管道等），散热部分（如散热器、暖风机、辐射板等）及辅助设施，如：鼓风机、水汀片、回龙泵、膨胀水箱、去污器等
	供冷设备	冷气机组、冷水机组、深井泵、电扇、冷却塔、回水泵及输送冷水的管网等
	室内通风设备	通风机、排气口及净化除尘设备等
电气工程设备系统	供电及照明设备	高压开关柜、变压器、低压开关柜及各种温控仪表、计量仪表、配电干线、楼层配电箱、备用电源、电表、各种控制开关、照明设施等
	电器服务设备设施（弱电设备）	广播设备、电信通讯设备、电视系统设备、共用天线及电视监控设备和电脑设备；楼宇自动化、通讯自动化、办公自动化、保安自动化、消防自动化、管理自动化等
	房屋运输设备	电梯、扶梯等；电梯的一般组成为传动设备、升降设备、安全保护设备和控制设备；自动扶梯的一般组成为驱动装置、运动装置和支撑装置
	防雷及接地装置	有两种方式，针式和栅式；一般防雷设施组成为避雷针、避雷网、避雷带、引下线和接地极；避雷针形式有单支、双支、多支保护

职责 3. 代理物业销售

物业管理公司代理物业销售有着他人代理销售不可比拟的许多优势和益处。物业销售不只是一种交易行为，更多的是一种管理行为、服务行为。从管理角度讲，物业管理公司代理物业销售也是最为恰当的。因为物业在投入使用后的管理问题都由物业管理公司来承担，而物业管理公司和业主共同参与物业管理的过程恰恰是从销售这一环节开始的。在工程前期就参与物业开发的物业管理公司，不仅对工程进展、工程质量非常了解，而且对将来的管理有着详细的规划，这能使投资者乐意为日后周到的服务和优良的管理而购买该物业。

物业销售的工作内容

①完成房地产物业管理服务方案，协助开发商拟定销售合同所需附件，如关于物业管理事项的约定、业主临时公约、公共管理制度等。

②对销售人员进行培训，主要内容有房地产物业管理基本知识、相关法律法规和本项目物业管理服务方案主要内容、公约和规约的关键条款。

③选派房地产物业管理咨询专员到销售现场，与客户进行充分沟通，向客户介绍今后物业管理服务模式、内容、标准和客户应当遵守的公共管理制度，解答客户的疑问，了解客户的期望、建议并及时向开发商反馈。物业公司早期介入部门综合客户的意见后，继续向开发商提出改进建议。

④负责销售现场、样板房等处的清洁、绿化、秩序维护、水电维修、安全等工作，展示物业管理公司的服务水平和员工风采。

⑤整理早期介入所收集和掌握的第一手资料，如图纸、合理化建议、物业管理方案、业主公约备份、建设过程中的重大相关事项及常规资料未反映的内容记录等，初步建立起项目档案，为日后的正常管理打下坚实的基础。

职责4．接管验收

接管验收是物业管理过程中不可缺少的一个环节。物业接管是开发单位将已建成的物业向管理单位移交的过程，物业管理公司要依据有关工程验收的技术规范与质量标准，对将要接管的物业进行检验，以保证今后物业管理工作的正常开展。

物业管理公司应充分利用自己在接管验收中的权力和争取质量补偿的权力。一方面考虑质量问题对自己日后管理的影响，另一方面还应站在业主的立场上，充分维护业主的权益。

接管验收的主要内容包括验收的准备工作、资料的接管验收、硬件设施设备和验收遗留问题的处理等。

图 2-15　竣工验收和接管验收阶段不同

接管验收对于结构、桩基、建材标号等隐蔽性较强的项目只需要另一方提供竣工验收合格证明，不再作专项验收，重点对表面可见项目是否符合发展商给业主的购销合同承诺及通常使用用途作仔细验收。因此，接管验收的方法有观感验收法和使用验收法。

观感验收法是根据验收经验，站在业主的角度上，对物业的主体、门窗、水电、公共设施设备等表面可见项目进行验收。使用验收法是根据房屋的使用功能和建设部的《房屋接管验收标准》等标准，对物业进行验收。当然也可以结合以上两种方法，站在便于以后管理、维修和业主使用习惯的角度对物业进行验收。

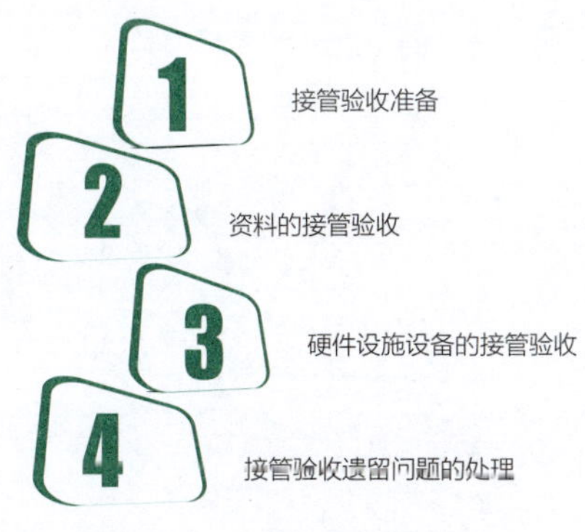

图 2-16　物业接管验收流程

接管验收的准备工作

新建物业竣工验收后、业主入住前，物业管理公司应及时组建物业接管验收小组，对所接管的物业进行综合的接管验收，以确保所接管物业基本合格，满足业主的质量要求。

接管验收开始之前接管验收小组应做好以下准备工作：

①与开发商联系好交接事项、交接日期、进度、验收标准等；

②派出先头技术人员前往工地现场摸底，制定好接管验收计划；

③提前参与发展商申请的竣工验收和机电设备最终安装、调试工作，做到心里有数；

④准备好接管验收记录表格。

资料的接管验收

开发商委托物业管理时需要向物业管理公司移交相关资料。相关资料包括物业产权资料、综合竣工验收资料、施工设计资料、机电设备资料、业主资料等。

全套工程图纸包括工程从立项到开工的所有文件资料、全套竣工图、设备清单、设备保修合同、验收合格手续文件等。

业主资料含业主地址电话、购房面积、委托代理人资料等，以便邮寄通知书、计算收费额。

硬件设施设备的接管验收

物业硬件配套设施关系到能否充分发挥房屋住用功能的保障，只有严把质量关，做好验收工作，才能延长设备使用寿命，保障设备安全运行，发挥设备价值，并且利于推动房屋建筑设备的现代化，强化物业管理企业的基础建设。

表 2-5 硬件设施设备接管验收内容

验收项目	验收内容
楼宇主体硬件设施	①主体结构的验收主要是检查屋面是否积水、渗漏； ②楼面有无空鼓，是否露筋；内墙面面层有无剥落、裂缝，有无污渍； ③门窗是否开启自如，有无晃动和裂缝，位置是否准确，有无翘曲变形； ④电器插座、开关安装是否牢固； ⑤水表、电表安装是否牢固，有无损伤，读数是否正常；给水设施有无渗漏、锈迹，压力是否足够； ⑥地漏、排水管道接口是否密实，有无渗漏、堵塞现象，排水是否流畅
公共配套设施	①道路路面是否平整，有无水泥块、断裂； ②消防箱标识是否清楚，玻璃是否完好，消防设施配件是否齐全，消防管标识是否明显，有无漏水，水压是否充足； ③地下停车场照明是否充足，标识是否清楚，安全设施、排水设施是否良好； ④小区建有中庭花园、空中花园，绿化的树种、绿化水管布局的合理性成了验收的重点，绿化水管的阀门开关是否灵活、安装稳固
机电设备	①变配电设备的验收，以设备型号、数量与移交清单相符，工作状态良好，安全防护装置齐全，标识清楚，机房配置齐全，通风、采光良好，设备表面油漆完好，无损伤为验收标准； ②对电梯设备的接管验收，以设备型号、数量与移交清单相符，动行平稳，安装符合规范，有电梯运行准运证，机房设置合理，配件安全，标识清楚，表面光洁平整、明亮为验收标准

接管验收遗留问题的处理

遗留问题的登记确认。对资料验收中发现的资料不全、不真实、不合格等问题，物业硬件设施接管验收中发现的不合格等问题，接管验收小组应当将问题记录下来并交开发商相关人员签字确认。

对资料遗留问题，接管验收小组应当积极同开发商联系补齐，必要时公司领导应当协助进行。

对物业硬件设备、设施遗留问题，一般问题接管验收小组应当要求开发商在两周内解决；重大问题接管验收小组应当要求开发商在一个月内解决。必要时公司领导应当协助进行。

对于长期解决不了、势必会影响物业管理的问题，物业管理公司应当以备忘录的形式将问题登记后交给开发商进行处理。

二 前期物业管理的工作内容

前期物业管理期间，由于业主委员会尚未成立，没有行使选聘物业公司的职权机构，但已有部分业主入住，不能没有物业管理和服务，只能由开发商选聘物业管理单位，或者由开

发商属下的物业公司来承担物业管理和服务工作。

图 2-17　前期物业管理

1 前期物业管理四个特点

前期物业管理处在前期介入与常规物业管理之间的特殊时期，充当着建设单位与业主、施工单位与业主的沟通桥梁，面对着诸多不稳定因素和财务压力。

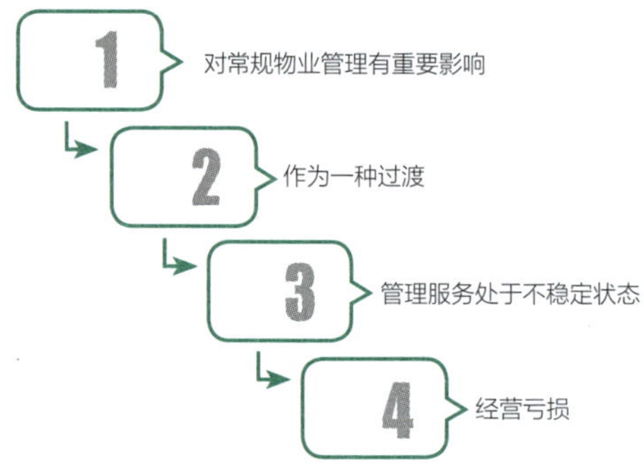

图 2-18　前期物业管理四个特点

特点 1. 对常规物业管理有重要影响

由前述前期物业管理工作的内容分析可见，前期物业管理的许多工作，尤其是前期物业管理的特定内容是以后常规期物业管理的基础，对常规期物业管理有着直接和重要的影响。这是前期物业管理最明显的特点。

特点 2. 作为一种过渡

前期物业管理的职责是在新建物业投入使用初期建立物业管理服务体系并提供服务，其介于前期介入与常规物业管理之间。因此，前期物业管理在时间上和管理上均是一个过渡时期和过程。

特点3．管理服务处于不稳定状态

新建物业及其设施设备会因其施工质量隐患、安装调试缺陷、设计配套不完善等问题在投入使用的初期集中反映出来，造成物业使用功能的不正常，甚至可能会出现临时停水停电、电梯运行不平稳、空调时冷时热等现象。由于物业及设施设备需要经过一个自然磨合期和对遗留问题的处理过程，才能逐步进入平稳的正常运行状态，因此，此阶段的物业管理也明显呈现管理服务的波动和不稳定状态。

特点4．经营亏损

在前期物业管理阶段，需要投入较大人力、财力、物力等资源，管理成本相对较高。但与此同时，物业空置率却较高，管理费收缴率低。因此，前期物业管理阶段的经营收支一般呈现收入少、支出多、收支不平衡和亏损状态。

2 前期物业管理三个特殊内容

在前期物业管理期间，物业管理企业提供的服务，既包含物业正常使用期所需要的常规服务内容，又包括物业管理项目机构前期运作、工程质量保修和前期沟通协调等特殊内容。

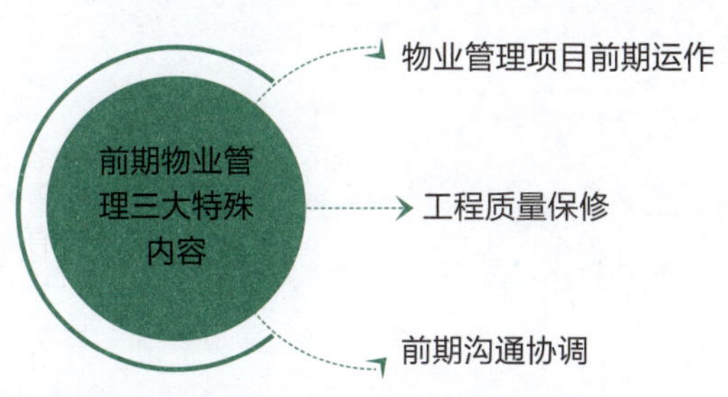

图2-19　前期物业管理三大特殊内容

（1）物业管理项目前期运作

在前期物业管理的开始，入驻物业的物业管理人员就需要及时对管理资源进行完善与优化，解决工程质量保修问题，做好与各相关部门或单位的前期沟通协调，在业主心目中树立良好形象，为日后的物业管理打好基础。

图 2-20　物业管理项目前期运作三大内容

管理资源的完善与优化

在物业管理实践中，往往在业主入住之前就已经成立了物业管理项目机构，配备了相应的物业服务企业人员，设置了办公场所和进行了物资配备，但上述工作一般带有临时性和不确定性。因此，在前期物业管理的过程中，需要不断进行调整，具体内容包括：

①管理用房到位。

建设单位按规定将管理用房移交给物业管理项目机构，物业服务企业对管理用房进行合理划分和必要装修，成为项目管理机构固定的管理用房。

②物资配备到位。

一个新的物业管理项目运作需要配备的物资较多，在项目开始运作的时候，一般只配备了其中的一部分。在前期物业管理过程中，应根据实际需要逐步配备到位。

③物业管理人员到位。

物业管理人员到位的主要内容包括：补充人员；对各岗位人员进行强化培训，提高物业管理水平和操作技能；对现有组织机构进行优化调整，形成完善的管理组织结构；加强内部管理和磨合，形成一个良好的管理团队。

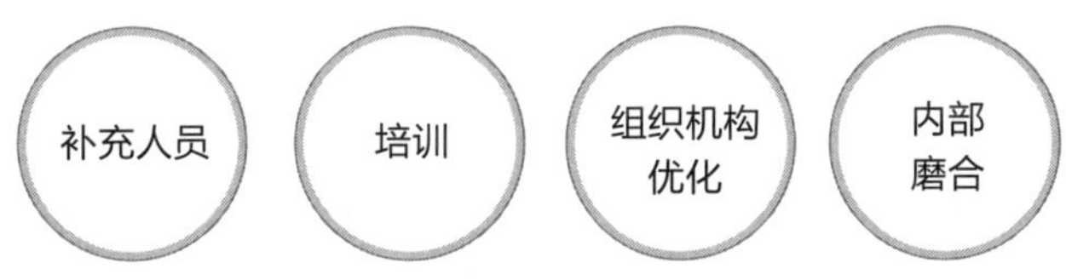

图 2-21 物业管理人员准备流程

管理制度和服务规范的完善

在前期物业管理过程中，物业项目管理机构应根据实际管理情况对已制订的管理制度和服务规范进行调整、补充和完善。

确定物业管理单项服务的分包

对具体物业管理项目进行管理时，物业服务企业可以根据企业的自身情况和需要来确定是否将部分单项服务分包给社会专业服务公司。对分包的服务项目，要进行市场调查、筛选，确定符合自己要求的分包单位。

（2）工程质量保修

在物业竣工验收后，工程进入质量保修期。物业工程质量保修分为两部分：一是物业服务企业承接管理的物业共用区域及共用设施设备等部分；二是业主从建设单位购买的产权专有部分。这两部分的保修事务都应由建设单位负责。

物业服务企业的工程质量保修相关工作，主要是向建设单位申报对物业共用区域及共用设施设备的质量保修，跟踪并督促完成。业主产权专有部分由业主自行向建设单位提出处理要求，在实际管理中，业主也可以向物业服务企业反映，物业服务企业应及时转告建设单位。

（3）前期沟通协调

物业管理是一个综合性较强的行业，物业管理活动所涉及的单位、部门也较多。其中，直接涉及的单位和部门有政府行政主管部门、社区居民委员会、开发建设单位、物业服务企业、业主、业主大会及业主委员会等；相关的单位和部门有城市供水、供电、供气、供暖等公共事业单位；市政、环卫、交通、治安、消防、工商、税务、物价等行政管理部门。物业服务企业应分析各相关部门和单位的作用及其与物业管理项目之间的相互关系，确定与各方面沟通协调的内容，建立沟通协调的渠道。通过沟通协调建立良好的合作支持关系，不仅有利于前期物业管理工作的开展，也为后期的正常管理打下良好的基础。

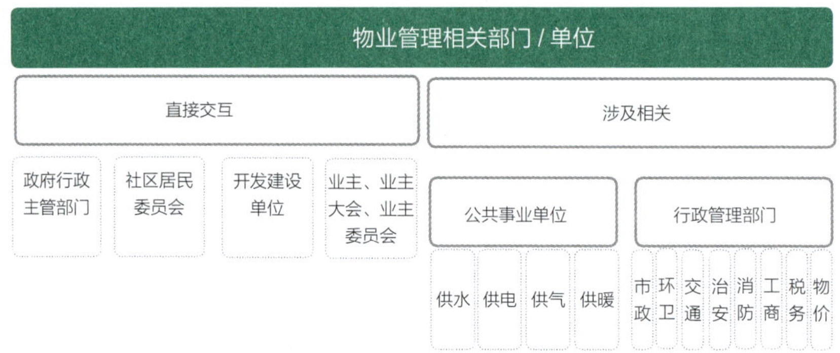

图 2-22　物业管理相关部门 / 单位

3 业主入住物业管理的四个关键点

入伙是物业管理整个管理程序中非常重要的一个环节，是物业管理企业展示企业形象、服务水平、专业能力的最佳契机。

图 2-23　业主入住的四个关键点

关键点 1. 如期交房

发展商一定要按照合同约定如期交房。如果因不可抗拒的外力因素导致延期交楼，则应做好与购房业主的沟通工作，同时应积极准备好补充合同，重新约定交楼日期；如果是因工期延误导致延期交楼，在主动、及时地做好与业主沟通的同时，还要与业主协商相关的赔偿事宜。更多时候，友好协商往往会取到意想不到的效果。

关键点 2. 确保商品房面积准确

对于大多数家庭来说，购买商品房称得上是“高消费”。现今，一平方米商品房少则几千元，多则上万元，因此购房者非常关心面积问题，生怕面积缩水或扩大，影响自己的使用或经济利益。所以，在入住期间，纠纷大多因面积而起，开发商想要在入住时平稳过渡，必须严把面积关。而业主在收楼过程中表现最多的是对实测面积有异议，这种情况有时只是购房人的主观感觉。

步骤 1. 确定误差产生的原因

①从图纸到现房存在误差环节；

②根据图纸用来预测面积和现房实测面积之间存在误差；

③一个重要原因是开发商在施工过程中修改图纸，会造成预测与实测面积存在较大差异，合同中对于公摊面积部位的说明又过于简单，更让业主产生怀疑；

④误差的产生小部分原因是测量法规的不完善造成的。

步骤 2. 一般可以采用以下两种处理方式：

①如有业主对面积产生怀疑，则告之业主因为测量过程漫长、计算复杂，业主参与测量的可能性不大，可出示相关证明；

②如果购房人确实有证据证明户内面积小，可向房地产产权主管部门申请复查，要求原测量单位复测，还可向上级测绘主管部门申请复查。在此过程中，开发商应主动承担起牵头引线的作用，而不应该站在购房者的对立面。如果真出现误差，则应深究原因，予以迅速解决。

关键点3．确保商品房质量

因为每个客户的眼光不一样，所以在客户眼中，完全不存在问题的房子是不存在的，关键是开发商应该以什么样的态度来正视消费者，并在力所能及的范围内尽量满足其个性化的需求。

一般来说，在商品房质量方面，开发商在交楼时应注意四点：

①按照法律规定及合同约定，交付的标准物必须清晰、准确、全面，这不单指房产，还包括土地、配套设施、设备等；对于购房者来说，他们需要开发商给予一个定期的收楼指导，并希望是以“清单式收楼”方式运作，即开发商将房屋各细部质量、价格、付款方式、物业管理、收费、规划、配套、交通、房屋实用性等一一列举在合同中，在收楼时逐一验收；

②交付的标准物的质量应符合国家技术规范及合同约定；

③交付标准物符合合同规定的程序和交易习惯，开发商应提前通知对方进行验收，及时处理房屋瑕疵问题，并出示相关文件给购房者；

④拟订完整的保修计划，为购房者提供及时、必需、热情的房屋保修服务，填补房屋质量中出现的某些细微误差。

关键点4．收费合理透明

入住纠纷的导火线往往就是收费。入住前业主掏的钱少则二三万，多则四五万，且有的开发商规定“不交费就不给钥匙”，让部分业主很容易产生抵触情绪。以下是入住时最好向业主公开说明的5项费用的内容：

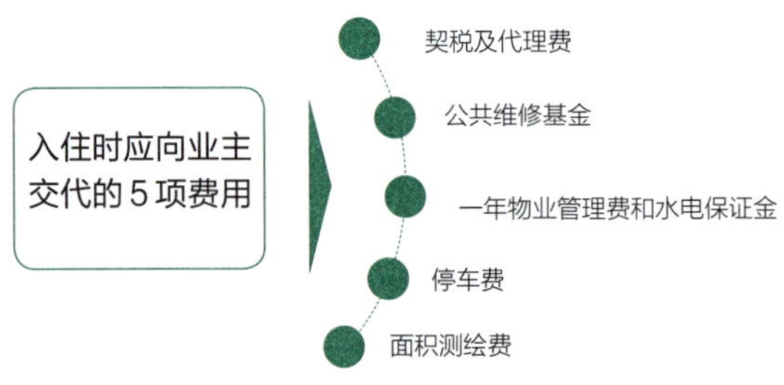

图2-24　入住时应向业主交代的5项费用

契税及代理费

契税是指在土地、房屋权属发生转移时，以所有权发生转移变动的不动产为征税对象，对产权承受人征收的一种财产税。开发商让购房人提前交纳契税的原因为：开发商在客户贷款过程中，承担了全额全程或阶段性担保，开发商想尽早摆脱自己的风险；当然，也不排除有些开发商占用资金的可能性。所以，除非业主认可，否则开发商无权强迫购房人提前交纳，更无权强行代办。

如果业主委托开发商办理，因为办理过程中有劳务支出，故一般开发商要向业主收取一定的代办费。当然，选择权在业主，但开发商有提供相关资料的义务。不过，在实际工作中，如果开发商一家一家办理，就会给征收部门带来很多麻烦，所以一般都是开发商代业主集体办理。

公共维修基金

公共维修基金是指住宅物业的业主为了本物业区域内公共部位和共用设施、设备的维修养护事项而缴纳一定标准的钱款至专项账户，并授权业主委员会统一管理和使用的基金。维修基金由该物业内的业主共同筹集，业主按照缴纳比例享有维修基金的所有权，但使用权归全体业主所有，单个业主不得向银行提取自己所有的维修基金部分。维修基金与具体房屋相结合，随房屋存在而存在、灭失而灭失，不因具体业主的变更而变化，因房屋产权变更成为新业主时，维修基金也应经旧业主更名为新业主。

此项基金不同于物业管理费，只用于住宅共用部位、共用设施设备保修期满后的大修、更新、改造。维修基金可以由业主自己交纳，业主也可委托开发企业代收。开发商一定要在入住前强行收取此基金。因为有部分购房人并不急于办理产权证，也就不急于交纳此基金，这样，当房屋在保修期后需要进行大修、更新、改造时，没有交纳此基金的业主就会“沾”已交基金业主的“便宜”，这是不公平的。

一年物业管理费和水电保证金

物业管理费保证金一般发生在高档住宅，因高档住宅行业一般习惯一个月或三个月交一次物业管理费，而高档住宅住户又经常不在国内或本地，故采用三个月保证金方式。需要强调的是，物业管理保证金也好、水电保证金也好，如何运作应该看购房时所签《住宅使用管理维修公约》中如何约定。只是现在开发商一般都在办理入住时才让业主签署《住宅使用管理维修公约》，业主并没有选择权。

停车费

地下车库、机械停车库应实行市场价，开发商应在购房时在《住宅使用管理维修公约》中明示。至于小区临时停车，目前并无明确规定，应由小区物业管理委员会决定，物管会成立前，收费标准也不能高于社会停车场标准，并应出具正式发票。

面积测绘费

面积测绘费收取原则为“谁委托，谁付费”。购房合同已规定开发商向购房人提供面积测量数据的义务，故此费用应由开发商交纳。

物业入住服务方案

1. 时间安排

一般情况下，入住时需要办理入住手续的业主多达几百家或几千家，物业服务企业不可能全部集中在同一时间办理。因此在时间安排策划时，应实现业主分期分批地办理入住。同时，如果业主因故不能按期办理，可留有机动时间予以补办。

2. 人员配备

业主入住是物业服务企业和业主的第一次亲密接触，也是物业服务企业带给业主的第一印象，是关系到物业服务企业所有部门的大事。物业管理财务部、维修部、安保部、环境部、客服部都应该投入到业主入住的工作中来，各部门主管直接负责，安排各项工作。从客服部抽调部分人员组成政策咨询小组，方便业主办理相关手续。

3. 资料和办公用具准备

办理业主入住手续时，需要准备两大类入住资料和表格。第一类是业主需要阅读并且签字的书面资料，包括前期物业管理服务协议、装修协议书、业主公约。第二类是业主只需要阅读或填写而不需要签字的资料，包括售楼证明书、业主资料登记表、住户手册、入伙指南。两类资料应分别存档整理，方便办理手续时使用。合理测算各部门在入住现场所需的必要的办公用具和物品，登记成表册，提前准备。

4. 场地设计

确定业主进入小区的大门和路径，合理安排临时停车场，全面启动监控系统，采取必要的安全防范措施。本着“一站式”服务的原则，将各相关部门按照服务流程顺序排放，合理安排入住场地，同时以图例形式标出相关部门位置，便于业主办理相关手续。

5. 环境布置

在物业小区的大门入口处悬挂条幅，书写“恭贺广大业主乔迁之喜”，两侧插彩旗或摆放时花、盆景。在业主入住庆典现场摆放音箱、功放等设备，安排现场布景音乐。在办理入住的各部门显著位置摆放不同花卉，在小区的各大门设置路标牌，重点部位摆放安全警示标示牌和临时指示牌。

将业主入住程序编写成简单的入住流程，张贴“入住手续流程图”在小区入口处或者小区的明显位置。

6. 交通管理

物业管理处要合理设计业主办理入住时的车辆进出路线，增加临时停车牌的发放，开放必要的门禁，启动小区内所有监控和红外线报警系统，增加道路和车辆指引人员和现场秩序维护人员。同时，为方便业主停车办理入住手续，应将临时停车场设计在距离办理入伙手续较近的位置。

7. 突发事件的处理

物业服务企业在设计入住方案时，应提前设想到各种突发事件的发生，并将处理方法写入入住方案，这样才能有效地实现业主入住，方便管理人员查询处理相关问题。

①客观原因：天气恶劣，刮风下雨

物业服务企业应事先准备部分充气遮雨棚和雨伞，并且提前准备高层大堂、业主会所等地方提供给业主避雨，组织物业管理人员组成应急小分队疏散人群，避免场面混乱造成人员伤亡和财产损失。

②主观原因：突然停电、相关设备故障

在办理入住时，维修部人员随时待命，针对突发的设备设施故障，应及时检修、排除。对于突发停电，应能及时启动小区配电房的发电机，及时供电。

4 二次装修管理四个重点

居住区入住后，随之而来的就是房屋二次装修的高峰期。为了保证物业的结构安全，维护居住区的统一、美观，我们将以房屋结构、外观、防水、违章搭建、装修秩序（物品出入、安全、消防）等作为装修管理的工作重点，严格进行装修管理。

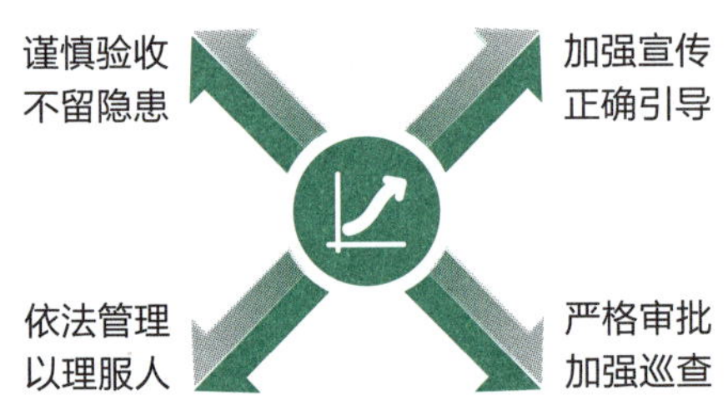

图 2-25 二次装修管理四个重点

重点 1. 加强宣传，正确引导

针对居住区业主大多为高收入群体，素养相对高的特点，加强装修法规的宣传，导入先进的装修设计理念、合理的室内设计方案、恰当的装修材料选择、有效的施工管理方法正确引导业主，减轻二次装修管理的压力。

制订详细的《装修管理指南》，在入伙办理手续时发放给业主，同时管理处提供必要的房屋工程图纸，指导业主进行二次装修。

重点2.严格审批，加强巡查

在居住区装修管理中注意以下步骤：

①在二次装修的审批过程中，建立项目主管初审、综合管理部部长复审、管理处经理签字的三级审批责任制，强化审批责任；

②加强对施工队伍的管理，实施“二证一书”制度，即要求装修施工单位办理“装修许可证”和“施工人员出入证”，并签订“二次装修责任书”，同时要求施工单位缴纳一定数额的装修保证金作为约束；

③加强装修过程的监管，实施“全员管理”，要求各专业的管理服务人员必须掌握二次装修管理的基本知识及管理要点，并在入伙前着重给予培训；

④强调下列监管重点：

为防止房屋结构、外观受损及违章搭建，在实际工作中，除要求项目主管例行巡查外，管理处保安员、保洁员等各岗位也对二次装修进行全方位监管，消除管理盲点，形成立体交叉式的装修监管网络，一经发现问题及时处理，把违章装修消灭于萌芽状态；

为防止装修后经常出现的渗漏水问题，要求施工队做好洗手间、厨房等部位的防水处理并经管理处确认后方可继续施工；

为维持居住区装修秩序及安全，加强对施工队的管理，狠抓消防安全，控制未经允许的动火作业；实施对外来人员准入制度，严格管制各区出入口，对搬出/入物品一律登记后放行；严格控制施工的时间及装修垃圾的清运，消除因装修而带来的噪声和垃圾污染。

重点3.依法管理，以理服人

对违章装修的施工单位以说服教育为主，劝其整改。对整改不良的以装修责任书为依据，要求其限期整改并酌情扣除其装修保证金。对极个别情节严重且不服从管理的业主，积极采取法律途径予以解决，确保居住区房屋本体及公共设施的完好。

重点4.谨慎验收，不留隐患

着重验收房屋本体结构及上下水、供暖管道、电气线路等隐蔽工程的质量，对隐蔽工程要求施工单位每完成一项，必须向管理处申报，经管理处验收核准后方可进行下一道工序。房屋二次装修完成后要依据相关标准严格验收，同时要求施工单位提供齐全的竣工图纸存档以备查验。建立装修回访制度，即在装修完毕后两个月内，再次上门复查，对复查中发现的隐患予以坚决消除。

三 日常物业管理七大内容

日常物业管理包括对房屋建筑及附属配套设备、设施及场地以经营的方式进行管理，对房屋周围的环境、清洁卫生、安全保卫、公共绿化、公共设施、道路养护等诸多方面统一实施专业化管理。

图 2-26　日常物业管理七大内容

1 房屋维修管理九大工作内容

房屋维修是指在房屋的经济寿命期内，在对房屋进行勘察鉴定、评定房屋完损等级的基础上，进行房屋维护和修理，使其保持或恢复原来状态或使用功能的活动。房屋维修包括对非损坏房屋的维护和对损坏房屋的修理。为了做好房屋维修工作，物业管理公司要开展不同层次的维修管理工作，具体内容有以下九点：

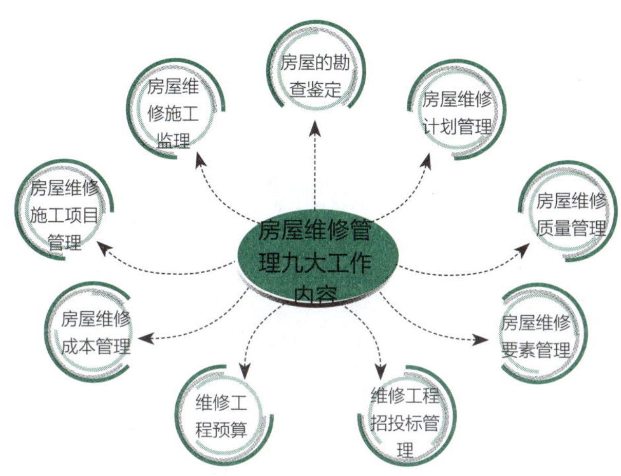

图 2-27　房屋维修管理九大工作内容

（1）房屋的勘查鉴定

勘查鉴定是掌握所管房屋完损程度的一项经常性的基础管理工作，为维护和修理房屋提供依据。勘查鉴定一般可分为定期勘查鉴定、季节性勘查鉴定及工程勘察鉴定等。为了掌握房屋的使用情况和完损状况，根据房屋的用途和完好情况进行管理，在确保用户居住安全的基础上，尽可能地提高房屋的使用价值并合理延长房屋的使用寿命，物业管理公司必须做好房屋的勘查鉴定工作。

（2）房屋维修计划管理

房屋维修计划管理是物业公司计划管理的重要内容，它是指为做好房屋维修工作而进行的计划管理，是整个企业计划管理的重要组成部分。维修计划管理的内容一般包括企业房屋维修计划的编制、检查、调整及总结等一系列环节。其中，保持计划工作的综合平衡是房屋计划管理的基本工作方法。

（3）房屋维修质量管理

保证质量是房屋维修管理的重要目标之一，为保证和提高产品质量而开展的企业管理工作即质量管理。房屋维修的质量管理是指为保证维修工程质量而进行的管理工作，它是物业管理公司质量管理的重要组成部分。房屋维修质量管理的内容一般包括对房屋维修质量的理解（管理理念）、监理企业维修工程质量保证体系以及开展质量基础管理等。

（4）维修工程预算

维修工程预算是物业管理公司开展企业管理的一项十分重要的基础工作，它同时也是维修施工项目管理中核算工程成本、确定和控制维修工程造价的主要手段。工程预算工作可在工程开工前事先确定维修工程预算造价，依据预算工程造价组织维修工程招投标并签订施工承包合同。在此基础上，一方面物业管理公司可据此编制有关资金、成本、材料供应及用工计划，另一方面维修工程施工队伍可据此编制施工计划并以此为标准进行成本控制。从造价管理的过程看，维修工程最终造价的形成是在预算造价的基础上，依据施工承包合同及施工过程中发生的变更因素，增减调整后决定的。

（5）维修工程招投标管理

招投标是物业管理公司对内分配维修施工任务、对外选择专业维修施工单位，确保实现维修工程造价、质量及进度目标的有效管理模式。组织维修工程招投标是物业管理公司的一项重要管理业务。一方面，通过组织招投标构建企业内部建筑市场，以市场竞争来实现施工任务在企业内部各施工班组之间的分配；另一方面，通过邀请企业外部专业施工单位参加公平竞争，充分发挥市场竞争的作用，实现生产任务分配的最优化，为提高整个企业维修工程的经济效益、社会效益和环境效益打下基础。

（6）房屋维修成本管理

成本管理是物业管理公司为降低企业生产成本而进行的各项管理工作的总称。房屋维修成本管理是物业管理公司成本管理的重要组成部分。房屋维修成本是指耗用在各个维修工程上的人工、材料、机具等要素的货币表现形式，即构成维修工程的生产费用。维修成本管理工作的好坏直接影响到物业管理公司的经济效益及业务质量。

（7）房屋维修要素管理

在房屋维修施工活动中，离不开技术、材料、机具、人员和资金这些构成房屋维修施工的要素。所谓房屋维修要素管理是指物业管理公司为确保维修工作的正常开展，而对房屋维修过程中所需技术、材料、机具、人员和资金等进行的计划、组织、控制和协调工作。所以，房屋维修要素管理包括技术管理、材料管理、机具管理、劳动管理和财务管理。

（8）房屋维修施工项目管理

房屋维修施工项目管理属于物业管理公司的基层管理工作。它主要是指物业管理公司所属基层维修施工单位（或班组）对维修工程施工的全过程所进行的组织和管理工作。房屋维修施工项目管理主要包括组织管理班子，进行施工的组织与准备，在施工过程中进行有关成本、质量与工期的控制、合同管理及施工现场的协调工作。

（9）房屋维修施工监理

房屋维修施工监理是指物业管理公司将所管房屋的维修施工任务委托给有关专业维修单位，为确保实现原定的质量、造价及工期目标，以施工承包合同及有关政策法规为依据，对承包施工单位的施工工程所实施的监督和管理。房屋维修施工监理一般由物业管理公司的工程部门指派项目经理负责，其主要管理任务是在项目的施工中对造价、质量及工期三大目标实行全过程的控制，进行合同管理并协调项目施工有关各方面的关系，帮助并督促施工单位加强管理工作并对施工过程中所产生的信息进行处理。

2 绿化管理

物业环境绿化管理是物业服务企业受业主的委托，通过对物业服务区域内树木、花草等的养护和保持物业服务区域内环境的清新和优美，为业主提供舒心的工作和生活环境的活动。

（1）绿化管理的范围

管辖区内的绿化范围基本上可分为：公共绿地（含道路绿化）、公共设施和公共建筑绿化、家庭院落及阳台绿化。环境绿化应注意实用与美化相结合、营造与养护相结合、家庭住宅及楼宇与环境绿化相结合的原则。

（2）绿化管理的工作内容

具体的绿化工作应包括绿地的设计和营造（包括垂直绿化）、绿地养护、绿地改造等。

（3）绿化管理的机构

环境绿化的机构设置，应根据需要，可设专门部门或队伍，也可与清洁部门合并。一般来说，物业管理区域至少应设置一个绿化养护组兼带绿化管理职责，以保证绿化工作的日常开展与管理。

（4）绿化管理各岗位职责

绿化管理人员按层级划分，主要包括管理处主任和绿化工作人员，他们的岗位职责如下表：

表 2-6 绿化管理各岗位职责

岗位	主要职责
管理处主任	①按公司管理纲要负责制定本辖区内环境绿化工作计划； ②检查、指导绿化班组的日常工作； ③考核部属工作情况； ④控制绿化工作的成本； ⑤向公司定期汇报有关绿化的工作情况
绿化工作人员	①按绿化管理规定对辖区内绿地、花木进行养护、管理； ②对违反管理规定的人员进行劝阻、教育或处罚； ③负责绿地花木的浇水、施肥、除草、松土、除虫害、修建、防护等工作

3 环境卫生管理

物业环境管理是对物业用户工作及生活的综合环境进行系统而全面的管理。环境管理需要更注重细节的品质，让业主体会到生活的舒适。

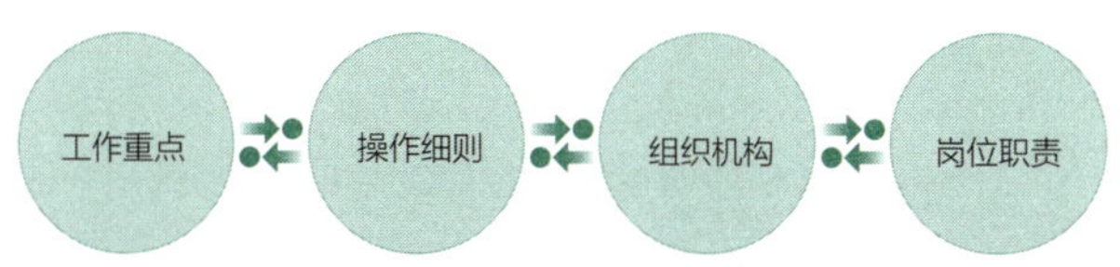

图 2-28 环境卫生管理

（1）清洁管理的工作重点

项目物业管理卫生差集中表现在随手乱丢垃圾及废物、乱涂乱张贴、乱倒污水、乱堆垃圾等方面。针对以上问题，清洁部门除搞好自己的清洁工作外，还应积极教育和引导居民或使用人，提高个人的清洁卫生意识，纠正不良习惯，注意人人参与卫生管理。

环境清洁工作主要有管理区域周边的所有公共场所的清洁，区域内楼宇住宅从顶楼到底楼公用场地的清洁，区域内的垃圾收集和协助清运，噪声消除，空气净化，“四害”消杀等。

（2）清洁管理的操作细则

对于不同类的物业，物业管理机构制定了一定的清洁操作细则。一般可以按每日管理、每周管理、每月管理的要求，对管理过程进行定量、定期检查考核。

表 2-7 物业清洁管理操作细则及标准

项目	具体措施	标准
垃圾箱	每日清洗一次并套上黑色垃圾袋	摆放在指定位置并加盖密闭，桶外壁干净无垃圾黏附物
垃圾车、池	垃圾车、池每日冲洗，每周彻底消杀一次	垃圾车无明显附着物，垃圾池周围无积水、污渍
楼道地面	①水泥地面每日清扫一次，每隔 2 小时巡扫一次，每月冲洗一次； ②瓷砖地面每日用地拖擦拭一遍； ③大理石地面定期抛光打蜡	①水泥地面目视无烟头、碎纸、果皮等垃圾，无积水、无尘土、无痰迹； ②瓷砖地面干净，无明显污迹黑印，无积水，条缝清晰； ③大理石地面光亮，可映出照明轮廓，干净无蜡迹
公共墙面	①内墙面每周彻底清洁一次，每日巡扫污染处； ②天棚、墙角每周除尘、除蛛网	①抹灰、喷涂墙面凹凸处无明显灰尘，无蛛网； ②瓷砖墙面目视无污迹、无尘、无乱张贴，用白纸巾擦拭表面 50 厘米，纸巾不被明显污染； ③外墙光亮、整洁，无明显水渍、油渍
公共照明灯罩	每月用清洁剂清洗擦抹一次	目视灯罩表面干净，内部无积尘
消火栓、电表盖、管线等	每周用清洁毛巾擦抹	①玻璃明亮，目视无尘； ②箱顶、侧无尘，用白纸巾擦拭 30 厘米不被明显污染； ③无明显积尘、无蛛网
玻璃门、窗、幕、墙	每日用清洁毛巾擦抹，每周用清洁剂彻底清洗一次	①玻璃目视明亮，无灰尘、污迹、无水珠； ②窗台目视无积尘； ③镀膜玻璃半米之内可照出人影像

（3）环境清洁的组织机构

物业管理机构中负责环境清洁部门的设置应根据物业的类型和区域大小而确定。一般来讲，设置一个公共卫生清洁班，归管理处主任直接领导即可；稍复杂一些的清洁工作，如高层楼宇的外墙清洗，可以借助外部专业清洁公司解决。

在管理过程中，需明确各级工作人员的岗位职责要求。

（4）环境管理各岗位职责

物业管理处在进行环境管理时，应当分工明确，各司其职。

表 2-8　物业环境管理各岗位职责

岗位	职责
管理处主任	①按公司管理纲要，负责制订本辖区内公共清洁卫生计划，组织安排各项清洁服务工作； ②检查、指导清洁班组的日常工作，确保达到标准； ③控制清洁、保洁用品及其使用者，尽量降低清洁工作的成本； ④定期向公司汇报工作
清洁领班	①对管理处主任负责，直接指挥下属员工分区域开展清洁工作； ②检查员工每日出勤情况、清洁效果，并进行当班考核工作； ③检查员工对工作器具及设备的保养情况，督促员工爱护工具及设备； ④编制清洁用具、低值易耗品的适用计划，控制清洁卫生成本； ⑤及时按适用计划采购清洁用品； ⑥定期及不定期地向管理处主任汇报清洁中的一些问题，并提出解决问题的方案
清洁工	①遵守“员工手册”要求，着装上岗； ②服从上级安排，按规定的标准及程序操作，保质保量地完成本人负责区域内的各项清洁工作； ③工作时间不可擅自离岗，随时做好保洁工作

4 治安管理

物业小区的治安管理服务必须追求零缺陷，让社区业主有安全感。治安管理既要强调事前预防，尽量降低非安全事件的发生，也要求安保人员在突发事件发生时冷静应对。规范化操作是达到这两方面要求的法宝。

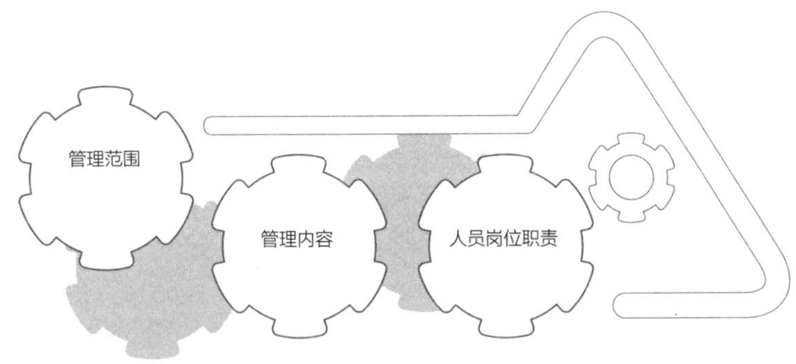

图 2-29　物业治安管理需要明确的内容

（1）小区治安管理范围

下列妨害公共安全和社会治安秩序的行为，都属于治安管理范围。

①使用音量过大或发出噪音的器材，影响他人正常的工作和休息；

②从楼上往下乱扔杂物；

③擅自撬开他人信箱，私自拆开他人邮件、电报信函等；

④非法携带、存放枪支弹药；非法制造、贩卖、携带匕首、弹簧刀等管制刀具；

⑤未经批准，私自安装、使用电网；

⑥非法侵入他人住宅，损毁他人财物；

⑦使用气枪，在住宅小区内进行射击活动；

⑧制造、销售各种赌具或利用住宅聚赌；

⑨利用住宅窝藏各类犯罪分子和嫌疑人员；

⑩利用住宅作据点，进行盗窃活动；

⑪制造、复制、出售、出租或传播淫秽书画或录像；

⑫利用住宅进行嫖娼卖淫活动；

⑬在车辆、行人通行的地方施工；对沟井坎穴不设覆盖物、标志，或故意损毁、移动覆盖物、标志；

⑭故意损坏邮筒、公用电话等公共设施；故意损坏路灯、消防栓、公用天线、电梯等配套设备；故意损坏园林绿地、停车场、娱乐场等公共场地及设施。

（2）治安管理的内容

一般根据物业管理公司的有关规定，确定治安管理的内容如下：

①住宅小区开设的经营摊点，持有经营许可证但未经管理公司批准的，治安人员有权禁止其活动；

②在住宅小区内的公共场所晾晒衣物，在公用楼梯间、通道、天台堆放杂物，饲养鸡、鸭等家畜，治安人员应予制止。

（3）治安管理人员岗位职责

治安管理人员按层级划分，主要包括部门经理、保安班长和保安员，其岗位职责分别如下：

表 2-9　治安管理人员岗位职责

管理人员	岗位职责
部门经理	①组织领导整个物业范围内的安全； ②制定保安部门的工作计划和目标，并监督下级管理人员的工作； ③主持部门例会，传达贯彻总经理及有关部门的指示； ④熟悉和掌握住宅小区的治安状况和各种保安设施； ⑤对重大事件、事故亲自组织调查、处理
保安班长	①对部门经理负责，做好所管辖区内的安全治安工作； ②带领保安班全体人员，根据岗位责任制，搞好安全保卫工作； ③严格进行检查，督促全体保安人员落实岗位责任； ④了解相关法律知识及公司的规章制度，熟悉保安业务，掌握管区内治安工作的规律特点； ⑤做好部门领导和基层保安人员的协调工作，及时将保安人员反映的信息向上级汇报，为上级领导部门提供建设性的工作建议，同时及时传达、落实上级的指示精神和工作安排； ⑥做好本班保安人员的考勤工作，记载工作中的问题及处理情况，每天向部门经理汇报一次； ⑦以身作则，做好本职工作
保安员	①保安员上岗必须身穿制服，佩戴装备，严整仪容； ②作风正派，遵纪守法，坚守岗位，提高警惕，发现违法犯罪分子要坚决设法抓获； ③认真做好防火、防偷、防抢劫工作，认真检查设备设施，发现不安全因素立即排险并报告主管部门及领导； ④勤于巡查，具有敏锐的目光，注意发现可疑的人、事、物，预防案件、事故的发生； ⑤应有礼貌地查询进入住宅小区的访客，并尽可能登记身份证，如有怀疑，应通知有关住户及有关部门； ⑥若发生案件，应立即报案并保护现场，向公安人员提供有关案件详情

5 车辆及交通管理

社区的车辆及交通管理历来是物业管理的难点之一，为确保居住区内的车辆安全，交通顺畅以及行人的安全，需要对社区内的交通状况有准确的预测和合理的安排。

（1）交通状况难点预测

根据所辖区域的具体情况和以往交通管理经验，对本辖区交通状况进行难点预测：

①入伙初期居住区内的公交线路存在难以全部开通的可能，部分业主面临乘车难的问题；

②入伙初期居住区内的交通安全设施（如减速驳、交通标识等）亟待完善，管理好人行道、小区交通主道的人车分流；

③车辆以私家车、公务车数量较多，交通自觉意识不强，极少数“特殊公民”存在不服从管理、超速、乱停放、占用消防通道等行为；

④自行车停放管理和防盗。

（2）交通管理措施

对机动车辆和自行车实行不同的交通管理措施。

对机动车辆：

①会同开发商积极与公交公司联系和协商，促成公交线路的开通尽量与业主入伙同步，减少业主出入的不便；

②大门岗保安员（车管员）在出入口协助疏导车辆进出，保安员对进入小区的车辆进行正确引导，加强巡视安排车辆合理停放；

③强化保安员的巡逻职责，在居住区内三级道路增设挡车桩，除紧急救助和搬家外，严禁机动车辆进入院落空间；

④树立保险意识，实现风险转移，要求业主购买车辆保险后方可办理居住区停车卡，同时管理处将定期购买停车场公共保险；

⑤对违章行驶或停泊且屡教不改者，积极向其上级监管机关反映情况，取得行政上的支持。

对自行车：

①在自行车存放点采用防盗地锁，既利于防盗，又使自行车停放有序；

②为自行车有偿安装“可分式防盗车牌”；

③外来自行车进入居住区必须发卡并凭卡放行。

6 消防管理四个工作重点

消防工作至关重要，我们始终保持高度警觉，将日常消防管理作为一项重要工作来抓。消防管理着重开展以下几项工作：

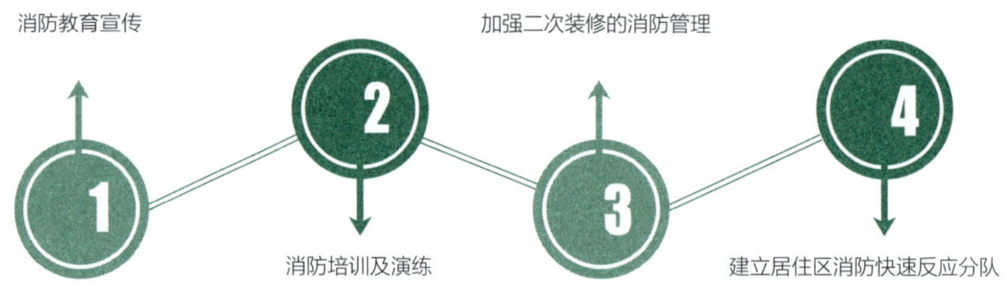

图 2-30　物业消防管理四大工作重点

（1）消防教育宣传

在居住区宣传栏内不间断地传播消防法规、防火知识，并定期邀请消防中队举办消防知识讲座。居住区入伙时，向每户业主发放一册《消防知识手册》，同时联系部分消防器材商家到居住区定点服务，建议业主配置灭火器。

（2）消防培训及演练

重点加强保安员的消防实战演练，每年组织两次义务消防队员和居住区业主共同参与的消防演练，提高全体社区成员的自救意识和能力，防患于未然。

（3）加强二次装修的消防管理

二次装修期间人员混杂，尤其需要加强消防管理，主要可以采取以下措施：

①对二次装修审批时，要求装修施工单位按标准配备灭火器材方可入场施工；

②对于复杂装修、大面积装修及相关商铺的装修，要求施工单位必须提供消防报批手续以及灭火方案，方可开工；

③在入住期间，通过设专人巡逻监管、安置挡车桩、安置简明指示标识等办法，着重解决违章占用消防通道的问题，保证消防通道的顺畅。

（4）建立居住区消防快速反应分队

在保安员中选拔一批队员组建管理处“消防快速反应分队”，以保证出现火警时能迅速作出反应，最大限度地减少火灾损失。火警应急程序如下：

表 2-10　居住区消防快速反应分队防火应急程序

程序	具体措施
报警	①管理处所有人员均应加强消防意识，发现异常情况如烟雾、火光等，应立即向上级领导及消防部门汇报； ②管理处值班员接到火警报警后，应迅速通知附近人员赶往现场，查明报警地址、燃烧起因、目前火势、周边环境及人员受伤情况等
召集	①火警确认后，通知义务消防队员赶赴现场； ②管理处所有人员一旦获悉火警均应立即直赴现场，参与灭火。管理处经理接报后应赶往监控中心进行调度，经理助理接报后应赶往现场进行指挥。 ③到达现场的人员必须听从现场指挥的调配
灭火	①现场指挥根据火场情况，迅速组织到场员工成立灭火组、抢救组、疏散组、警戒组及支援组等，开展灭火工作。灭火人员执行命令应迅速、准确。 ②灭火组在现场指挥的带领下使用灭火器材进行灭火。抢救组应迅速组织人力将贵重物品及危险物品搬离现场。疏散组负责协助邻近火场的居民迅速由消防通道疏散，同时指挥停泊在危险区域内的车辆驶离。 ③后续赶往火场的人员为支援组。按现场指挥的命令，向现场运送灭火剂、灭火器材以及所需的各种物品。 ④若火势过大且消防警已到场时，不必要的人员要迅速撤离。义务消防员继续协助消防警灭火直至火势被完全控制
善后与恢复	火势完全熄灭后，保安员负责现场警戒，保护现场，并协助消防部门查明火因，统计损失，向上级提交事故报告

7 物业档案建立和管理

物业档案资料指在物业的开发和管理活动中形成的作为原始记录保存起来以备查考的文字、图像、声音以及其他各种形式和载体的文件。

（1）物业档案的建立

物业档案资料的建立主要有收集、整理、归档和利用四个步骤。

图 2-31 建立物业档案资料的四个步骤

档案资料的收集

物业档案的收集是将分散在单位各内部工作机构的有保存价值的文件资料集中移交给单位档案室或负责管理档案的部门的工作。物业资料可以按六个来源时间进行分类：

表 2-11　物业管理档案资料

时期	档案资料
设计规划阶段	①土地购买合同、土地使用证等权属证书； ②规划许可证、建筑许可证、预售许可证等各类项目批准证书； ③建筑图、施工图、施工组织设计等图纸文件
竣工及验收阶段	①竣工图； ②竣工工程项目一览表； ③设备技术清单（设备名称、规格、数量、场地、主要性能、单价、随机工具备件等）； ④设施技术手册、使用说明及质保证明； ⑤设备安装调试记录（各种设备系统的试压、试漏检查记录、暖气，卫生、空调、电讯、电气、通风、供水、供气、消烟灭火、防暴报警、电视监控等系统）； ⑥土建施工记录（地基处理记录、结构安装校正记录，预应力构件施工记录等）； ⑦建（构）筑物监测记录（建筑物的沉降、变形、防震，钢结构焊缝探伤检查记录）； ⑧隐蔽工程的验收记录； ⑨工伤事故发生及处理记录； ⑩图纸会审记录、设计变更通知和技术核定单； ⑪项目的重要技术决定和文件； ⑫验收计划和验收会议纪要、验收记录； ⑬返修记录； ⑪验收总结报告
委托管理阶段	①委托管理招标文件； ②物业管理投标文件（物业管理单位的资质证明、管理计划和预算等）； ③物业委托管理合同（协议书）
招商阶段	①招标物业的平面图纸； ②招租许可证及委托书； ③租金及管理费测算； ④租赁合同； ⑤广告策划资料
用户入户	①用户入住通知书、入户须知； ②管理公约（公共契约）； ③用户资料（包括业主、租户）； ④业主委员会章程； ⑤用户手册； ⑥用户进户验收表； ⑦用户进户交费单
日常管理	①业主、租户变动和更换情况； ②各部门工作（操作）规范，管理制度； ③各部门工作记录； ④大、中、小修记录； ⑤维修承包合同和预决算； ⑥保安、清洁、绿化等项目的承包合同等； ⑦用户来往信件、投诉和处理资料； ⑧年度工作计划、总结、报告； ⑨人事档案； ⑩保险资料； ⑪法律法规和政府有关文件； ⑫财务报表、工资报表、管理表和租金收缴凭证等资料

档案资料的整理

物业档案资料的整理是指把处于相对零乱、分散的档案，经过分类组合、排列、编目，使档案系列化、系统化的工作。

档案整理的基本内容包括区分全宗，全宗内的档案分类、立卷、案卷排列、案卷目录的编制。

档案整理工作的要求包括必须保持文件之间的历史联系，必须便于保管和利用，必须在原有的基础上进行整理、加工。

档案资料的归档

物业档案资料的归档是按照档案资料的内在规律进行科学的分类与保存。一个有序的资料库是一个完整的树形图，从大分类到小分类，再至细分、排序。归档要及时，分类要合理。归档要求做到十清，即物业来源清、物业数量清、物业质量清、物业价值清、结构类型清、设备设施清、绿化苗木清、租金费用清、使用情况清、维修更新情况清。

档案资料的利用

物业档案资料的利用是指充分发挥档案资料的凭证和参考作用，为物业管理服务。提供利用是档案工作的中心任务，也是档案工作的成果；同时，通过提供利用，使档案工作不断完善和发展。

（2）物业档案的管理

物业档案资料管理指物业管理公司在物业管理活动中，对物业原始记录进行收集、整理、鉴定、保管、统计和利用，为物业管理提供客观依据和参考资料。

资料的归档管理

物业档案资料的归档管理需要满足四个要求：

①在物业管理中可实行原始资料和计算机档案管理双轨制，并尽可能将其转化为计算机磁盘储存形式以便于查找。同时还可运用录像、录音、照片、表格、图片等多种形式保存，使其具体化、形象化。

②对业主和企业利益影响较大的档案应加以保存。这些档案应按授权级别检索并严格控制借阅。

③档案管理人员应编制统一的档案分类说明书和档案总目录，并进行科学合理的分类存档。

④档案室应保持干燥、通风、清洁，注意防盗，并确保储存地点符合防火、防虫、防鼠、防潮等要求。

档案的使用

物业档案的使用一方面要利用计算机网络技术，采用先进检索软件，充分发挥档案资料的作用；另一方面对借阅原始资料的使用者，要按档案的不同密级，在机关负责人批准后借阅，并应办理借阅手续。档案的销毁应根据档案的保存期限和性质，对确实没有保存价值和保存期已满的档案，严格按制度规定进行销毁。

四 物业管理后期盈利

“物业管理本身是微利的”，这让发展商面临进退两难的尴尬境地。一方面，在项目销售期，希望依靠炒作物管卖点实现项目热卖；另一方面，则希望入住后的物业管理服务与前期承诺之间没有落差，实现长期品牌效益物业管理的后期盈利应当“节流开源”，控制管理成本、保证费用收缴、解决亏本问题、拓展集资渠道、挖掘新的利润增长点。

图 2-32　物业管理后期盈利“节流开源”渠道

1 物业管理成本控制四个措施

物业管理企业的收入是以收取物业管理费为主，因此，在进行传统物业管理的前提下，发展经营项目创造副业收入的空间有限。在无法提高物业管理费收费率，又不降低服务质量的前提下，成本控制是首要任务。物业管理成本主要由八部分组成：

表 2-12　物业管理成本八大部分

项目	内 容
员工薪金及人事福利费用	员工工资、津贴、工龄补贴、加班补贴、膳食补贴和年终双薪等，劳动保险、福利、医疗和住房公积金等
维修保养	楼宇工程，电气系统及设备，弱电系统及设备，空调系统及设备，消防系统及设备，给排水系统及设备，电梯；工具
能源费用	电费（含楼内公共区域照明、车库照明、外围广场照明、电梯、空调系统、给排水设备、弱电系统），采暖费，水费及排污费
管理费	保险费，节日装饰及园艺植物，管理费收入应缴税费，物品消耗，卫生局垃圾费，街道维保费，灭虫费，花木绿地养护费
管理机构行政办公费用	通信费用、办公用品费用、应酬费用、宣传和印刷复印费用以及交通费用等
保险费	财产一切险、设备损坏险及公共责任险等
管理者酬金	指管理者履行管理义务时，全体业主（用户）向其支付的报酬，通常不超过管理成本的15%
固定资产折旧费及不可预见费	包括车辆、电脑、复印机、冰箱、办公家具及维修管理设备等的折旧费用，以及税费。即除代收代缴的水电费以外的管理、服务项目的法定税费，不可预见费，即其他为管理而发生的合理支出

物业管理企业要想在短时间内实现利润最大化，最好的做法就是有效地控制成本。物业管理企业成本控制，首先应从以下四个方面入手：

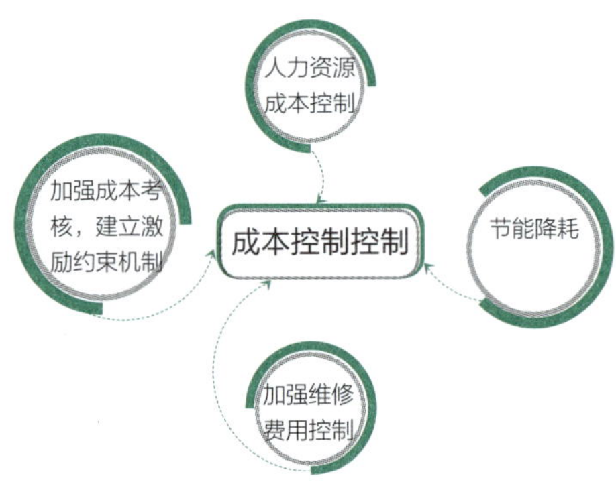

图 2-33　物业管理成本控制四个措施

（1）人力资源成本控制

物业管理公司的性质决定了物业管理公司主要成本费用是人力资源成本。其中费用占的比例最大的主要是基层服务人员的工资，包括礼宾、清洁等人员的工资。因地制宜、合理有效地设置公司职能部门、管理处的工作部门，科学、合理地使用人力资本是降低物业管理公司成本切实有效的方法和手段。

①物业管理企业工作部门的设置应以精干、高效为宜，部门宜少、人员宜精。

②要科学、合理地制定管理处的用人编制。物业管理公司可以根据公司管理小区的面积和小区的实际情况来进行人员定编定岗，对于有些技术含量不高的工作岗位，可以实行一人多岗，既有利于工作开展，又可以减少人员定编。比如，根据小区管理规模与实际工作安排，由物业服务中心文员兼任小区仓库管理员，这样对小区各部门工作情况更为熟悉，各种材料出、入的控制更加到位；员工食堂工作人员平时安排两人工作量较少，可以安排另一个人协助环境部工作，在厨师休息时或加餐时协助食堂工作。

③可通过科技手段来降低人工成本。简单的手工操作需要耗费大量的人力、物力。根据物业公司实际情况，适当提高管理的现代化的手段，既安全可靠，又能减少礼宾员岗位，降低人力资本的支出。

（2）节能降耗

物业管理公司在日常工作中要杜绝浪费和贪污，防好容易出问题的环节，如耗材、水电费等。可以通过对水、电的测算来防止公共设施设备的露、冒、滴、漏等情况发生；更换声控开关、改进线路等办法来节约水、电；充分挖掘公司内部的节约潜力，做到处处精打细算，增收节支，把浪费、损失消灭在事前，防患于未然；对一线员工进行培训，建立企业职工节约意识。

（3）加强维修费用控制

维修费用包括公共部位维修费用和日常维修费用，在物业管理公司的成本中占很大比重。若在物业管理中控制维修费用就可能在很大程度上控制物业管理费的支出。维修工作的好坏也直接影响到物业管理的水平。财务要对维修费用做到最恰当的控制。物业管理公司应要求各管理处认真编制维修费用的全年预算，同时建立和完善维修费用的审批制度。具体操作如下：

①签订定期合同。与优质服务、价格合理、讲信誉的维修公司签订定期合同，不但服务质量可得到保证，还可得到价格上的优惠；

②采用竞争招标方式。对大项目的维修要实行竞争招标方式。对大项目的维修要实行竞争招标，比较维修单位提供的服务、价格，挑选出合适的单位来为公司服务，尽量把费用控制到最好的水平；

③把握好维修时间。平时注意小修理与保养护理工作，别让机器超负荷运转后才修理；

④做好维修行业的信息调查和信息收集。只有及时掌握市场的价格信息、技术信息，才有办法决定是自修还是外修。比如，对于小修、中修工程，可以由公司各管理处的工程维修人员来组织完成。

（4）加强成本考核，建立激励约束机制

物业管理企业对各管理处的成本指标考核要贯彻严肃认真的原则，按规定对各管理处进行考核。为保证全年目标成本的实现，财务部对各管理处实行定期考核，同时各管理处对职工个人实行定期考核，并通过成本管理责任制考核，使各管理处的预算成本执行情况与单位、个人利益结合起来。还要把对各管理处领导的考核任免同加强成本管理结合起来，充分发挥机制的约束和激励作用，从而推进物业公司成本管理水平的不断提升。

2 物业管理收费11个对策

物业管理收费难的问题一直是困扰物业经营发展的一大瓶颈，综合物业管理的主体、市场、开发、收房阶段、服务和管理等问题，物业公司可以通过以下策略有效地改善和提高物业公司的收费能力和水平。

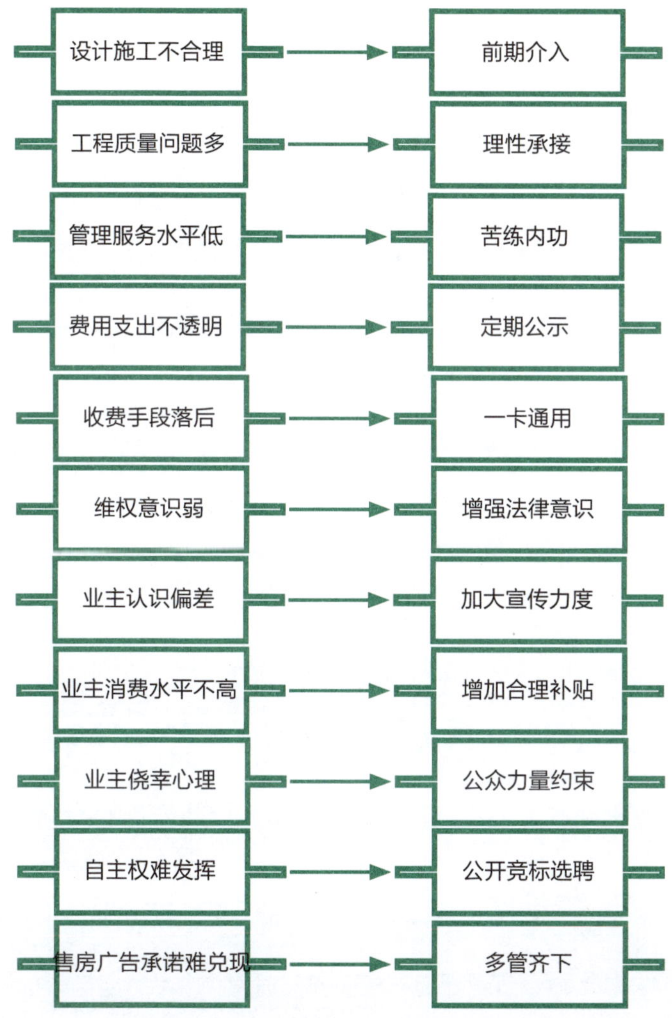

图 2-34　物业管理收费困难的 11 个原因及应对策略

（1）设计施工不合理的解决策略：前期介入

物业先天不足必将导致物业管理的混乱和收费的困难。在房地产开发的前期，选聘的物业管理公司就应该参与物业设计方案的优化、施工方案的论证、设备安装的监督和施工质量监督的全过程，既为日后做好物业管理打下良好的基础，又可协助开发商把握好工作质量，在源头上减少工程质量纠纷。

（2）工程质量问题多的解决策略：理性承接

为避免在业主入住后房屋出现质量问题而引起纠纷，物业管理企业在接管物业项目时必须严把承接验收关，分清责任，特别对于物业共用部位、共用设施设备要进行认真查验，并与开发建设单位或业主委员会办理承接验收手续。凡属于开发建设单位的责任，由开发单位负责解决（特殊情况下可让开发单位留下足够的资金委托具有修复能力的物业管理公司进行修复），为日后减少物业管理企业与业主的纠纷打好基础。

（3）管理服务水平低的解决策略：苦练内功

随着社会的进步和人们生活水平的提高，业主、物业使用人对物业管理服务的要求越来越高，物业管理市场竞争也越来越激烈。物业管理企业要想在竞争中站稳脚跟，就应通过整合逐步扩大规模，降低成本，规范行为，做到主动服务、热情服务、文明服务、高效服务、人性化服务，以切实提高物业管理服务的水平。通过完善、优良的物业管理服务，消除业主对交纳管理费的不满情绪，为解决收费难创造良好的条件。

（4）费用支出不透明的解决策略：定期公示

增强物业管理服务费收支情况的透明度，是尊重业主知情权的重要表现形式。业主、物业使用人不仅有交纳物业管理服务费的义务，同时也有权知道物业管理服务费用在什么地方。物业管理企业有义务按照《物业服务收费管理办法》和《物业服务收费明码标价规定》的要求，将物业服务内容、服务标准、收费项目、收费标准等有关情况在物业管理区域内的显著位置进行公示，实行明码标价，还应当将收费表、收费清单、收费手册及使用情况向业主和物业使用人公开，以接受业主、物业使用人的查询和监督。

（5）收费手段太落后的解决策略：一卡通用

实践证明，用以往上门收费的办法收费，及时率和收取率都不高。推行综合收费卡制度，不仅可以减少大量的收费人员，提高办事效率，降低服务成本，而且是保障居民消费应收尽收的好办法。所谓综合收费卡制度，就是将居民的水费、电费、煤气费、物业管理费、采暖费等统一存储在一个卡中，业主或物业使用人每月到指定代收代缴银行或收费部门，划卡结算。如果卡中所存资金不足，其水、电、煤气、采暖等均不能使用。目前，还没有实行综合收费卡制度的城市，应当积极进行试点，并在试点的基础上，总结经验，完善方法，尽快推而广之。

（6）依法维权意识弱的解决策略：增强法律意识

根据《物业管理条例》、《物业服务收费管理办法》等有关法律规定，对不交、少交、欠交物业管理费的业主或物业使用人，经督促仍不交纳的，物业管理企业可提起法律诉讼，用法律武器维护自身的尊严和合法权益。而在诉讼中，还应注意：一是要先从不交纳物业服务费的业主中将具有煽动性、影响性，确实有钱不交费的“害群之马”告上法庭；二是要挑选没有任何理由拒交物业管理服务费的“钉子户”通过法律讨回公道。只有这样，才能达到预期效果，才能达到切实维护物业管理企业和大多数业主的合法权益目的。

（7）业主认识存在偏差的解决策略：加大宣传力度

新闻媒体、有关部门及物业管理企业应加大对《物业管理条例》及其配套法律法规的宣传力度，切实提高业主、物业使用人对物业管理服务的消费意识。向业主宣传物业管理取之于民、用之于民的宗旨，宣传专业化管理对住宅的保值增值功能，宣传交费合理、拒交可耻，不交、少交、欠交物业管理费不仅损害了物业管理公司的合法权益，更重要的是损害了全体业主的合法权益。

（8）业主消费水平不高的解决策略：增加合理补贴

物业管理水平的提高与居民的经济能力密切相关，对于某些低收入职工来说，以合理的价格去购买物业管理服务，就有必要给以合理的补贴。据北京市预测，在补贴给职工工资5%的物业管理费以后，职工就可以承受基本的物业管理费支出。此外，对于那些经营困难无力交费的企业及低收入家庭，建议有关部门应建立专项保障基金或以社会保障的办法解决。

（9）业主侥幸心理的解决策略：公众力量约束

明确将“不拖欠管理费”条款列入《业主公约》，由代表全体业主共同利益的业主委员会配合物业管理公司催缴，以有效提高管理费的收缴率，杜绝搭便车现象。对于交费的业主

和不交费的业主，进行必要的表扬和批评。物业管理公司可在物业管理区域内的大门入口处或人员流动性大的地方，建立“信誉广告牌”，特别对经说服教育无效的业主采取“上牌”公示的手段，让广大业主知道是谁侵犯了大家的利益，是谁导致物业服务水平上不去。广而告之，让社会舆论、公众力量起到应有的监督作用。

（10）自主权难发挥的解决策略：公开竞标选聘

要从源头上消除欠费现象，就必须尽快扩大推行物业管理招投标机制，由政府主管职能部门牵头，让业主与物业管理公司在市场中进行双向选择。这样才能使广大业主的权利得到应有的保障，才能保证一批观念新、效益好、实力强、规模大、机制活的物业管理企业在市场竞争中脱颖而出，才能有效地提高服务质量和降低管理费用。

（11）售房广告承诺难兑现的解决策略：多管齐下

①开发商要诚信务实，不欺诈业主，确保房屋及设施设备质量合格，并严格执行国家的有关规定，制定房屋质量保修证明和物业使用说明书，向业主明示后发放。

②消费者要加强自我保护意识，在购房前要到专业机构咨询开发商以及物业管理公司的情况，避免在购买商品房时被虚假广告蒙骗上当。倡导业主用合法方式保障自身权益，通过合法、有效途径解决问题。

③物业管理企业要努力履行开发商的物业服务承诺。项目的开发商在楼书和广告宣传中，明确承诺了“五星级”酒店式服务标准的同时，出资组建或选聘了物业管理公司。为此，物业管理公司理应想方设法地为开发商履行承诺，在规范化服务和个性化服务上，真正做到以为业主服务为中心、以业主满意为标准，从而为管理费的收取营造良好氛围。

3 物业管理七大常见亏本因素及处理对策

物业管理常见的七个亏本因素及相应的解决对策。

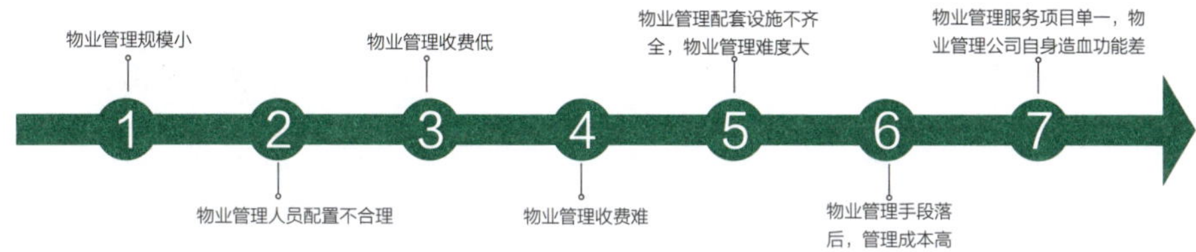

图 2-35 物业管理七大常见亏本因素

因素 1. 物业管理规模小

原因分析

目前，物业管理行业亏本状态的形成在很大程度上是由于物业管理规模小，物业管理规模效益没有形成所致。

处理对策

加快物业管理市场化进程，充分运用市场竞争机制进行资源优化配置。

因素 2. 物业管理人员配置不合理

原因分析

物业管理人员配置不合理主要表现在两个方面：一是物业管理人员配置过多，光人头就吃光了物业管理费，有的甚至还不够；二是物业管理人员素质低。

处理对策

一方面物业管理公司要精减人员，按岗位合理配置人员，提高工作效率；另一方面要选派优秀人才从事物业管理，同时加强物业管理人才的培训和培养，提高物业管理行业的人才素质，进而提高物业管理的经济效益。

因素3．物业管理收费低

原因分析

物业管理是一种特殊的服务性行业，它的服务收费标准基本上实行政府定价或政府指导价，其市场盈利性功能未能全部体现。

处理对策

物业管理公司可以利用自有资源，增加一些增值服务，如提高服务水平，增加服务特色，扩大服务范围，从而吸引更多客户，或者适当增加服务收费，都可以提高物业管理的盈利水平。

因素4．物业管理收费难

原因分析

业主拒交物业管理费主要有以下四种情况：

①人们思想观念未能转变，部分业主享受惯了福利管房的种种好处，他们对物业管理这种有偿服务方式不理解，产主抵触情绪；

②物业管理公司服务质量差，业主对物业管理服务质量不满意；

③物业管理法规不健全，对物业管理收费标准、有关收费细节未能明确规定，易引发争议；

④部分业主把对开发商的怨气发在物业管理公司身上。

处理对策

①要加强物业管理的舆论宣传，使之逐步深入人心并得到广大群众的支持和赞同；

②加强物业管理法规建设，特别要制定物业管理收费的实施细则，减少物业管理收费争议；

③通过市场竞争，实行优胜劣汰，提高物业管理服务质量，使业主乐意交费，接收服务；

④提高物业质量和其他服务质量，消除业主对物业质量等的抱怨情绪，从而提高业主交费的自觉性和积极性。

因素5.物业管理配套设施不齐全，物业管理难度大

原因分析

现在有一些住宅小区或其他物业，由于在规划、设计时没有考虑到日后的物业管理，致使物业分散，配套设施不齐备，物业管理隐患多。这给物业管理带来了一定的难度，造成物业管理成本高，难以提高水平、档次。

处理对策

各新建小区在规划、设计时必须充分考虑到日后的物业管理，做到配套设施齐备。最好的办法就是物业管理公司要提前介入，参与小区的规划、设计。对一些配套设施不齐备的住宅小区，要加大资金投入，如从维修基金或公房出售资金中拿一部分钱用来改善小区配套设施。

因素6.物业管理手段落后，管理成本高

原因分析

我国现阶段的物业管理仍是一种粗放型的管理，管理层次低，智能化水平低，基本上处于简单的手工操作阶段，需要耗费大量的人力和物力，因而导致物业管理成本的提高。

处理对策

新建小区要加强小区智能化实施建设，旧小区也要尽量加强小区智能化设施的建设和改造，增加现代科技含量，提高物业管理手段，从而节约大量的人力和物力，降低物业管理成本。

因素7.物业管理服务项目单一，物业管理公司自身造血功能差

原因分析

物业管理是一种综合性的服务行业，除开展常规的物业管理项目外，还应开展多种经营，走以业养业的道路。

处理对策

房地产开发商要对物业管理公司的工作给予大力支持，如提供一定具有造血功能的经营性用房等。同时，物业管理公司也要想方设法根据小区自身的特点和业主的实际需求，开展多种项目服务，使其服务功能渗透到居民生活的方方面面，以此来提高自身的造血功能，从而取得良好的经济效益。

4 物业管理六大集资渠道

物业管理资金筹集渠道主要有以下六种：

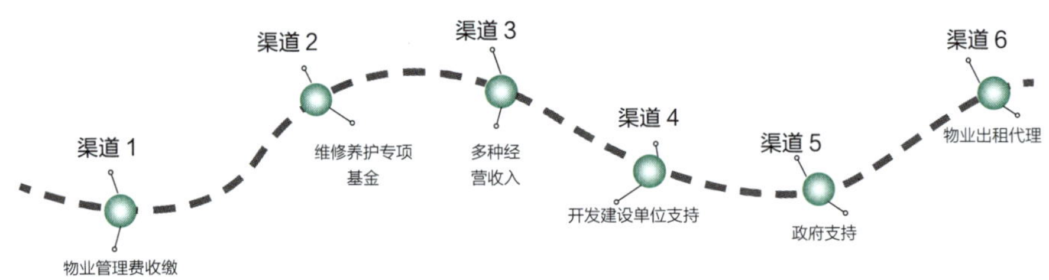

图 2-36　物业管理六大集资渠道

渠道 1. 物业管理费收缴

物业管理企业按收费规定，根据所提供服务的性质、特点、档次、内容、质量等分别确定物业管理收费标准，并报物价部门批准。这是长期稳定的收入来源。物业管理收费项目包括物业承接查验费及管理费。

物业承接检查费

承接查验费是物业管理企业在接受、接管物业项目时，由开发商向物业企业提供的专项验收费用。它主要用于物业管理企业参与验收物业时，所花费的专业人员和管理人员的费用，包括人丁费、办公费、交通费和零星杂费等。这笔资金由以后的物业管理费收入中部分或全部归还。金额根据各地的有关标准或双方协商确定。

物业管理费

物业管理费是指物业管理企业为房屋所有人、使用人提供的物业公共部位的清洁、共用设施的维修和保养、保安、绿化等服务所收取的费用。

目前的物业管理费按照定价的主体，可以实行政府定价、政府指导价和经营者定价三种定价方式。

物业管理费两种计费方式

物业管理费按照计费方式的不同，可以分成包干制和酬金制两种。

表 2-13　物业管理费两种计费方式

计费方式	定　义
包干制	物业管理企业根据国家制定的标准或与业主、使用人商定的标准，对提供的各项服务向业主或使用人收取费用，作为物业管理企业的营业收入，在提供服务的过程中，包干使用、自负盈亏
酬金制	物业管理企业根据一定的标准或历年的经验数据，向业主或使用人预收一定的费用作为物业管理的服务支出。年终根据实际支出（经营性的业主或使用人有的是以经营收入或租金收入）为基数，按照事先商定的比例或方式，收取一定的费用作为物业管理企业的酬金

物业管理费的构成

物业管理费标准的核定是物业管理工作中一项非常重要的内容。制定收费标准的一般原则是参照当地政府颁布的指导标准，结合楼宇情况，遵循合理、公开、竞争的准则制定。合理的物业收费标准应同时兼顾管理者和用户的利益，报当地物价部门批准或经业主委员会同意批准后方可实施。物业管理费主要包括以下几方面：

表 2-14　物业管理费的构成

项目	内　容
设备设施维修及保养费用	中央空调、供电设备、电梯、公共电视天线系统、给排水、消防系统、备用电源及幕墙玻璃等的维护保养费
清洁卫生费用	包括垃圾清运、卫生清洁、环境消毒、卫生防疫（含二次供水检疫）、化粪池清污费、清洁工具及物料损耗费等
公共绿化费用	包括绿化、室内园艺布置、花木养护和工具等的费用
保安费用	包括保安制服、器械及视讲设备（含无线电频道管理费）等的费用
道路维修	对小区内的小区级道路（不含市政道路）进行日常养护维修，保持道路状况良好
高层楼宇增设的服务项目	电梯的专职管理人员工资，电梯的维护、保养费用
其他根据需要增设的项目	—

渠道2．维修养护专项基金

对于商品房，购房者与售房单位应当签订有关维修基金缴纳合同。购房者按购房款的2%～3%的比例向售房单位缴交维修基金。售房单位代为收取的维修基金属全体业主共同拥有，不计入住宅销售收入；对于售后公房，售方单位和购房者双向筹集。售房单位按照一定比例从售房款中提取，多层不低于20%，高层不低于30%。如因特殊原因，维修基金不足时，经业主委员会决定，可临时向业主筹集维修费用。

维修基金使用法则

①维修基金在使用和管理中要专款专用，明确维修基金归全体业主所有，物业管理企业提出计划和预算，经业主委员会批准，委托物业管理企业实际操作使用。

②业主委员会成立前，维修基金可由政府主管部门代管。

③维修基金要专户存入银行，接受银行监督检查，不能挪作他用。

④维修基金不能由物业管理企业直接掌管。企业是短期行为，基金是长期使用。如果物业管理企业聘任到期或遭到解聘，不交回基金，会引起纠纷，直接影响维修基金的安全性。

⑤当维修基金数额巨大时，要争取产生最大的增值效益。闲置时，可用于购买国债和法律法规允许的其他投资渠道。

⑥维修基金利息净收益转作维修基金滚存使用和管理。

渠道3．多种经营收入

物业管理企业不能只依赖物业管理收费求得生存，必须走向市场，依靠多种经营弥补物业管理经费的不足。要扩大经营服务领域，通过间接的居住生活服务和各种特约服务，开辟物业管理的经费渠道。通过规模经营和加强管理降低成本，减轻住户的直接物业管理费用。多种经营是物业管理企业筹集资金最好的渠道，也是最有市场前景的发展方向。

综合服务与多种经营收费是一种个性化的服务收费，由物业管理者根据“谁享受，谁负担”的原则，向接受服务的对象收取。

服务收费的基本范围如下：

表 2-15 物业综合服务与多种经营收费

项目	内 容
家务代劳	搬家、代聘保姆、代收各种公用事业费、代订报刊杂志、代送早点、代接送小孩等
教育卫生	照料病人、代请医生、托教中心、业余培训等
文化娱乐	各种文化、娱乐、体育设施、俱乐部、文化活动室、健身房、舞厅等
商业网点	小型商场、饮食店、菜场、公用电信服务、家电维修等
社会福利	老年活动室、照顾孤寡老人等
经营项目	咨询、房屋装修、建材买卖、中介服务、车辆维修、花木服务、旅游、餐饮、饭店、零售百货等

渠道 4 . 开发建设单位支持

开发建设单位向物业管理企业提供启动资金和维修养护费用，即开发商应从开发项目的建设成本中提取 1 %～ 2 %作为物业管理公司的启动资金，或按建筑面积的一定比例，为物业管理企业优惠提供商业、服务业用房，增加物业管理企业的造血功能，使其以业养业。另外，物业管理企业还可以从开发建设单位获得享有免费维修的权利，以节约费用。

渠道 5 . 政府支持

政府对物业管理的资金支持包含以下四个方面：

①制定收费的标准，加强管理，目前，除市场上的高档商品房外，普通住宅小区还不能完全按市场价收费；

②在主融税收方面提供优惠政策；

③拨发一定的城市建设维护费，用于小区共用部位、共用设施设备的管理，以减轻小区日常管理费用的负担；

④在旧小区内，在规划允许的前提下，新建一些商业用房，以成本价或低价的租金提供给物业管理企业，增加住宅小区购物、家政服务等经营性收入，弥补物业管理经费不足。

渠道6．物业出租代理

物业管理企业利用自身对物业熟悉的优势，为业主和租房者提供高效优质的专业服务。物业管理企业从事物业出租代理对三方都有好处：对于租房者，不用和业主直接见面，计价还价，不仅大大减少了交易成本，而且还因有物业管理企业做中介，不会上当受骗；对业主来说，作为投资者不用投入太多的精力，即可获得可观回报；对物业管理企业来说，则可利用专业优势获得一定的中介利润。

5 物业管理三个新利润增长点

巧妙运用以下策略，挖掘物业管理新的利润增长点，是未来物业盈利的发展方向之一。

物业管理三大新利润增长点

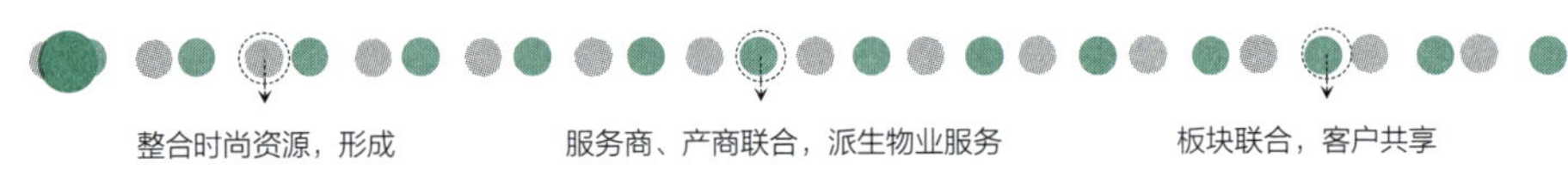

图2-37　物业管理三大新利润增长点

（1）整合时尚资源，形成有竞争力的特色服务

物业管理服务是当前社会甚至未来社会流行的时尚整合资源，可以形成有竞争力的新利润增值的特色服务。例如，利用社区回路，立足于社区住户的服务，将社会资源搬到社区，将小区配套设施变为配送中心，从而实现盈利。

（2）服务商、产商联合，派生物业服务

目前越来越多的发展商利用项目的客户资源优势与品牌产业供应商合作，让他们为客户成批量提供质优价廉的家电、家具等产品，由此可以派生安装、维修等服务，形成物业管理新的经济增长点。

（3）板块联合，客户共享

在一个大的板块中，各个项目可以进行物业共享，尤其是公建配套物业设施的共享，这样有利于共享多个社区的人流量，实现共赢。

第三节

物业管理实用工具箱

物业管理是一种综合性、全方位的管理和服务，其涉及时间长、具体业务内容跨度大，而且比较琐碎繁杂。此外，不同类型、不同档次的物业管理的具体内容还会有所差异。

一 全程物业管理工作流程

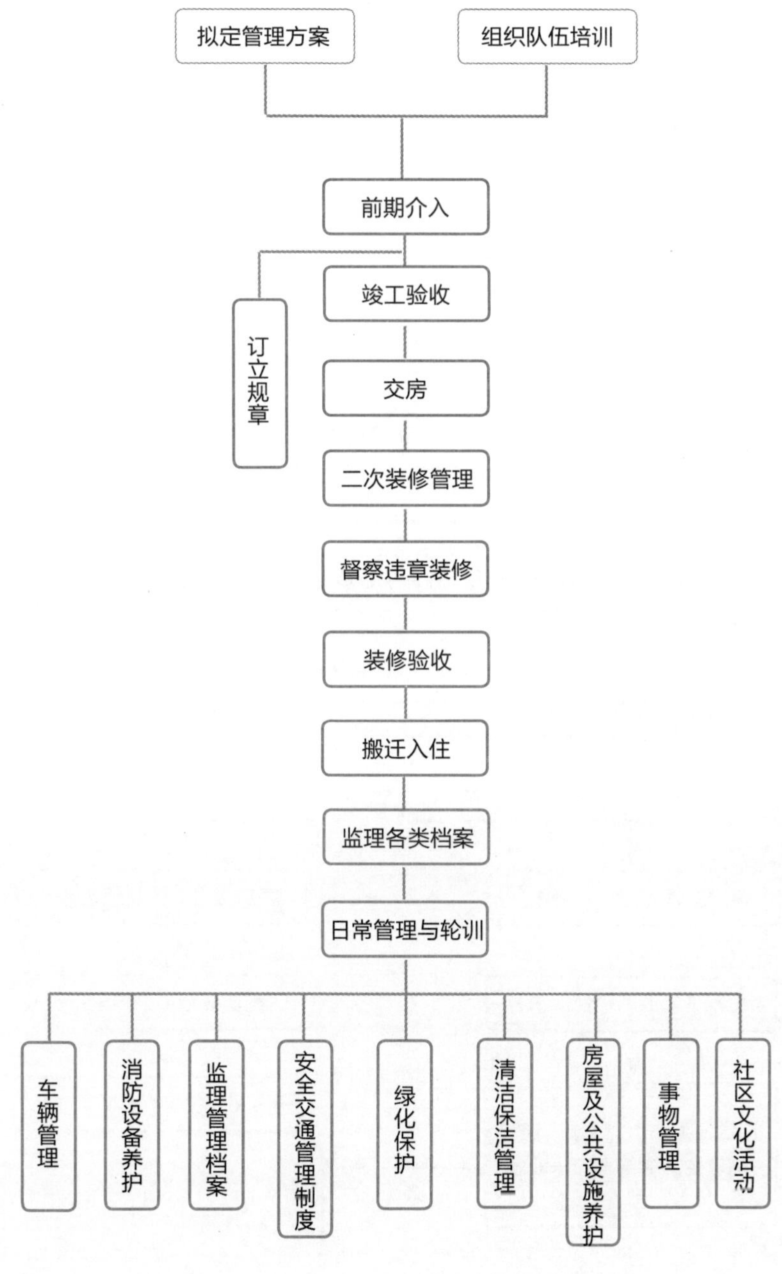

二 物业管理过程程序和表格

1 前期管理阶段

（1）业主入住操作流程

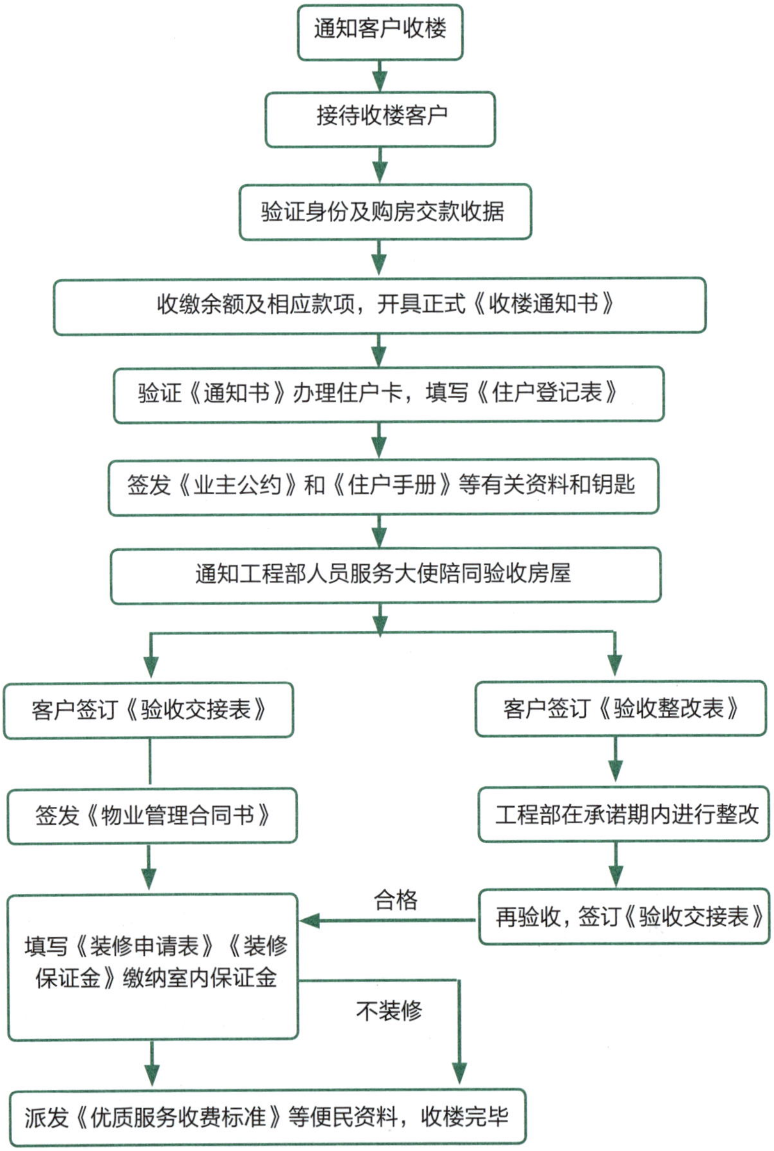

（2）租户收楼记录表

单元：　　　　　　　　　　层　　　　　房号

业主／租户名称：　　　　　　　　　　　　　　　面积：

法人代表：　　　　　　联系人：　　　　　　　　联系电话：

<table>
<tr><th colspan="3">移交设备</th><th colspan="2">备注</th></tr>
<tr><td>土建</td><td colspan="2">■钥匙[　]条；
■地面；
■玻璃幕墙；
■其他</td><td colspan="2"></td></tr>
<tr><td>消防</td><td colspan="2">■喷淋头[ ]个；
■烟雾感应器[ ]个；
■其他</td><td colspan="2"></td></tr>
<tr><td>空调</td><td colspan="2">■二管式风机盘管[ ]套；
■四管式风机盘管[ ]个；
■其他</td><td colspan="2"></td></tr>
<tr><td>电力照明</td><td colspan="2">■应急照明灯具[ ]个；
■电梯大堂照明灯具[ ]个；
■出口指示灯[ ]个；
■其他</td><td colspan="2">第 1/2/3 项适用于整层业主或租户</td></tr>
<tr><td>卫生间</td><td colspan="2"></td><td colspan="2"></td></tr>
<tr><td>茶水间</td><td colspan="2"></td><td colspan="2"></td></tr>
<tr><td rowspan="2">其他</td><td>水表号码</td><td></td><td>读数</td><td></td></tr>
<tr><td>煤气表号码</td><td></td><td>读数</td><td></td></tr>
<tr><td>租户验收意见</td><td colspan="4">签字（盖章）</td></tr>
<tr><td>管理处意见</td><td colspan="4">签字（盖章）</td></tr>
</table>

注：表格自收楼时间起48小时内交回管理处方可有效，若有遗漏工程，租户可将钥匙交予管理处，并填写《钥匙托管承诺书》，管理处将会跟进遗漏工程后通知租户再次验收楼宇。

（3）业主验房钥匙签收表

业主姓名：　　　　　　房号：　　　　　　验房时间：

验收项目	验收详细情况	住户意见
墙面		
地面		
阳台		
屋顶		
门窗		
给排水		
供电		
供暖		
钥匙接收		
物业意见		
备注		

验收人员签字：　　　　　　　　　　　　业主签字：

（4）业主装修验收表

业主姓名：　　　　　　　　　　房号：　　　　　　　　验收时间：

装修起止时间		
装修验收情况	外部公共部位	
	房屋主体结构	
	墙面、地面、屋顶	
	厨房、卫生间、阳台	
	供电、供水、供暖管线	
	其他	
装修遗留问题		
备注		

验收人员签字：　　　　　　　　　　业主签字：

2 工程维修管理

（1）工程维修六大程序

①接受客户报修流程

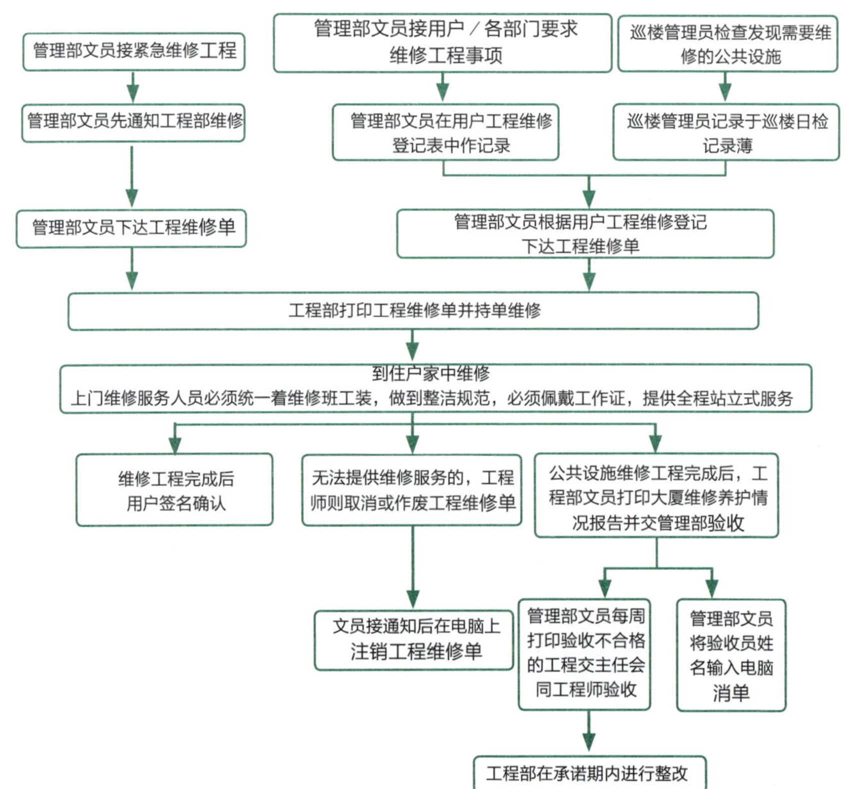

②高压事故停电处理程序与标准

程序	标　准
事故确认	当发生单路或双路事故停电时，立即向供电局调度室、变电站询问停电原因。当确认停电线路不能马上恢复时，向部门汇报情况，并向公司领导及相关部门说明停电原因
应急措施	1．事故停电后，按事故倒闸进行操作，停掉主进断路器，拉出小车； 2．如单路停电，要将另一电高压回路投入运行。推进小车，合上主断路器。迅速将 1 ~ 7 号变电站抵押柜主断路器合上； 3．如双路供电线路停电，在高压倒闸操作完毕后，迅速到八区动力中心启动备用发电机，使水处理站投入供水运行； 4．按与供电局签订的代维护协议，请供电局尽快查明故障原因，采取措施恢复供电
工作记录	在事故倒闸操作和采取应急措施后，在工作记录上做好详细记录

③抢修天然气地下管网泄漏程序

程序	标准
事故确认	当发生地下管网泄漏时，首先确认泄漏的大致位置，影响的区域，通报公司领导及相关部门（管业部、财务部）
抢修	1．联系公司进行泄漏现场土方施工，寻找漏点； 2．保护泄漏现场，架设围障； 3．联系天然气公司管网所抢修队，讲明泄漏情况，确认现场施工的具体时间； 4．通知管业部停气抢修的具体时间，安排现场抢修的人员配合； 5．确认管业部对客户通知到位，停气抢修，漏点检查，确认漏点清除； 6．恢复供气； 7．安排公司对抢修点进行防腐修复，土方回填，恢复草坪； 8．抢修资料存档
保险索赔	地下管网抢修费用由财务部向保险公司索赔，工程部提供下述材料： 1．抢修预算； 2．费用发票； 3．抢修现场照片

④生活水地下管网泄漏抢修程序

程序	标　准
事故确认	当发生地下管网泄漏时，首先确认泄漏的大致位置，影响的区域，通报公司领导及相关部门（管业部、财务部）
抢修	1．联系承包商进行泄漏现场土方施工，寻找漏点； 2．通知管业部停水抢修的区域及具体时间，安排现场抢修的人员配合； 3．确认管业部对客户通知到位，停水抢修，漏点检查，确认漏点消除； 4．恢复供水； 5．安排承包商对抢修点进行防腐修复，土方回填，恢复草坪； 6．抢修资料存档
保险索赔	地下管网抢修费用由财务部向保险公司索赔，工程部提供下述材料： 1．抢修预算； 2．费用发票； 3．抢修现场照片

⑤年度房屋普查工作程序

程序	标　准
制订计划	工程部计划普查工作，主要内容： 1．普查范围：别墅、公寓和公共区域； 2．普查内容：水、电、气、结构、装修五大部分； 3．普查时间：10月份的第2个星期开始，历时3个星期，入户时间为10～15分钟； 4．入户人数：2～3人； 5．要求客户配合事项
通知普查	工程部以备忘录形式，通知各相关房屋使用部门，安排配合普查，管业部通知客户在普查时间内留人
实查	工程部组织2～3人，对房屋内的水、电、气、结构、装修进行检查，并填写安全普查记录
汇总	工程部填写： 1．现管房屋目录 2．安全普查记录 3．房屋完损等级评定 4．安全普查汇总台账 5．年度安全普查清册 6．年度经营管理房屋主要修缮工程量汇总表 7．年度房屋安全普查汇总表（结构） 8．年度房屋安全普查汇总表（总评）
上报资料	上报土地管理局如下资料： 1．普查工作报告 2．总平面图 3．报表①年度经营管理房屋主要修缮工程量汇总表；②年度房屋安全普查汇总表（结构）；③年度房屋安全普查汇总表（总评） 存档备案：工程部填写的所有表格

（2）工程维修六大表格

①遗留工程维修处理跟进单

<table>
<tr><td>业主：</td><td>地址单元：</td><td>业主联系电话：</td></tr>
<tr><td colspan="3">维修事宜：

客服经办人：　　受理时间：　年　月　日　时</td></tr>
<tr><td>物业工程部确认说明：

跟进人签名：</td><td colspan="2">项目工程师确认说明：

项目工程师签名：</td></tr>
</table>

<table>
<tr><td>施工单位确认进场时间：

年　月　日　时</td><td>施工单位确认完成时间：

年　月　日　时</td></tr>
<tr><td colspan="2">维修完成情况：

物业工程部跟进确认：　　项目工程师确认：</td></tr>
<tr><td colspan="2">业主验收：
非常满意（接受）　满意（接受）　不接受（要求返工）
业主确认：　　时间：年　月　日　时</td></tr>
<tr><td colspan="2">备注：</td></tr>
</table>

②客户报修情况记录表

<table>
<tr><td colspan="2">编号：</td><td colspan="2">版号：</td></tr>
<tr><td>客户姓名</td><td></td><td>联系方式</td><td></td></tr>
<tr><td>房号</td><td></td><td>记录时间</td><td></td></tr>
<tr><td>报修途径</td><td colspan="3">□电话　□来访　□网络　□客户关系中心转交　□物业转交</td></tr>
<tr><td colspan="4">报修事项简单描述：</td></tr>
<tr><td colspan="4">报修事项客观描述：

客户要求：
维修开始时间：
□立即处理　□再行联系
维修完成时间：</td></tr>
<tr><td colspan="4">质量要求：</td></tr>
</table>

保修期内：	□是，移交维修组维修工程师	□否，转交物业公司
维修主管工程师签名：	□简单维修事项，直接委派维修工人处理	
	□一般维修事基，委派维修工程师处理　维修工程师：	
	□复杂维修事项，维修主管工程师处理	
记录人：		
记录编号：		
注： 1. 此单可由数据库生成，可以在数据库中进行电子存档； 2. 将打印稿移交维修组维修主管工程师，进行判断并签字确认，存档； 3. 记录编号格式为：ＸＸ（项目简称）ＸＸ（公司简称）-ＸＸ（序号）		

③零星维修工程现场调度通知单

编号：　　　　　　　　　　　　序号：

小区名称：　　　　　　　　　　编号：　　　　数据库编号：

收文单位		责任单位		
通知时间	年　月　日　时　分	规定完成时间		年　月　日　时　分
维修地点／房号		维修内容及方案	处理结果／核实量（或未完成原因）	
发文人		收文人签名		核实人
完成后业主意见	时效：提前□　准时□　迟到□ 质量：很好□　好□　一般□　差□ 服务：很好□　好□　一般□　差□		业主签名：　　日期：	
维修组 签名：	项目部 签名：		监理 签名：	
备注： 1. 请于规定时间内完成，并请业主、分管维修工程师验收确认后将此单返回给发单人。（紧急情况请2小时内赶到现场） 2. 不能完成，请在“零星维修工程现场调度通知单”的处理结果一栏中写明原因，并将此单返回给分管维修工程师核实确认。 3. 未按规定时间完成又不说明原因的，我司将委托其他专业公司完成，发生一切费用从责任单位的工程款项中扣除，不再另行知会				

④月度客户维修满意度回访简表

编号：　　　　　　　　　　版号：

回访客户数量			回访时间段		回访人员	
满意度衡量		A	B	C	D	E=（10×A+8×B+5×C+0×D）×权重
	时效：	提前	准时	迟到	超过5天未开始	
	30%					
	质量	很好	好	一般	差	
	50%					
	服务	很好	好	一般	差	
	20%					
	加权评价 -					
注	方格内填写回访记录对应的百分比					

⑤工程维修单

维修地点		报修时间		预约服务时间	
用户名称		联系人及电话			
维修内容			耗用材料名称	数量	价格
维修结果					
			费用总计		
			维修报价人签名：		
维修员签名		完成时间			
用户意见：□满意　□不满意					
工程部领班签名：		用户付款方式：现金　支票　月结　收款人签名：			

⑥回访用户月统计表

回访内容 / 用户评价	室内清洁	洗手间清洁	截用地段清洁	工程维修效率	工程维修质量	清洁公司员工服务态度	管理公司员工服务态度	信报服务	大厦商务环境	投诉处理效率	其他	合计	同上月比较
统计人： 措施：													
部门经理意见：							总经理意见：						

3 环境管理

（1）每日清洁检查评估表

项目/日期	1	2	3	4	5	6	7	8	9	10	…	…	…	…	…	…	31
礼貌仪容																	
服务态度																	
定时清洁完成情况																	
洗手间																	
茶水间																	
公共区域																	
每日小评																	
巡楼管理员签名																	

每月总评： 主任签名：

备注：

1. 每项按实际情况评分，满分为5分。

2. 每日小评（当日各项累加）：A——25分以上；B——20～25分；C——20分以下。

3. 每月总评（每日小评累计）：优——25个A（含25个）以上；良——20个B（含20个）以上；一般——20个B以下。

（2）清洁质量月总结表

年 月

公共区域	
指示牌、灯箱	
重大清洁操作	
杀虫、灭蚊	
其他	
总经理批语	

报告人： 部门主管签名：

（3）消杀服务质量记录表

消杀　　　　　　　　　　　　　　单位：

月份	日期	消杀地点	合格	不合格	消杀人签名	监督人签名	不合格记录
	第一次	地下室部分					
		花园草地					
		转换层部分					
		楼层天台					
		污水井					
		雨水井					
		化粪池					
		洗手间					
	第二次	地下室部分					
		花园草地					
		转换层部分					
		楼层天台					
		污水井					
		雨水井					
		化粪池					
		洗手间					
	第三次	地下室部分					
		花园草地					
		转换层部分					
		楼层天台					
		污水井					
		雨水井					
		化粪池					
		洗手间					

备注：按照合同中规定的消杀标准进行检查，达到标准为合格，反之为不合格，消杀 3 天后进行检查。

（4）垃圾清运服务质量记录表

日期	垃圾清运效果	清运人签名	监督人签名	不合格记录
1号				
2号				
3号				
4号				
5号				
6号				
7号				
8号				
9号				
10号				
11号				
12号				
13号				
14号				
15号				
16号				

续表

17号				
18号				
19号				
20号				
21号				
22号				
23号				
24号				
25号				
26号				
27号				
28号				
29号				
30号				
31号				

备注：垃圾清运必须达到合同规定标准，如未达清运标准，监督人员记录后要求清运人员签字认可。

（5）清洁工作整改通知单

发现问题通知单（上联）		编号	
不合格描述：			
检查人		检查日期	
接单人		接单日期	

（6）保洁作业记录卡

保洁员	保洁次数	保洁时间	检查员	评价		垃圾分拣		检查时间	备　注
				优	差	是	否		

（7）除“四害”记录表

楼层	走火梯	洗手间		茶水间	电房	风机房管井房	办公室室内	外围	备注
		男	女						
1									
2									
3									
…									
…									
…									
…									
…									
…									
…									
…									
…									
…									
…									
…									
…									
…									
…									
…									
…									
…									
…									
…									
…									
…									
…									
…									
备注：以上楼层包括设备房（电房、空调机房、水泵房、电梯机房、电话机房、控制中心等）									

执行人：　　　　　　　　　　验收人：

4 绿化管理

（1）绿化管理流程

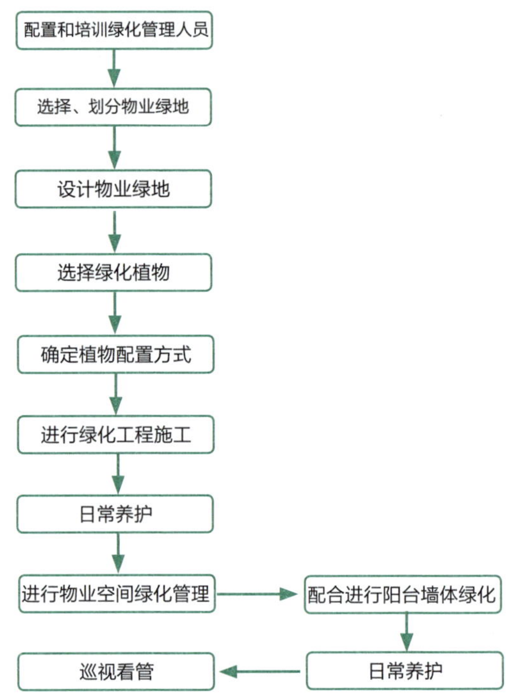

（2）绿化养护月检评估表

年　月

项目	检查内容	检查结果	备注
草	生长是否良好		
	有无超长		
	有无杂草		
	有无外露黄土		
	是否干旱缺水		
绿篱花	生长是否良好		
	有无超长 / 修剪		
	是否干旱缺水		
乔灌花	生长是否良好		
	有无干枯树叶		
	是否干旱缺水		

续表

盆栽	生长是否良好		
	有无干枯树叶		
	是否干旱缺水		
植保	有无虫害		
	有无病害		
其他			
检查日期:	被检负责人确认:		

检查人:

5 治安管理

（1）可疑人员盘查流程图

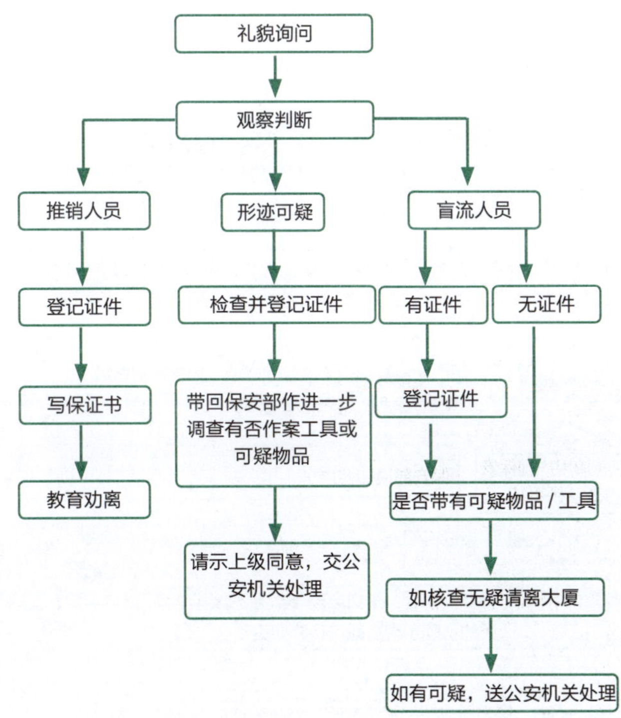

（2）醉酒、精神病人处理流程图

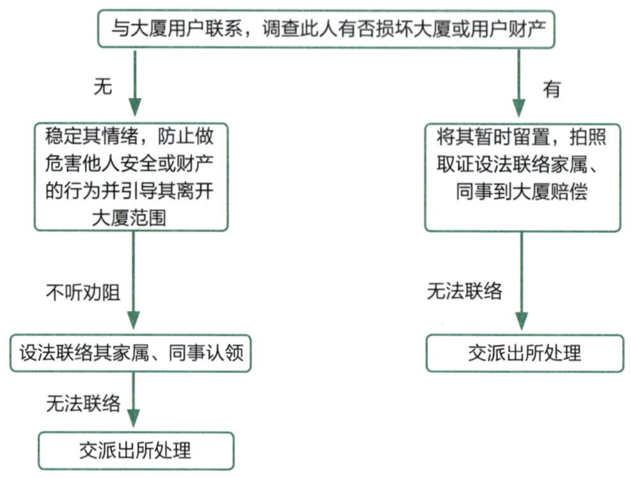

（3）拾遗操作流程图

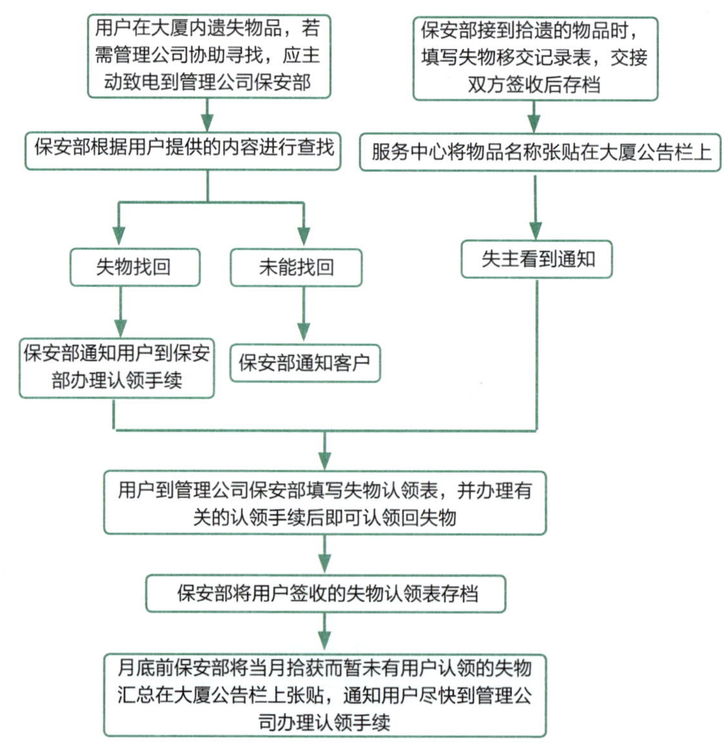

（4）打架、斗殴等暴力事件处理流程图

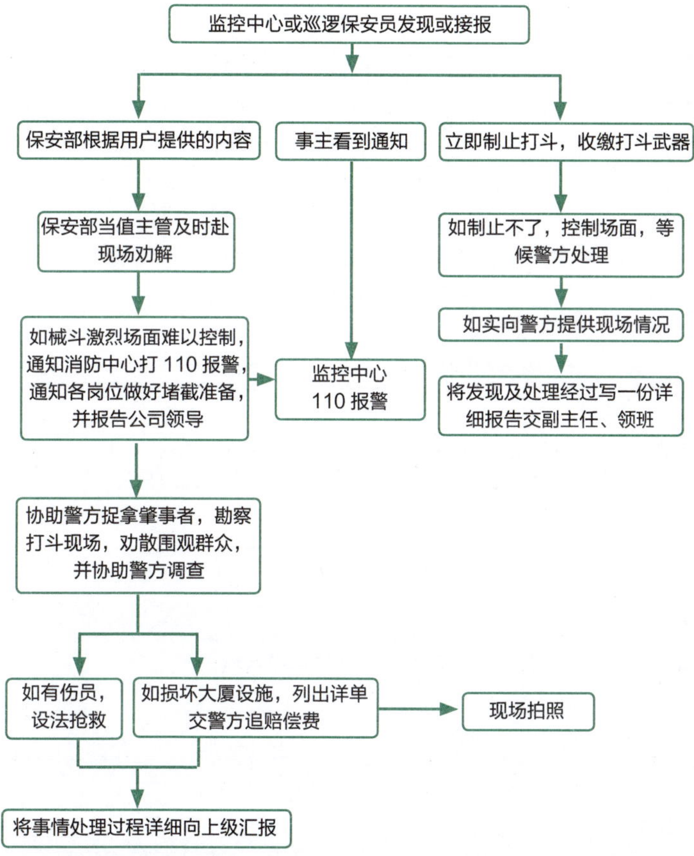

（5）爆炸物处理流程

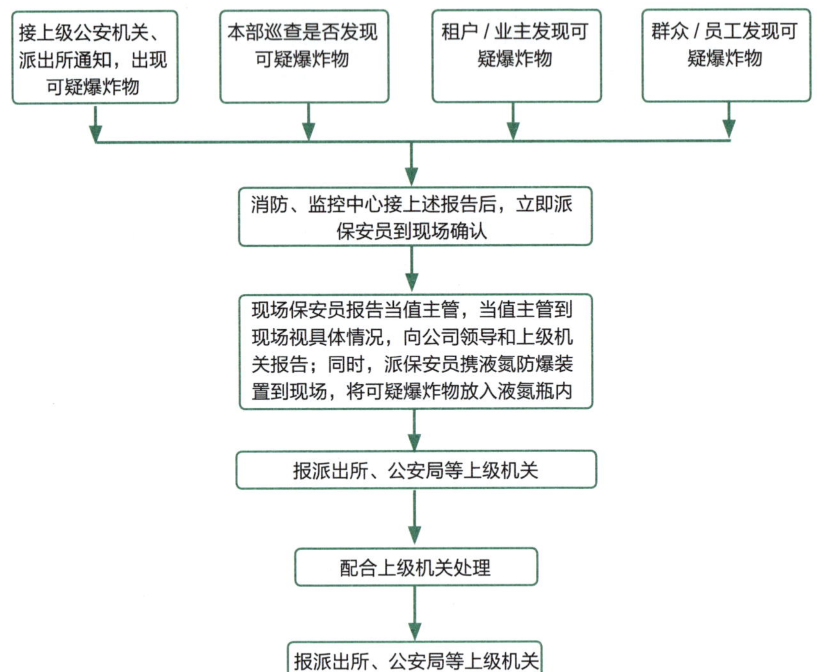

接上级公安机关、派出所通知，出现可疑爆炸物
本部巡查是否发现可疑爆炸物
租户 / 业主发现可疑爆炸物
群众 / 员工发现可疑爆炸物
消防、监控中心接上述报告后，立即派保安员到现场确认
现场保安员报告当值主管，当值主管到现场视具体情况，向公司领导和上级机关报告；同时，派保安员携液氮防爆装置到现场，将可疑爆炸物放入液氮瓶内
报派出所、公安局等上级机关
配合上级机关处理
报派出所、公安局等上级机关

（6）电梯困人处理流程图

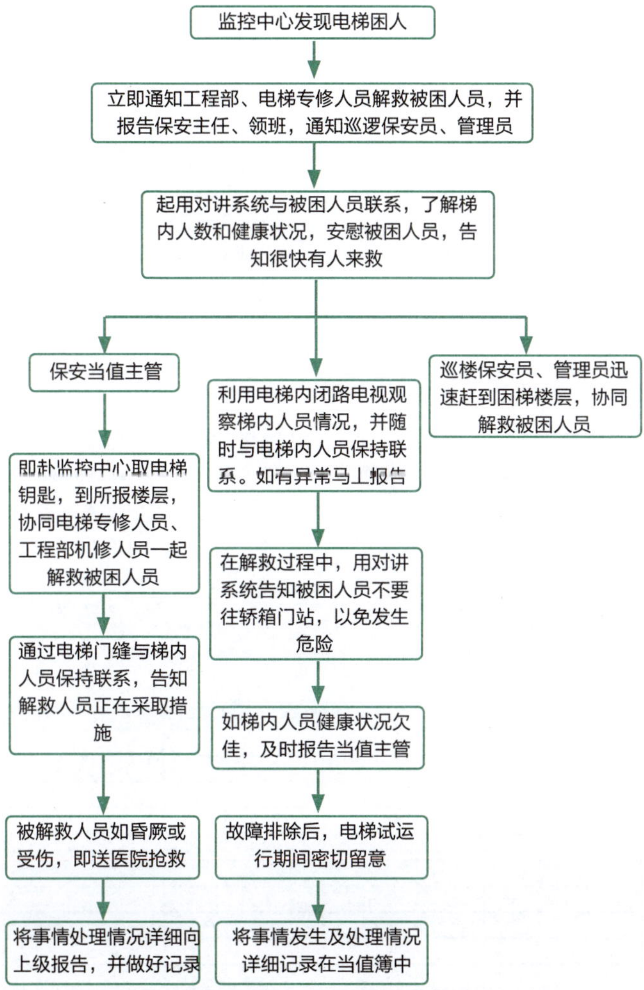
监控中心发现电梯困人
立即通知工程部、电梯专修人员解救被困人员，并报告保安主任、领班，通知巡逻保安员、管理员
起用对讲系统与被困人员联系，了解梯内人数和健康状况，安慰被困人员，告知很快有人来救
保安当值主管
利用电梯内闭路电视观察梯内人员情况，并随时与电梯内人员保持联系。如有异常马上报告
巡楼保安员、管理员迅速赶到困梯楼层，协同解救被困人员
即赴监控中心取电梯钥匙，到所报楼层，协同电梯专修人员、工程部机修人员一起解救被困人员
在解救过程中，用对讲系统告知被困人员不要往轿箱门站，以免发生危险
通过电梯门缝与梯内人员保持联系，告知解救人员正在采取措施
如梯内人员健康状况欠佳，及时报告当值主管
被解救人员如昏厥或受伤，即送医院抢救
故障排除后，电梯试运行期间密切留意
将事情处理情况详细向上级报告，并做好记录
将事情发生及处理情况详细记录在当值簿中

（7）保安员交接班记录表

<table>
<tr><td colspan="2">早班</td><td colspan="2">中班</td><td colspan="2">晚班</td><td colspan="5">物品交接记录</td></tr>
<tr><td rowspan="2">交接班
人员</td><td rowspan="2"></td><td rowspan="2">交接班
人员</td><td rowspan="2"></td><td rowspan="2">交接班
人员</td><td rowspan="2"></td><td>物品</td><td>数量</td><td>早班</td><td>中班</td><td>夜班</td></tr>
<tr><td>对讲机</td><td></td><td></td><td></td><td></td></tr>
<tr><td colspan="2">本班工作小结</td><td colspan="2">本班工作小结</td><td colspan="2">本班工作小结</td><td>充电器</td><td></td><td></td><td></td><td></td></tr>
<tr><td colspan="2" rowspan="9">班长：</td><td colspan="2" rowspan="9">班长：</td><td colspan="2" rowspan="9">班长：</td><td>巡逻棒</td><td></td><td></td><td></td><td></td></tr>
<tr><td>钥匙</td><td></td><td></td><td></td><td></td></tr>
<tr><td>雨衣</td><td></td><td></td><td></td><td></td></tr>
<tr><td>印章</td><td></td><td></td><td></td><td></td></tr>
<tr><td>手电</td><td></td><td></td><td></td><td></td></tr>
<tr><td>大衣</td><td></td><td></td><td></td><td></td></tr>
<tr><td>灭火器</td><td></td><td></td><td></td><td></td></tr>
<tr><td></td><td></td><td></td><td></td><td></td></tr>
<tr><td></td><td></td><td></td><td></td><td></td></tr>
<tr><td colspan="2">本班未完成
事项或通知</td><td colspan="2">本班未完成
事项或通知</td><td colspan="2">本班未完成
事项或通知</td><td colspan="5">备注</td></tr>
<tr><td colspan="2"></td><td colspan="2"></td><td colspan="2"></td><td colspan="5"></td></tr>
</table>

（8）保安班长巡逻记录表

班别：早班□　中班□　晚班□　　　　　　　　　年　日

时间	岗位	违规人员	违规情况	处理结果	备注
班长每日工作总结					

（9）保安部重大事件总结报告

年 月 日

呈报对象	
报告人	
主题	
事件发生	
经过	
主要原因	
分析	
处理措施	
处理结果	
预防措施	
领导批示	

6 电梯运行管理流程

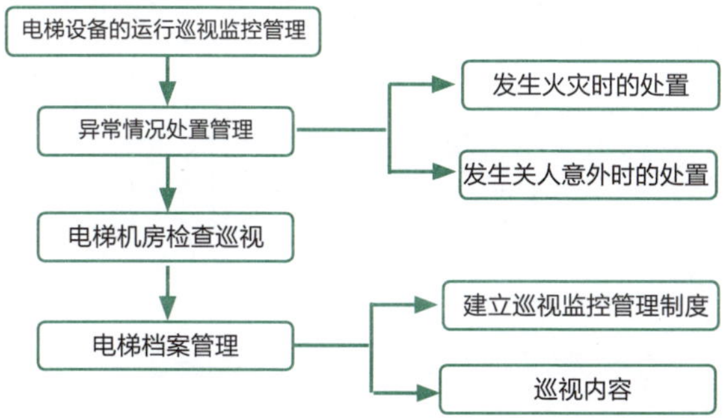

7 车辆管理流程

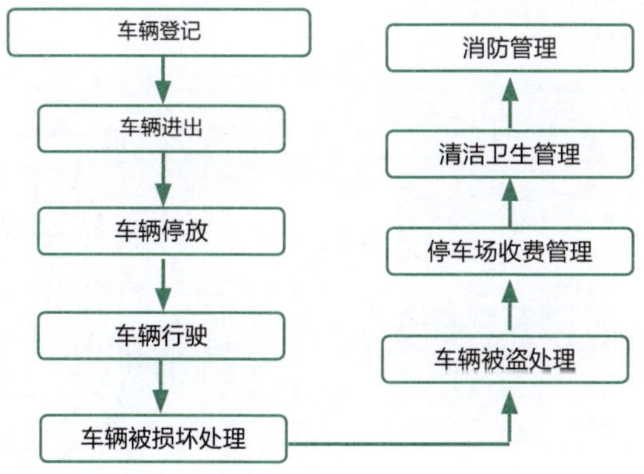

8 消防管理流程

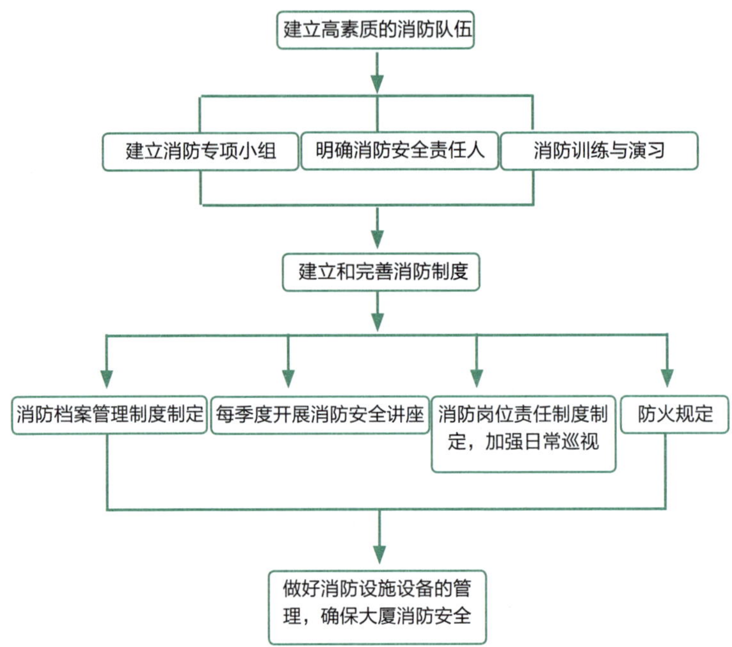

三 物业公司管理

1 物业公司组织机构

经理部

- 办公室
  - 人事管理
  - 行政管理
  - 后勤工作
- 财务部
  - 会计、出纳
  - 各类计划与统计
  - 各类费用的收缴
- 工程部
  - 办公设施及设备的维修
  - 房屋维修与工程预算
  - 业主房屋装修与监督
- 管理部
  - 环境卫生
  - 庭院绿化
  - 治安保卫与消防安全
  - 车辆管理
- 经营部
  - 各类商业文化设施
  - 综合代办服务
  - 搬家公司
  - 交通运输
- 产业部
  - 产业产籍管理
  - 图纸档案管理

2 投诉处理流程图

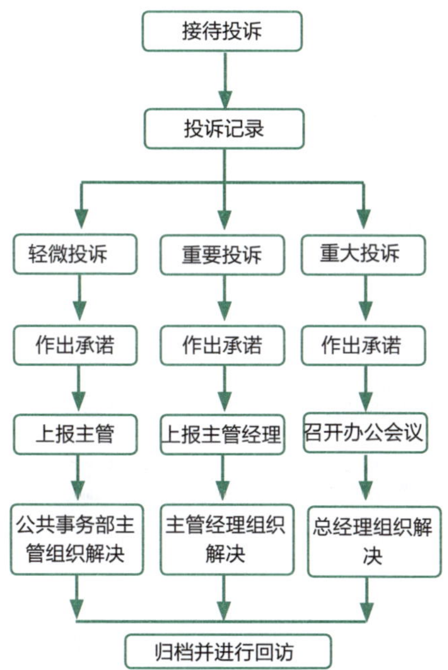

3 物业收费一览表

房号	面积（㎡）	物业管理费（月）	物业管理费（年）	水电费押金（元）	物业管理押金（元）	装修垃圾清运押金（元）	共计（元）

4 物业服务质量管理流程图

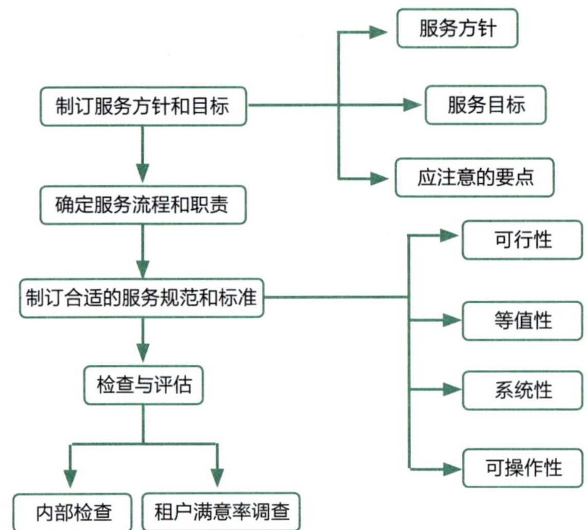

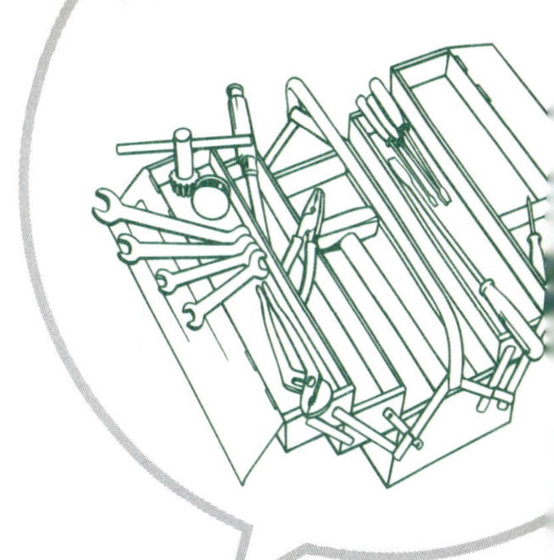

第三章

ChapterTHREE

房地产企业财务管理

房地产企业财务管理，是对房地产企业体系内的资金运动及其所体现的各种经济关系进行计划、组织、指挥、协调与控制。积极的财务规划与管理，是房地产企业各种经济管理工作的一个前提。房地产企业资金充足，是提高企业整体竞争力的保证。

房地产企业财务管理实务	房地产企业财务管理工作实务	房地产企业财务管理工具箱
房地产企业财务管理关键环节 房地产企业财务管理四大问题 房地产企业财务管理问题对策 房地产企业财务管理风险规避办法	财务部组织结构与责权 房地产企业财务预算管理 房地产投资管理 房地产企业融资管理 房地产企业成本控制	财务会计管理制度 财产管理制度 资本预算管理 财务成本控制管理 资产管理 投资与筹资管理

第一节

房地产企业财务管理实务

房地产企业财务管理体系，是指房地产企业在企业运营过程中为了保证房地产企业能够筹集房产项目建设需要的各种资金，以及根据项目分配筹集的资款，合理使用每一笔资金，核算、记录和再分配房地产项目建设中产生的各种成本耗费和收入，履行好企业财务核算、分析、控制、考核等职能而形成的一套有效的管理机制。

一 房地产企业财务管理关键环节

企业的财务管理首先要保证企业有完善的财务管理体系。

1 房地产企业财务管理体系

企业财务管理主要包括两个方面工作：一是组织企业财务活动，二是处理企业财务关系。

房地产企业财务管理与一般企业的财务管理有很大区别。其内容主要包括：

①房地产企业计划投资前所需要的项目资金的筹措管理；

②对于投资对象的投资资金分配管理；

③对于用于房地产项目投资资金的营运管理；

④项目结束后对所获得利润的分配管理。

2 房地产企业财务管理体系的功能

财务管理体系的作用，主要表现在以下四个方面：

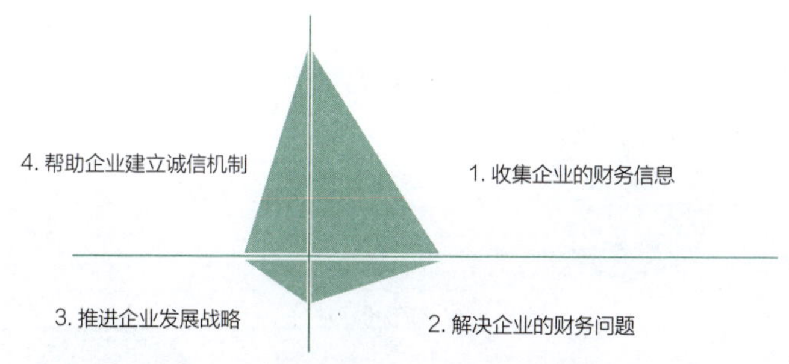

图 3-1　房地产企业财务管理的功能

作用 1. 收集企业的财务信息

运用科学的现代化财务管理方法收集企业财务信息，根据市场需要和房地产企业的实际情况，运用财务管理、信息管理等多种手段，注重对房地产企业发展的预测、评估以及平衡等，帮助企业制定有效的措施和制度，并在实践中不断地调整和完善。

作用 2. 解决企业的财务问题

建立、实施企业财务管理体系，能够有效地解决房地产企业发展过程中的财务战略、财务方针、财务目标、财务管理方案、财务管理环境以及资金筹措等问题。

作用 3. 推进企业发展战略

建立企业的财务管理体系，能够为企业提供大量的会计核算资料。整理、计算、分析企业的会计数据及资料，对企业的发展战略具有极为重要的价值。

作用 4. 帮助企业建立诚信机制

建立企业财务管理体系，有助于在房地产行业建立诚信机制。企业财务管理体系能够保证企业在财务管理中的规范化操作，尽量避免因人为的原因而带来的各种弊端，要求房地产企业的操作和执行者严守规则，建立诚实、可靠的信誉。

3 房地产企业财务管理四项原则

房地产企业在设计自身的财务管理时必须坚持以下四项原则：

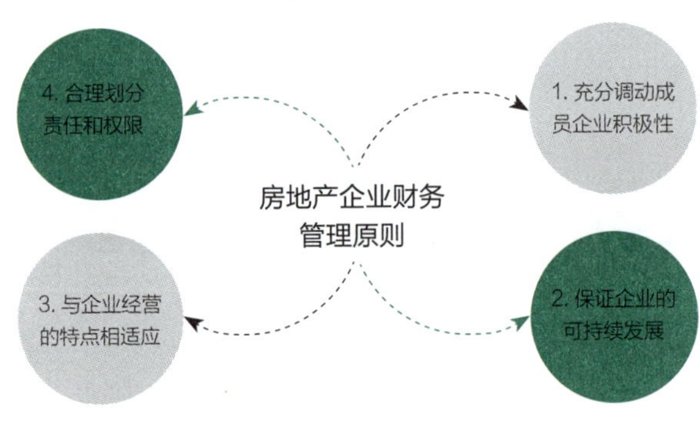

图 3-2　房地产企业财务管理四项原则

原则 1. 充分调动成员企业积极性

财务管理要有利于调动各房地产企业成员，包括企业母房地产企业、子房地产企业和参股房地产企业等的经营管理的积极性和创造性，促进各自所经营管理资产的保值和增值。

原则 2. 保证企业的可持续发展

房地产企业是由多个法人组成的法人联合体，因此，房地产企业中各成员房地产企业有各自的利益，存在着“机会主义”和逆向选择问题。所以，财务管理的设计一定要能预防各成员房地产企业在生产经营过程中可能存在的拼设备、拼消耗、不注重技术更新、新产品新市场开发等短期化经营行为，一定要保证房地产企业的可持续发展。

原则 3. 与企业经营的特点相适应

财务管理的内容是企业财务的具体体现。任一个房地产企业有其不同于其他房地产企业的财务管理。因此，财务管理设计要能够适应房地产企业生产经营特点和管理要求，因地制宜，为每一个房地产企业设计适合它的策略，不存在一个通用的策略适合每一个房地产企业。

原则 4. 合理划分责任和权限

房地产企业组建的宗旨是为了实现资源一体化，实现整合效应与管理协同效应。可是，房地产企业是由多个法人组成的多层次复合结构，在内部存在着许多的责任和义务。因此，财务管理设计时要合理划分管理层次、经营管理者的责任和权限，并将其经济利益与所经营管理资产的效益紧密结合起来。

4 房地产企业财务管理三大任务

房地产企业财务管理的任务主要包括以下三个：

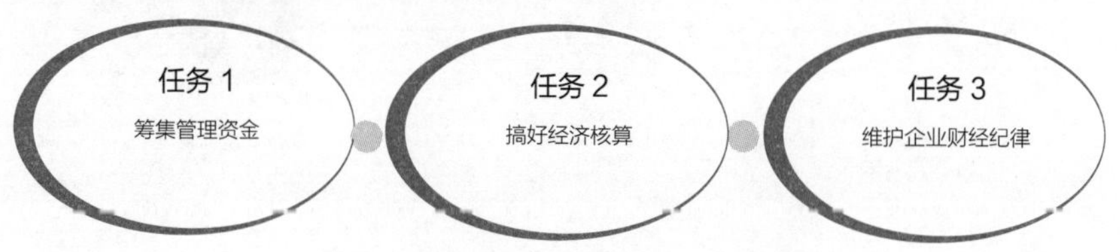

图 3-3　房地产企业财务管理任务

任务 1. 筹集管理资金

房地产公司财务管理的主要任务是为保证公司经营的需要，想方设法筹集资金，合理运用资金，充分发挥资金的使用效能，加快资金周转，尤其是提高自有资金的收益率。

房地产公司的经营特点是前期资金投入大，回收周期长。在资金使用上，除了产品开发的物化成本外，还有较高的筹资成本和资金使用成本，这些成本目前正呈上升之势。因此，对各项支出的统筹安排、区分轻重缓急、严格控制、注意节约、防止浪费等方面的管理，既是会计人员的责任，也是财务管理的重大课题。

任务 2. 搞好经济核算

通过财务活动加强经济核算，改善经营管理，降低筹资、占资及开发成本，不断降低消耗，增加积累，提高投资效益和经济效益。

任务 3. 维护企业财经纪律

公司经营、管理、服务，必须依据国家的方针、政策和财经法规以及财务计划，对公司预算开支标准和各项经济指标进行监督，使资金的筹集合理合法，资金运用的效果不断提高，确保资金分配符合企业利益最大化原则。要在分配收益上严格遵守国家规定，及时上缴各种税金，弥补以前年度亏损，提取法定公积金、公益金，并向投资者分配利润。

5 房地产企业财务管理方式

我国房地产企业财务管理方式一般可分为以下三种：

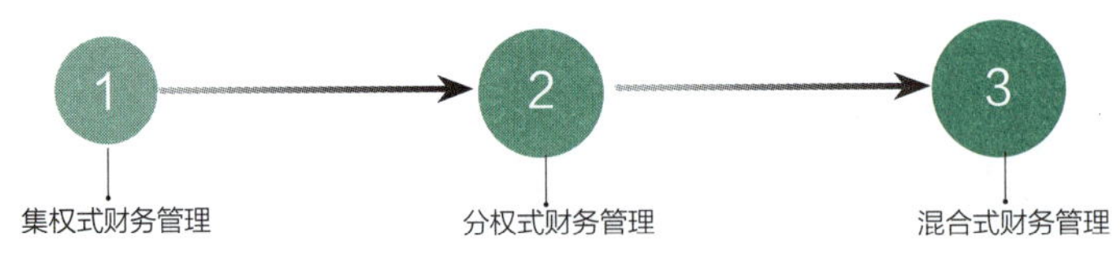

图 3-4　房地产企业财务管理方式

（1）集权式财务管理

集权式财务管理是指房地产企业中的母房地产企业对子房地产企业的所有财务决策权都进行集中统一处理，子房地产企业没有财务决策权。在集权型财务控制策略下，母房地产企业相关财务部门成为房地产企业财务的总管，不但参与决策和执行决策，而且在特定情况下，还直接参与子房地产企业决策的执行过程。

集权式财务管理方式的特点在于：

①管理层次简单、管理跨度大，而且由母房地产企业管理层统一决策，有利于规范子房地产企业的行动，最大限度地发挥房地产企业集权的各项资源的复合优势，促进企业整体政策目标的贯彻与实现；

②有利于发挥母房地产企业的资金和财务调节功能，优化资源的合理配置，确定企业的重点支出；

③有利于保证和实现房地产企业的整体发展目标，实现房地产企业利益的最大化；

④通过企业产品结构和组织结构的整体优化，减少子房地产企业的监管成本，取得规模效益。

（2）分权式财务管理

母房地产企业只保留对子房地产企业的重大财务决策事项的决策权或审批权，而将日常财务决策与管理权完全下放到子房地产企业。子房地产企业只需将一些决策结果提交母房地产企业备案即可。子房地产企业相对独立，母房地产企业不干预子房地产企业的生产经营与财务活动。母公司对子房地产企业的管理主要是基于结果的考核，它是建立在一种完全的委托受托责任基础上的。

分权式财务管理的好处在于：

①鼓励子房地产企业积极参与竞争；

②在经济利益分配上，母房地产企业把利益分配倾向于子房地产企业，以增强其实力；

③可以充分调动了房地产企业的 积极性；

④可以减轻母房地产企业的决策压力，减少母房地产企业直接干预的负面效应。

（3）混合式财务管理

房地产企业根据企业自身特点，用房地产企业章程的形式，合理地确定母房地产企业与子房地产企业间在财务权限上的分配；在划分财务决策权的范围时，遵循重要性的原则来决定是否由母房地产企业做出该项决策。这种方式下，资金管理成为企业财务管理的重要内容，即以资金流动为纽带。母房地产企业主要是加强对资金的筹集、投放和协调等方面的管理。混合式的财务管理方式，克服了极端集权式和极端分权式的不足。

二 房地产企业财务管理四大问题

目前，中国的房地产企业在财务管理方面的问题主要表现在以下四点：

图 3-5　房地产企业财务管理的问题

1 财务管理制度流于形式

①从领导角度上说，房地产企业领导对财务管理工作的认识还停留在会计记账以及处理财务报表的阶段，对财务管理在成本控制、风险防范等方面的重要作用认识不足；

②从执行层面来说，管理层大都是工程技术人员以及房地产开发人员出身，对财务管理

认识淡漠，不重视企业财务管理工作；

③从制度上说，财务收支审批流程不健全、不完善，存在审批人员没有在授权的权限范围内审批，经济业务办理审批手续不齐全等问题；

④从企业协作上说，管理层重视不足以及其他部门对于财务管理工作的不配合，费用开支标准混乱，没有按照财务管理制度执行，导致一些规章制度达不到很好的执行和落实。

2 缺乏健全的财务控制体系

房地产企业缺乏健全的财务控制体系体现在企业内部经营管理比较粗放，缺乏健全的财务管理体系，难以发挥财务管理工作的作用。很多房地产企业的经营管理模式比较落后，企业的财务内部控制方式仍然是传统的预算监督和会计核算，没有将财务内部控制全面地融入到企业的整体管理体系中去。落后的管理模式会阻碍企业财务控制体系的构建。

此外，一些大的房地产企业在财务内部控制建设方面也存在着一些问题。随着职业经理人制度的引入，大型企业的财务内部控制体系日益多层次化，企业内部控制机构的设置非常分散，使得企业难以对于财务内部控制工作进行统一。

3 “被动反应型”现象突出

财务停留在记账和编制财务报表等会计核算方面，出具的财务决算报告和财务报表适用于经营工作的事后评估，具有滞后性。很多企业日常管理忽视了财务管理的核心地位，在项目评价、前期策划、合同签订、经营策划等重要经济业务中往往没有财务人员的参与，财务管理的预测、控制、分析等管理职能基本处于空白。

4 成本管控工作线条粗

房地产企业对成本管控工作线条较粗，管理责任不明确。缺乏总体成本控制，无法掌握最新成本动态，财务成本控制的底线不明确，目标成本准确性差，成本控制效果不佳，导致实际成本和费用偏高。

全员成本管理意识薄弱，整个开发过程缺少统筹成本管理，在项目发展、规划设计、招标、签约、销售、物业管理等环节没有及时进行财务成本的事前预测和事中控制，在项目完成阶段，财务成本核算显得很被动。

三 房地产企业财务管理问题对策

房地产企业成败的关键在管理，管理的核心在财务。对房地产企业来说，加强财务监督尤为重要。因此，要重视加强房地产企业财务管理，使房地产企业财务管理策略发挥作用。

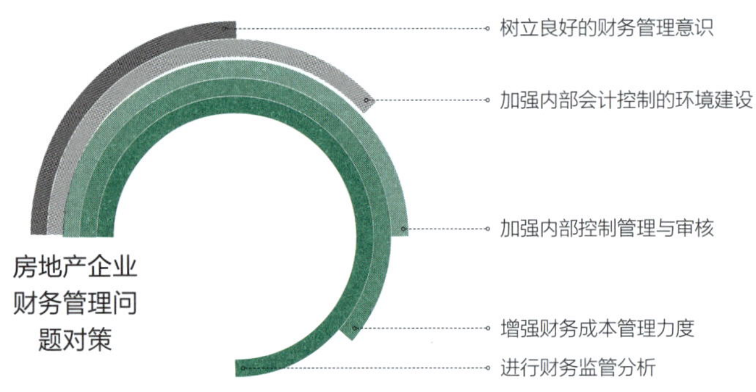

图 3-6　房地产企业财务管理问题对策

1 树立良好的财务管理意识

随着房地产市场竞争越来越激烈，房地产企业要想不断地发展壮大，必须树立良好的财务管理意识，充分发挥财务管理在成本控制、风险防范等方面的作用。房地产企业的管理层必须加强对财务管理工作的重视，树立财务管理意识，从制度层面到具体执行环节为财务管理营造良好的企业环境。同时，将财务管理全面地融入到企业整体的经营管理中去。财务管理部门要参与工程招标、建筑施工、资金管理等工作，充分发挥财务管理的作用。要树立以财务管理为核心的战略理念，对于企业内部的财务状况以及经营情况进行全面的分析，及时掌握市场占有率、资产负债率、资产报酬率、资产收益率等财务指标，从而为企业的经营管理提供决策依据，提高单位的财务管理效率。

2 加强内部会计控制的环境建设

目前，大中型房地产企业的会计核算基本上实现了电算化，很大一部分企业内部控制也实行了计算机管理，既节省了时间，又提高了工作效率，也减少了人为因素对内部控制效果的影响。对各个部门起到了相互联系、相互制约、相互平衡的作用，所以在内部会计控制过程中，应从以下三个方面加强信息与沟通：

表 3-1 加强内部会计控制过程的方法

内部会计制度	企业组织结构	财务人员的素质
设计含义明确、表述清晰、便于理解	组织结构既要有利于自上而下的沟通，还需保证信息由下而上的反馈	加强对财务人员的培养和教育，强调内部会计控制目标与实现员工利益的一致性，使内部控制从一种约束变为财务人员的内在需求

3 加强内部控制管理与审核

房地产企业为了保证企业内部控制能有效地发挥作用，并使之不断完善，企业必须组成有最高决策人参加的、以财务部门为首的内部控制小组，定期对内部控制制度的执行情况进行检查考核，检查内部控制制度是否得到有效遵循。比如，在执行中有何问题，为什么某项制度不能执行或不能完全执行，估计可能产生或已经造成的后果等。对于严格执行内部控制制度的给予奖励，对于违规违章的，坚决给予处罚，做到奖罚分明。

4 增强财务成本管理力度

正确划分成本项目，可以客观地反映产品的成本结构，便于分析研究降低成本的途径。特别是建安成本，如果是分合同发包的，还应该按合同进行明细核算，以便随时了解工程进度和付款情况，并为工程决算提供资料。

房地产项目成本概算、预算及竣工决算是建立工程造价、降低开发成本、办理工程价款结算的重要依据，是财务管理的重要环节，必须实行内外审查相结合的财务监督，确保数据真实无误。目前，开发企业的“三算”审计一般由预算员、施工技术人员审核，财务人员只起记账作用，所以要求财务人员掌握“三算”的有关要求，并参与监督，提供准确的会计信息。加强成本费用的控制，加强对资金成本、质量成本、投资成本、决策成本的管理与控制。

5 进行财务监管分析

企业在开发过程中，需要大量资金投入，筹措资金确保不同投资项目的需要。因此，不但要合理安排资金筹措，考虑资金来源，做好投资回收的衔接，提高资金运用效率，还要加强投资项目的风险分析和方法性研究。准确的财务预测可以把风险降到最低限度，有效地防范、抵御各种风险。进行财务监督的目的是为了降低成本，取得更大经济效益。监督的内容包括开发过程中资金的筹集、资金的占用、资金的回收、资金的分配情况、开发成本、开发产品成本的核算是否正确等。还要对企业的经营活动和经济业务进行事前、事中、事后的监督。完善内部财务管理制度需要严格执行才能发挥作用，加强财务监督，使企业管理人员充分认识到监督的目的是维护国家、集体和个人的利益。只有企业上下共同努力，才能改善企业经营管理现状，提高企业竞争力，实现企业价值最大化。

四 房地产企业财务管理风险规避办法

现今的房地产企业资产负债率普遍较高，企业承受着巨大的财务风险。这些风险已经成为很多房地产企业必须面对且加以解决的棘手问题。

1 房地产企业财务风险表现形式

财务风险是财务系统由于内外环境各种难以预料或无法预料和控制的因素作用，使财务系统运行偏离预期目标而形成的经济损失或额外收益。房地产企业作为典型的资金密集型行业，具有资金投入量大、回收期长、变现能力差等特点。这些特点决定了一般房地产企业面临的财务风险主要表现为以下三个方面：

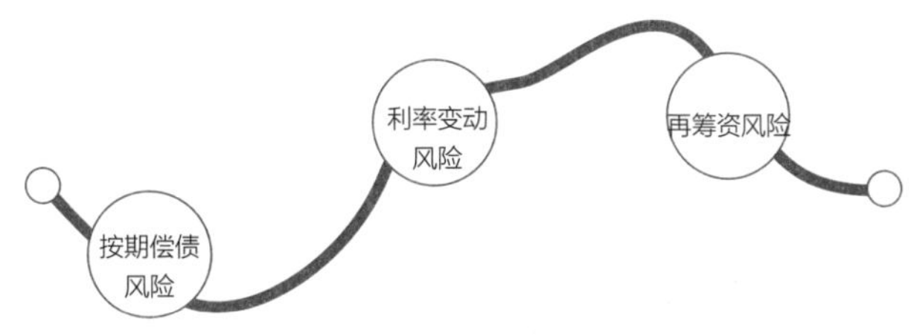

图 3-7　房地产企业财务风险表现形式

（1）按期偿债的风险

大多数房产企业的开发资金由自有资金、预售款、银行借款和经营性欠款四部分组成，自有资本金比重相当低，开发资金大部分来源于银行信贷。由于房地产企业资金回收期长，预期利润具有很大的不确定性，企业面临极大的财务风险，一旦企业未能有效预测并控制风险，发生不能支付到期银行借款本息的概率就非常大。此外，很多房地产企业受高收益驱使，盲目进行多渠道融资活动，如将资金空转、大额存单质押贷款，很可能导致企业没有能力偿还银行债务本息。

（2）利率变动的风险

房地产企业在负债经营期间，由于通货膨胀等影响，贷款利率发生增长变化。利率的增长必然增加公司的资金成本，从而抵减了预期收益。高额的利息将成为房地产企业沉重的负担。利率变动风险在某种意义上是房地产企业面临的诸多风险中最为致命的不测风险。

（3）再筹资的风险

房地产企业如果资产负债率过高，企业对债权人的偿债保证将降低，会增加企业从货币市场或者其他渠道上筹措资金的难度。

2 房地产企业财务管理风险

我国房地产行业的诸多问题从财务管理的角度来说，主要表现为以下几方面：

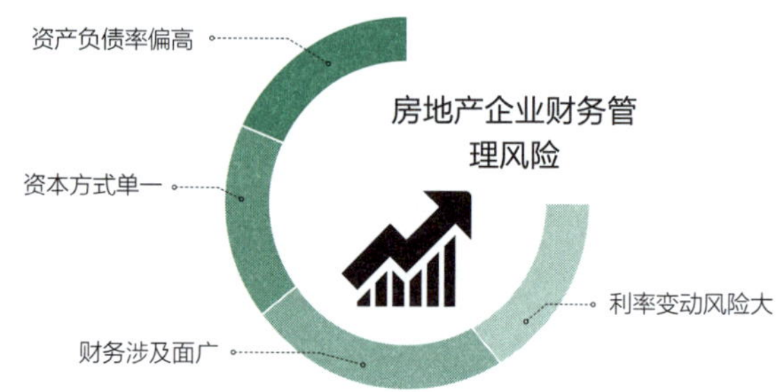

图 3-8 房地产企业财务管理的风险

（1）资产负债率偏高

目前，我国房地产企业的资产负债率平均高达 75% 以上，远远高于 60% 的警戒线。在房地产企业的项目投资中，需要大量资金参与运作。在所谓的借贷到资金投资房地产就能赚钱的高回报利益驱动下，很多房地产企业一旦有机会面临项目就会盲目地、不合规范地进行各种各样的借债行为，却忽略了做精准的财务预算分析，没有对开发的房地产项目从征地成本、资金运作、经济效益的回报率及税收筹划上作细致的财务预算，疏忽了成本控制，从而加大项目成本投资风险，影响了经济效益，使得房地产企业普遍存在资产负债率偏高的问题。

（2）资本方式单一

企业资本总额中自有资本和借贷资本比例不恰当对收益产生负面影响也会形成财务风险。

房地产开发企业一般用自有资金“拿地”，用土地向银行抵押借入资金进行房地产产品生产。当前房地产开发投资资金约有 45% 来自银行贷款，对银行信贷依赖程度相当高。因此，在房地产投资开发过程中，借入资本比例越大，资产负债率越高，财务杠杆利益越大，伴随其产生的财务风险也越大。

（3）财务涉及面广

房地产开发企业所反映的财务关系比较复杂。房地产企业的财务关系一般表现为房地产开发企业与其投资者、政府税务、审计等管理部门、债权人、债务人、企业职工及内部各单位之间的经济关系。由于房地产企业的经济活动中会有大量、频繁的资金往来结算活动，所以涉及面比较广，承担的风险和责任也就相应地大。

（4）利率变动风险大

房地产企业在负债经营期间，由于通货膨胀等影响，贷款利率会发生变化。政府的宏观调控有可能会增加公司资金成本，抵消房地产企业预期的经济效益。同时，贷款利率上升还会导致房产市场的萎缩，影响房地产行业发展，是房地产企业的重大财务风险之一。

3 防范和规避风险的措施

房地产企业防范和规避风险主要有以下四个措施：

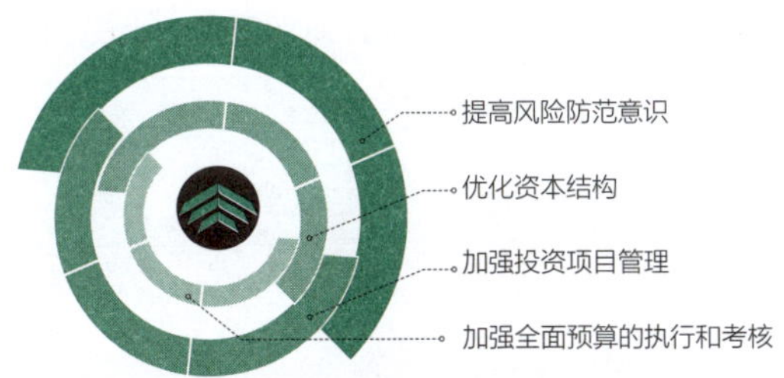

图 3-9　防范和规避风险的措施

措施 1. 提高风险防范意识

房地产企业要借助科学的财务方法预测可能出现的财务风险，并设立风险防范机制等应对方案，及时预测管理中的财务风险。对项目财务的控制要有专门的应对机制，可通过低风险利率贷款来减少筹资风险，调整商品结构来降低财务风险。此外，企业还要认真分析内外部环境，制定多种应对宏观环境的措施，提高自身生存适应能力。

措施 2. 优化资本结构

资本结构是指企业长期资金的构成及其比例关系，即企业的长期债务资本和权益资本各占多大的比重。

在市场经济条件下，筹资活动是一个企业生产经营活动的起点，管理措施失当会使筹集资金的使用效益具有很大的不确定性，由此产生筹资风险。

企业负债经营会给企业带来杠杆效益，增加股东的收益，但这并不意味着负债比例越高越好。因为随着负债比例的上升，企业财务风险也会逐渐加大。企业有贷款就有利息支出，就必然有财务风险存在。因此，必须严格控制负债经营规模。

措施 3. 加强投资项目管理

合理预测投资效益

合理预测投资效益，加强投资方案的可行性研究，对拟建投资项目进行全面的综合技术经济分析，这是房地产及其他任何投资建设项目前期不可缺少的一个阶段。在房地产开发的整个过程中，可行性研究阶段是房地产投资过程中极为关键的一步，也是拥有最大的不确定性与机动性的阶段。因此，可行性研究阶段对风险的评估、分析正确与否，将直接影响到房地产投资项目的成功与否。

运用投资组合理论

合理进行投资组合，分散投资以达到分散风险、降低风险的目的。不同类型房地产的商业风险不一样，获利能力不一样。为了既能降低投资的商业风险，又要保证获取预期的投资收益，较理想的对策是进行房地产类型组合投资。如在投资写字楼的同时兼顾住宅、商铺等不同类型的房屋。利用不同类型房地产功能的相互补充，以及不同类型房地产资金的调剂作用，适应市场需要，提高总体抗风险能力和获利能力。

开展财务分析

及时合理的财务分析，有助于投资者及时发现风险并采取措施规避风险。财务分析是指通过对财务报表有关项目进行对比，了解企业财务状况，为企业进行财务决策和财务计划提供依据。

房地产企业在投资前和投资运行中都应定期进行财务分析，一方面判断投资项目是否可行，另一方面通过财务分析来评判企业偿还债务的能力、资产管理情况、综合财务状况等。

措施 4. 加强全面预算的执行和考核

根据房地产企业特点，采用以项目预算与资金预算为基础的企业年度责任预算管理模式。

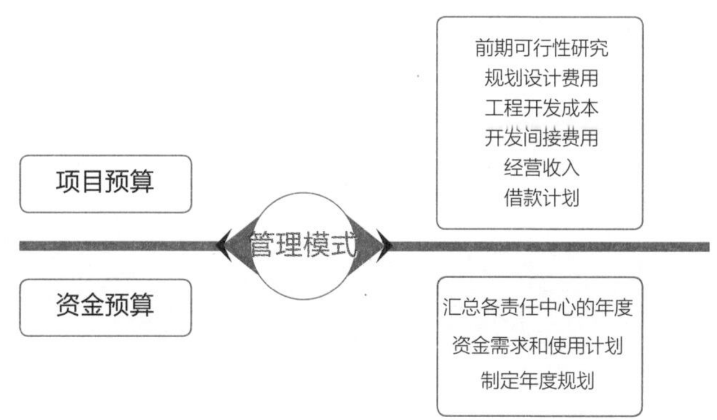

图 3-10　房地产企业年度责任预算管理模式

预算式管理模式

项目预算是房地产企业以开发项目作为预算对象，对项目建设中将会发生的前期可行性研究、规划设计费用、工程开发成本、开发间接费用、经营收入、借款计划等内容进行的整体预算。

资金预算是指房地产企业的母公司在对各责任中心的年度资金需求和使用计划进行汇总后，根据整体资金状况，对企业资金的整体协调运作所制定的年度规划。年度责任预算是指房地产企业在确定各层次责任中心的基础上，将整体计划与目标层层分解至各责任中心；各责任中心作为企业总体预算的具体执行单位，负责编制、组织、汇总和完成责任中心的年度项目预算及资金预算，从而保证公司预算总目标得以实现的一种预算管理模式。每个责任中心通过建立责任中心预算报表体系，及时将实际经营信息向上一级责任中心反馈，以此实现预算执行的跟踪与控制。

编制预算的管理过程

房地产企业全面预算的编制过程，需要上下互动，反复沟通。

预算执行控制工作的主体首先是各个责任中心的负责人。他们需要严格按照预算控制实际业务。房地产企业预算执行控制需要与业务授权体系的内容紧密结合起来，如果某项实际业务是预算范围内的业务，则可按照正常的审批程序进行；如果该业务是属于预算外的业务，则需要按特定程序报至房地产企业最高决策层审批，并说明理由。通过这种方式，能够有效地控制预算外支出，增强企业的控制能力。

房地产企业的预算分析与考核的总原则是月度分析、季度考核、年度总评。这个过程是：

①每个月各责任中心均要对各自预算的执行情况进行分析；

②房地产企业母公司进行汇总和分析总结，召开月度分析会议并查找出现的问题及原因；

③每季度按各责任中心该季度累计的预算实际执行情况，根据设定的绩效指标对其业绩进行考核，再与激励和薪酬制度结合起来；

④每年年终，房地产企业需对全年的预算执行情况进行整体分析，总结主要的问题，并制定和修正下年度的经营目标，指导下年度预算编制和责任中心预算目标的分解。

第二节

房地产企业财务管理工作实务

财务管理是房地产企业管理工作的重要组成部分。好的财务管理有利于企业规避财务风险，促进企业经营总体目标的实现。房地产企业要想在行业竞争中站稳脚跟、谋求发展，就必须加强财务管理理念，建立一套顺应适应市场发展的现代企业财务管理体系。

一 财务部组织结构与责权

财务部门在一个企业起着至关重要的作用，对企业所有项目起到实时监控作用，是不可缺少的组成部分。一个成熟完善的财务组织系统有利于房地产企业的健康发展。

1 财务部门机构的设置

公司的财务会计与其他行业的机构设置大致相同，只是工作内容和方法有其行业的特点。根据公司的具体情况、资质等级及规模大小，人员可以灵活配备。财务部门一般可设置下列人员：财务总监、会计部经理、记账会计、出纳员。

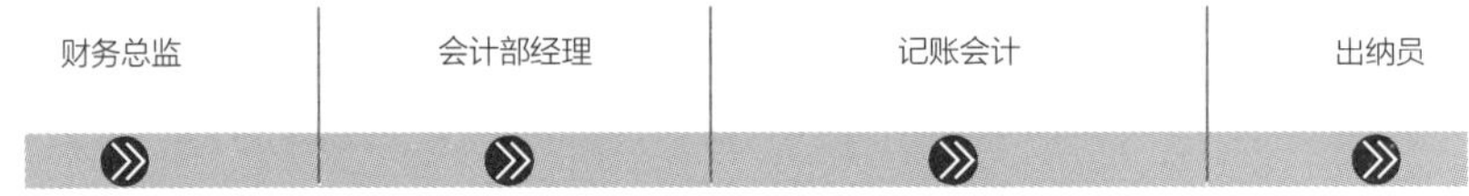

图 3-11　财务部门组成

（1）财务总监

财务总监作为财务部的领导者，主要任务与职责有以下九项：

表 3-2 财务总监的职责

1	直接对公司董事会负责，日常工作在总经理领导下进行
2	每月、每季审核各种会计报表和统计报表，写出财务会计分析报告，送总经理审阅
3	为公司决策提供经济依据和备选方案，当好企业负责人的经营管理参谋
4	负责对外与经济有关的行业管理、银行、税务等部门联系，处理好与财务相关的各单位之间的关系，树立良好的企业社会形象
5	审核控制各项费用的支出，杜绝浪费
6	合理有效地经营管理好企业的金融资产，为企业创造利润
7	根据行业的具体特点、依据财会管理有关法规、政策、文件，制定财会管理的内控制度和操作流程
8	组织拟定各项费用标准的预算方案，送企业领导、业主委员会和相关主管部门审核、修订
9	研究熟悉和实施相关的工商、财会及税务、物价等管理制度，运用法律、行政处分和经济手段保护公司的合法权

（2）会计部经理

会计部经理的工作职责主要有以下九个：

表 3-3 会计部经理的职责

1	向财务总监负责，具体管理公司的会计核算工作
2	每日做好各种会计凭证和账务处理工作
3	检查银行、库存现金和资产账目，做到账账相符，账实相符
4	检查、监督公司各项收入并及时收缴，保证企业资金的正常运转
5	审核每月收支凭证，核对总账、明细账，并更正记账错误
6	每月、每季按时做好各种会计报表和报表附注，及时报给财务总监
7	负责检查、审核各经营管理部门及下属分支机构的收支账目，向财务总监汇报工作情况
8	指导、管理其他会计和出纳员的业务工作
9	完成财务总监交办的其他工作

（3）记账会计

记账会计从基础上抓紧企业的流动资金，规避风险，主要职责有以下六个：

表 3-4 记账会计的职责

1	认真学习会计业务，熟悉记账规则，负责管理登记所分配的明细分类账
2	启用会计账簿，必须填写“账簿启用表”和账页目录，会计交接按规定履行监交手续
3	根据审核合格的记账凭证，依照记账规则登记账目。摘要简明完整，字迹清楚工整，账面整洁干净
4	根据会计制度规定正确设置会计科目，建立账簿，开设账页。为编制会计报表和经济活动分析提供数据资料
5	按核算程序及时登记各类明细账，按时结账、对账，确保账账相符、账表一致，登账后在记账凭单上加盖本人印章
6	及时与总账核对，要账平表对，保证提供数字及时、准确、完整

（4）出纳员

出纳工作是单位经济工作和会计核算的前沿阵地，出纳员是各单位的管家，其主要职责有以下七个：

表 3-5 出纳员的职责

1	遵守公司员工守则和财务管理制度
2	严格执行各项报账制度，对未经审批程序的单据，不得给予报销和支出货币资金
3	管理好公司的现金收付、银行存款的存取，保管现金、有价证券、银行支票等
4	及时追收企业各种应收款项，保护企业利益不受损失
5	编制有关现金收付记账凭证、现金日记账、银行日记账的工作
6	及时办理各项转账、现金支票，按月核对银行存款余额与银行对账单，并交会计记账
7	完成会计部经理交办的其他工作

2 财务部的责权

财务部主要负责公司日常财务核算，参与公司的经营管理。根据公司资金运作情况，合理调配资金，确保公司资金正常运转。同时，搜集公司经营活动情况、资金动态、对营业收入和费用开支的资料进行分析、提出建议，定期向总经理报告。

再者，严格财务管理，加强财务监督，督促财务人员严格执行各项财务制度和财经纪律。定期组织各部门编制收支计划，编制公司的月、季、年度营业计划和财务计划，定期对执行情况进行检查分析，负责全公司各项财产的登记、核对、抽查和调拨，按规定计算折旧费用，保证资产的资金来源。同时，还要参与公司及各部门对外经济合同的签订工作。

除此之外，财务部还要负责公司现有资产管理工作，收入有关单据审核及账务处理。做好财务报表及会计科目明细表，统一发票自动报缴作业。做好税务及税法研究，总结营利事业所得税核算、申报作业、税务冲退作业及事务处理。

图 3-12 财务部责权

二 房地产企业财务预算管理

财务预算管理是建立在一系列预算假设及管理者经验判断基础上的。通过合理的对策加强对房地产企业的财务预算管理，提高财务预算的客观性和正确性，充分发挥财务预算在房地产开发企业经营管理中的作用，为企业回避各种风险提供有力保障。

1 财务预算存在的五大问题

财务预算的核心是企业的现金预算。准确无误的现金流量预算，可为企业提供预警信号，使经营者能够及早采取措施。但现在房地产企业的财务预算存在较多问题，集中体现在以下五个方面：

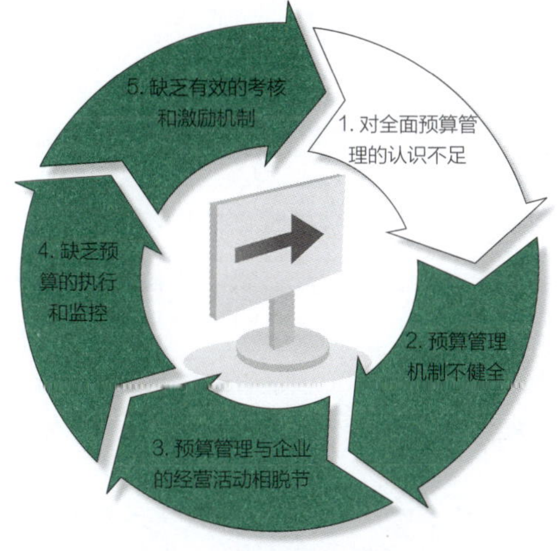

图 3-13　财务预算存在的问题

（1）对全面预算管理的认识不足

房地产企业在进行财务预算管理时，重点考虑怎样降低成本费用，注重预算管理对成本费用的节约，加强价值管理和系统管理观念。企业负责人往往在财务管理时，忽视了对其他部门的管理，将预算和计划相混淆，使其成为财务报表。其他部门很少直接参与预算编制工作，只是对财务部门提交的具体结果进行确认，这样的预算缺乏可操作性。

（2）预算管理机制不健全

房地产企业编制了预算，但没有建立具体和权威的机构对预算管理进行协调和仲裁、执行和监督；把全面预算管理交给财务部门，而没有健全企业的预算管理机制。法人治理机构的不完善，对财务预算管理的认识不足，导致房地产开发企业的预算管理机制不健全。

（3）预算管理与企业的经营活动相脱节

房地产企业的预算管理缺少客观性。企业单纯通过对以往的经营情况和上一年度指标值来决定下一年度预算指标值，没有认真地对企业下一年度的生产经营状况进行分析。当房地产企业外部环境、发展速度、业务范围等因素变化比较大时，这种预算指标就会缺乏客观性。

（4）缺乏预算的执行和监控

房地产企业的预算管理往往只停留在预算指标的下达、预算的编制和汇总上，不注重对预算的执行和监控。企业虽然对预算的编制很重视，专门成立了预算职能部门进行预算编制，但预算职能部门对预算的执行和监督很少参与。房地产开发企业对预算的执行和监督重视不够，企业的管理制度跟不上企业经营活动。

（5）缺乏有效的考核和激励机制

房地产企业普遍存在考核和激励机制落实不到位的问题，这是企业预算管理目标无法实现的主要问题。这类问题具体表现：在预算执行中，没有签订预算指标经济责任合同；没有建立完善的预算奖惩制度；考核结果缺乏激励机制，没有建立配套的预算考核制度；各级管理者重视不够，使考核工作流于形式。

2 加强财务预算管理的五种途径

加强财务预算管理，提高财务管理水平，是房地产企业发展的目标。加强财务预算管理的途径主要有以下五种：

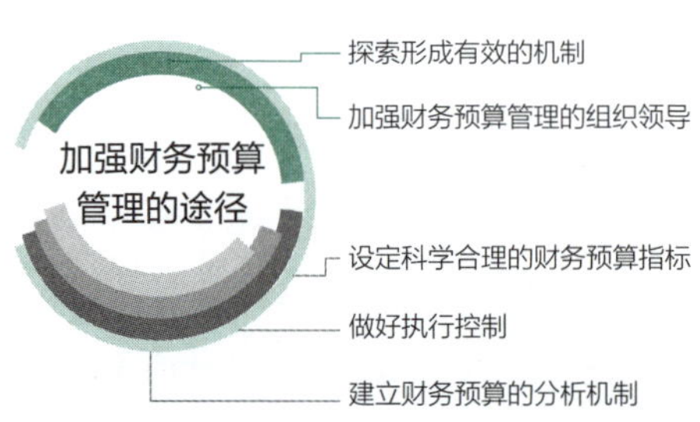

图 3-14　加强财务预算管理的途径

途径 1. 探索形成有效的机制

企业要形成有效的财务管理机制，保证上报的财务预算数据真实、合理。编制预算支出均应以零为基底，从实际需要出发，逐项审议各种费用开支的必要性、合理性及开支数额的大小，从而有效地实现企业内部资源分配，提高经济效益。

途径 2. 加强财务预算管理的组织领导

企业领导要重视和关注财务预算管理工作，主要是指：

①提高对实施财务预算管理重要性的认识，把财务预算管理作为企业财务管理的中心环节，与企业战略管理、薪酬业绩管理等一并作为提升企业整体竞争力的重要手段；

②企业应该成立专门的预算委员会，配备专职或兼职人员来具体组织本企业的预算管理工作，包括负责拟定预算目标和预算政策；制定预算管理的具体措施和方法；组织编制、审议、平衡预算草案并报单位最高权力机构审批；

③强化预算委员会的职能，并对预算的编制及执行情况负责，完善预算管理的各项基础工作。财务预算一经批准，必须严格执行，不得随意调整。

途径 3. 设定科学合理的财务预算指标

编制预算首先要客观把握现行预算的执行情况，总结以前编制预算的经验，就市场情况进行调研和预测，把握企业生产经营活动产出与投入情况，采用适当的公式与合理的算法来确定预算指标数，进行正确的决策。数据来源需科学可靠，以保证预算的科学可行。

运用广泛的市场调查和先进的分析方法、分析工具来进行科学的预测和预算，做到采用由上而下和由下而上相结合的方式，增强预算工作的科学性，这一系列动作既能充分调动大家的积极性又能把握企业的整体目标，使预算指标及定额标准成为激励和鞭策各单位以至全体职工的目标，并使企业成本得以有效的控制，保持正常的运行。

途径 4. 做好执行控制

财务预算的执行必须真正做到事前控制，在实施过程中落实预算的责任，把预算目标层层分解，明确了解各责任单位的目标和职责，并使他们拥有相应的权利，与激励制度相结合，把责任和利益紧密结合起来。这样会更有利于责任单位在执行过程中对偏离预算的不利活动进行自我纠正，调动责任单位实行自我控制的积极性。

财务预算的完成情况不但要考核执行者，还要考核财务预算编制的准确性、财务预算批复的合理性，利用预算实施过程中的反馈信息，及时发现预算执行的实际效果及存在的问题，查找问题出现的环节及原因，针对不同环节与原因，进行分析研究，并采取适时控制政策。

途径 5. 建立财务预算的分析机制

预算的分析贯穿于预算执行的全过程，是对预算执行者业绩评定及整个预算体系运行效果评价的主要依据，所以要选择好分析方法，找出造成差异的因素，发现问题及时纠正。

企业财务预算管理是企业利用市场背景，优化资源配置的重要手段，在整个企业管理过程中发挥着规划、协调、控制与业绩评价职能，是降低企业风险，提高经济效益与管理水平的重要方法。

三 房地产投资管理

企业投资管理是指为了提高竞争力或获得最大投资收益，而对投资的各项要素或环节进行策划、决策、组织和控制的过程。对于房地产企业来说，房地产投资具有投资数量大、投资回收期长、流动性差、受政策影响较大、投资风险相对较高的特点。房地产企业的投资管理对于房地产企业投资成败有举足轻重的作用。

1 影响房地产企业投资的因素

可能对房地产目标投资收益的实现产生巨大影响的因素是：政府土地供给政策、地价政策、税费政策、住房政策、价格政策、金融政策、环境保护政策等。

追逐高额利润和保持资产的流动性，是企业必须平衡好的两个目标。

影响企业投资的因素可以总结为内、外两个方面：

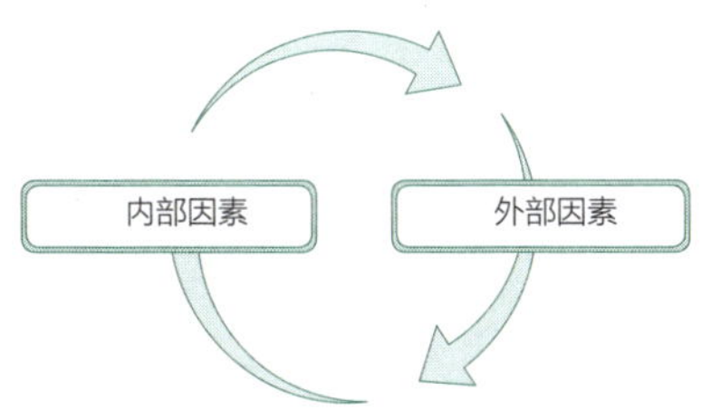

图 3-15　影响企业投资的因素

（1）外部因素

外部因素主要包括以下三个方面：

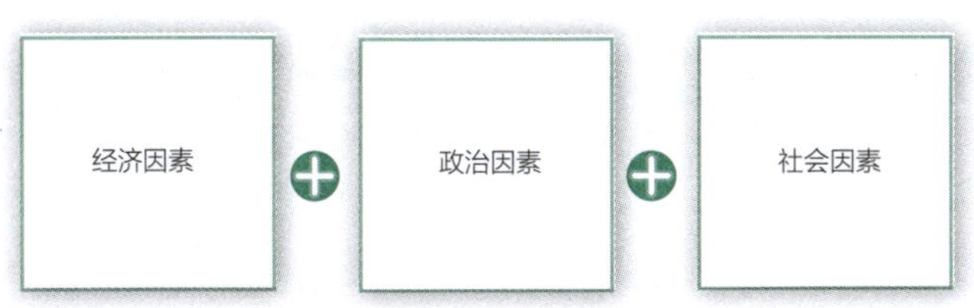

图 3-16　影响投资的外部因素

经济因素

主要指城市或区域的宏观经济状况，包括经济发展状况、经济结构、居民收入、消费者结构等方面的情况。房地产企业投资项目的所在城市或区域必须满足一定的经济条件才能支撑项目的有效运转。

政治因素

房地产企业投资与宏观政策息息相关是房地产投资区别于其他投资的最大特点。政策因素主要包括政府对房地产行业的调控政策、政府对房地产企业投资的认可程度，以及政府的各种财政税收等优惠性政策等。房地产企业投资能否成功，很大程度上取决于项目所在区域的政治环境。

社会因素

主要指当地人的风土人情、居住习惯、价值观念、居民消费意愿等方面的情况。房地产企业的最终客户是消费者，投资项目能否盈利的关键在于去化率的高低，这与当地人的生活和消费习惯密切相关。

（2）内部因素

内部因素主要包括以下三个方面：

图 3-17　影响投资的内部因素

企业战略

企业战略的类型包括三种：拓展型战略、稳健型战略、收缩型战略。

拓展型战略的企业对对外投资的需求更大，主要采取积极进攻的战略形态；

稳健型战略是采用稳定发展态度的战略形态，主要适用于中等及以下规模的企业或经济不景气的大型企业选择；

收缩型战略采取保守经营态度的战略形态，主要适合处于市场疲软、通货膨胀、产品进入衰退期、管理失控、经营亏损、资金不足、资源匮乏、发展方向模糊的危机企业选择。

项目产品特点

包括项目的类型、规模、性质及产品定位等要素。不同房地产企业的主导项目产品特点不同，同一房地产企业在不同区域的项目产品也有所不同。房地产企业要将产品线的特点与投资意向区域特征有机结合，做到两者相互匹配，以达到有效投资。

企业所处地域集中或分散

即指本地项目或异地项目的离散性，包括形成区域性的项目开发，如项目集中在长三角地区或华北地区等。对于房地产企业来讲，在已有项目比较集中的区域的投资需求较小，在空白区域且战略意义重大的区域的投资需求较大。

2 投资过程应注意的三个问题

我国房地产企业的项目投资存在的问题，集中表现为以下三点：

图 3-18　投资过程应注意的三个问题

（1）把握主观判断尺度

从程序上说，房地产企业在投资前应严格进行可行性研究和论证，充分了解所要投资的项目，认真分析，充分认识投资风险和收益，才能做出投资决策。而在实际操作中，不少企业都没有认真获取和分析了解这些信息，仅凭借主观判断，盲目进行投资，影响了企业的资金运转，制约了企业经济效益的提高，增加了企业投资风险。

（2）对投资过程管控不力

房地产企业投资管理过程管控好坏是决定投资是否成功的关键因素。但在实际操作中，许多企业都没有相应的制度和组织，或制度和组织流于形式不能有效执行，导致项目投资缺乏有效的管理和控制。被投资项目由于疏于管理、缺乏监督，给企业带来一定程度的损失。

（3）缺乏相应的审计和评审

企业对投资项目投资后，应当定期对投资项目进行审计、评审，检验投资项目的成果。许多房地产企业根本不存在对投资项目的审计和评审，使得企业的管理者对投资项目的运行情况缺乏认识，不能做出科学的决策。对投资项目而言，由于没有审计、评审等检验工作，容易造成投资失败。

3 房地产企业投资管理三大策略

根据房地产行业的发展现状，企业进行投资管理时可参照以下三大策略：

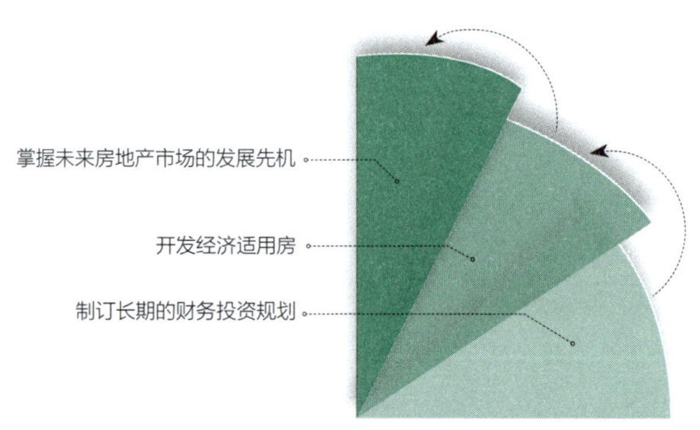

图 3-19　房地产企业投资管理的策略

策略 1. 掌握未来房地产市场的发展先机

我国中小城市的房地产市场目前的发展前景正在不断拓宽。投资中小城市地产项目有以下优势：中小城市地价低、投资成本低、竞争相对较小、避开大企业的竞争、掌握未来房地产发展的更大市场。

策略 2. 开发经济适用房

房地产开发企业应充分利用国家政策，转向重点投资中低价位的经济适用房。房地产项目投资巨大，而我国房地产开发企业资金规模普遍较小，开发经济适用房可以缓解资金压力，减少企业支出，谋求自身发展。

经济适用房价格低、需求量大，往往供不应求，具有销售费用低、资金回笼快、资金周转效率高、投资回报率高等优势。虽然其单位利润率相对较低，但资金周转率高，投资回收率高，能加快投资频率，提高投资回报率。

策略 3. 制订长期的财务投资规划

房地产开发企业缺乏长期的财务战略规划，没有制订可行的财务长期投资规划，就难以形成品牌、竞争优势和规模效应。

房地产开发企业应制订长期可行的投资规划，合理筹集资金，保证企业长期、持续、稳定发展。与此相对应，房地产企业的财务会计制度也应当遵循针对性、操作性和强制性原则，符合企业实际。

房地产企业只有经过科学的投资项目可行性研究，并依据科学的决策作出房地产投资决策，才能避免投资决策上的主观性和盲目性，预防投资风险，为获得理想的投资效果，应做好以下五点：

图 3-20　房地产企业预防投资风险的五个措施

第一，设立专门的财务管理机构

用财务管理机构统一负责企业的资金融通、现金出纳、财务管理、工资核算、固定资产等的预算编制、决算实施工作。

第二，构建财务核算的体系平台

从管理角度重新梳理财务会计核算基础规范和业务流程，以标准、统一的财务数据为管理需求提供数据分析基础。

第三，强化监督机制

房地产企业发展到一定阶段，内部审计工作就显得非常重要。内部审计工作要从事后的财务收支审计转向经济效益审计，注意制定相应的考核制度，强化监督机制。

第四，完善内外部信息共享平台

实现财务管理和房地产开发业务的信息一体化集成，充分借助信息化手段，提高财务管理的效率，进而完善内外部信息共享平台，实现在共享平台上的动态决策和动态管理。

第五，建立科学投资决策程序

房地产开发投资数额大、建设周期长、涉及面广，在投资过程中具有较大的风险性。防范这些风险的有效技术措施就是在项目前期进行科学分析、可行性研究，通过调查研究和科学计算，对项目技术上、经济上和社会效益上的可行性及风险性进行综合论证、研究和评价，确定其在技术上是否可行、先进，经济上是否合理、盈利，以及社会效益的优劣，为投资决策提供科学的依据。

四 房地产企业融资管理

房地产企业进行融资是为缓解企业资金压力，增大权益资本的比重，降低债务比例，优化房地产企业的资本结构。

1 房地产企业融资的九种方式

从房地产投资的惯例来看，开发项目总投资一般分为自有资金（股本金）和从银行或其他金融机构获取的抵押贷款两部分。

其中，房地产企业的自有资金通常仅占到开发项目总投资的20%～35%，用来支付开办费和购置土地使用权费用。企业获取土地使用权后，就可以去申请抵押贷款，投入一定数量的建设费用后则可以预售楼宇，所得部分收入可继续投入后续工程建设。只要开发项目的投资收益率大于银行贷款利率，企业就可以从使用贷款中获得好处，即达到用别人的钱赚自己的钱之目的。

一般而言，房地产企业融资的方式有以下九种：

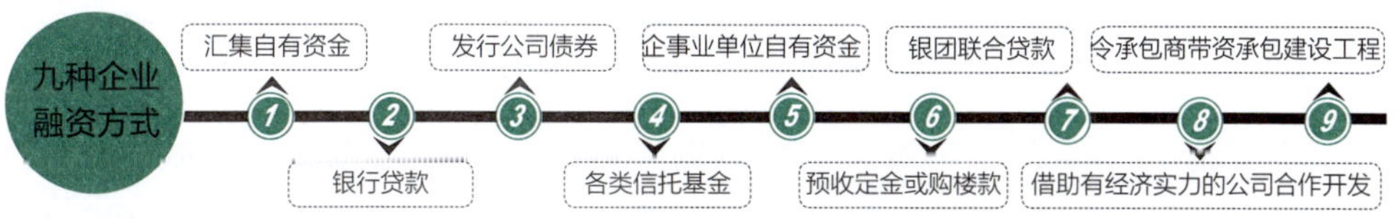

图3-21 房地产企业融资的九种方式

方式1.汇集自有资金

对于预计利润较高的开发项目，只要利润率大大高于银行存款利率，一般就可根据自己的能力适时投入自有资金。房地产企业的自有资金，包括现金和其他速动资产，以及在近期内可以收回的各种应收款等。通常情况下，企业存于银行的现金不会很多，但某些存于银行用于透支贷款、保函或信用证的补偿余额的冻结资金，如能争取早日解除冻结，也属于现金一类。

方式2.银行贷款

任何房地产企业都离不开银行及其他金融机构的支持。利用信贷资金经营，实际上就是“借钱赚钱”或“借鸡生蛋”的原理。

对房地产企业来讲，关键问题是怎样才能借到钱。

一般来说，要真正得到一家银行的大力支持（例如给予贷款或开保函等），甚至为其提供各种优惠和方便，企业就必须接受两件事：

①接受银行调查。企业要接受银行的调查和考核，如实地向银行提供各种资料，并证明企业具有较好的经营成绩和信誉。

②选择银行。我国的银行业务已打破了过去由几家银行垄断的情况，地方性银行和开设银行业务的金融机构、外资银行、中外合资银行纷纷涌现。企业选择银行伙伴要考虑的因素有下面四个：

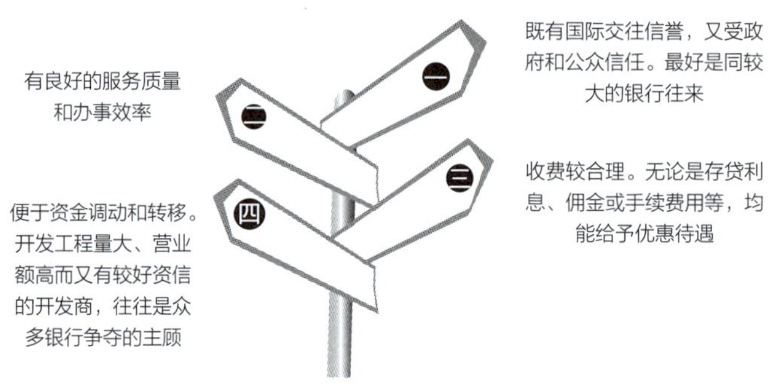

图 3-22 房地产企业选择银行的因素

在这种情况下，开发商可以利用银行之间的竞争选择一家或数家银行建立合作关系，根据银行的性质和特长同他们建立相应的业务往来。从银行取得贷款的方式较多，下面列举一些常见的银行资金利用方式：

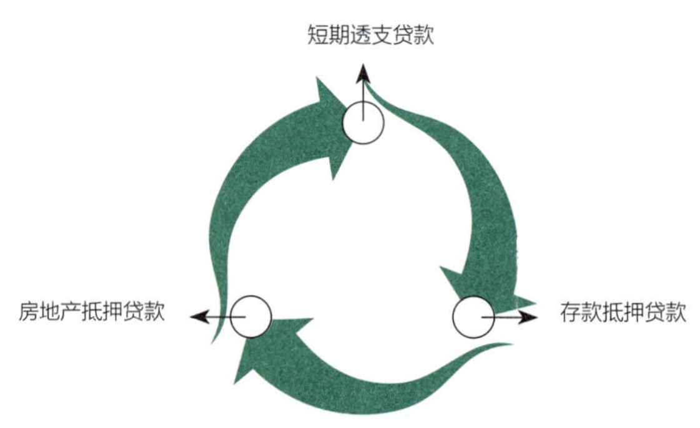

图 3-23　银行资金利用方式

短期透支贷款

所谓透支贷款，是指房地产企业向银行借一定数量的资金用以弥补临时出现的流动资金不足，当企业有了资金来源后立即归还银行，即随借随还的贷款。银行按开发商账号中的赤字逐日计息，尽管贷款利率较高，但实际赤字金额时大时小，而且计息时间并不长，因此花费的利息总值并不多。一般来说，银行需要按企业的资信情况及有无透支担保函，规定一个最高透支额。利用此项透支，房地产企业往往能解燃眉之急，但由于利率较高，一旦收到售楼款或利率较低的贷款后应马上归还。

存款抵押贷款

这是将一个钱当几个钱用的借贷方法。房地产企业可以利用少部分存款作为抵押，获得较多贷款。抵押款和借款的比例，称之为抵押存款限额。限额越低，对企业越有利。例如限额为 20%时，可以借到相当于抵押款 5 倍的资金。银行是否肯给予开发商存款抵押贷款，以及存款抵押限额高低，主要取决于企业的资信条件优劣。

房地产抵押贷款

这是房地产开发建设过程中解决资金问题最有效的途径。当企业获取开发建设用地后，就可将土地使用权作为抵押向银行申请房地产抵押贷款。贷款的金额一般视土地使用权价值的大小、开发项目获利能力的大小而定，通常为地价的 70%～90%。该项地价的确定，主要以有资格的房地产评估机构对土地市场的价值估算为依据。当以土地抵押贷款将建设工程推进到一定程度后，可视实际需要决定是否将所建地上物继续抵押。一般说来，房地产抵押贷款的利率较为优惠，因此这种贷款方式为房地产企业广泛应用。

方式 3. 发行公司债券

发行公司债券是房地产企业的资金来源之一，与银行贷款一样，同属于企业外来资金。由于企业债券风险较政府债券要大，因此其利息率一般要高于政府债券利息率。当企业决定发行公司债券后，一般要先向证券主管部门申请批准，然后委托证券公司办理其认购募集业务，再委托银行（一般是与该公司有主要业务往来的银行，多为投资银行）办理有关发行的具体业务。

方式 4. 各类信托基金

目前，国内各类信托基金组织先后建立起来，这类基金组织都希望将其基金的一部分用于收益较高的房地产投资，作为其投资组合的一个重要组成部分。例如住房发展基金、职工社会福利基金、各类奖励基金、各类社会公益和慈善机构的基金等，除了用于购买可以确保其利息收入的政府债券，往往还将基金的一部分用于收益相对较高，又有相对较高安全保证的房地产投资。房地产企业可以约定的利率向多类基金组织融资，也可吸引其投资入股。

方式 5. 企事业单位的自有资金

在当前投资渠道尚不健全的情况下，许多企事业单位拥有的自有资金处于闲置状态，他们希望投资于收益较高的房地产业以将死钱变活，但由于不易拿到开发经营权或无力量经营此类业务，常常拿着钱去寻找合作伙伴。企业如适时抓住机会，以支付固定利润或利息的方式与这些企事业单位合作，也不失为一种有效的筹资渠道。

方式 6. 预收定金或购楼款

在房地产市场前景看好的情况下，大部分投资置业人士或机构，对预售楼宇感兴趣，因为他们只需先期支付少量的定金或预付款，就可以享受到未来一段时间内的房地产增值收益。

方式 7. 银团联合贷款

许多大型开发项目需要的资金较多，可以考虑采用组织银团联合贷款的方式。在工程项目基本可行的条件下，房地产企业可邀请一家国际性银行帮助进行专门的财务可行性研究，然后通过银团的首席银行组织有关的商业银行、投资银行坐在一起讨论，对所涉及的贷款使用和还款以及利息等问题，做出各方均能接受的安排，然后共同签署协议。

利用银团贷款时，选择好首席银行十分重要。如果用一家富有经验，而且与企业有过密切合作历史的银行为首席银行，往往能向企业提供许多良好的建议，并向参加银团的其他银行宣传介绍这家公司。如果首席银行是一家国际性的大银行，就更能增强其他银行的信心，吸引更多的银行参加银团联合贷款。

方式 8. 借助有经济实力的公司合作开发

房地产企业如果确实筹款困难，那么寻找一家或几家有经济实力的国际或国内公司参加联合集团开发，是一种分散和转移资金压力的好办法。企业可以组织这个联合集团的成员发挥各自的优势，并由各成员分别承担和筹集各自需要的资金。当然，企业也应让出一部分利益，否则难以找到合作伙伴。

方式 9. 令承包商带资承包建设工程

在建筑市场竞争激烈的情况下，许多有一定经济实力的承包商有可能愿意带资承包建设工程，以争取到建设任务，特别是在开发项目有可靠收入保证的情况下。这样，房地产企业就将一部分融资的困难和风险分担给了承包商。当然，对延期支付的工程款项，企业也要支付利息，但通常这个利息率较银行贷款利率为低，而且更低于整个开发项目的投资收益率。如果房地产企业决定要承包商带资承包，一定要对承包商的经济实力进行严格的审查，对其筹资方案进行认真的分析。必要时，在承包商筹资过程中，企业也要给予必要的支持与合作，如为承包商开具银行付款保函等。

2 制定房地产企业融资策略的四项步骤

房地产企业在房地产开发过程当中，巨额地价和房屋工程造价需要巨额的资金投入，因此融资任务相当繁重，使房地产企业存在较大的开发经营风险。制定房地产企业融资策略有利于房地产企业更好地发展。

图 3-24　融资策略的步骤

（1）融资决策分析

项目投资者将决定采取何种融资方式为项目开发筹集资金。融资，取决于投资者贷款资金数量上、时间上、融资费用上以及诸如债务会计处理等方面要求的综合评价，投资者必须明确开发项目融资的具体目标和要求。对项目的融资能力以及可能的融资方案分析和比较后，作出项目的融资方案决策。

（2）融资结构分析

设计项目融资结构的一个重要步骤是完成对项目风险的分析和评估。能否采用以及如何设计项目融资结构的关键之一，是要求项目投资者对项目有关的风险因素进行全面分析判断，确定项目的债务承受能力和风险，设计出切实可行的融资方案。融资结构以及相应的资金结构的设计和选择必须全面反映出投资者的融资战略和要求。

（3）融资谈判

投资者起草融资方案，并根据融资方案与银行等融资渠道进行谈判，在谈判过程中对项目的投资结构及相应的内容进行调整。

（4）项目融资的执行

开发项目融资的具体执行内容包括签署融资文件、执行投资计划、投资资金使用控制、融资风险控制。融资方案的确定主要包括以下三个步骤：

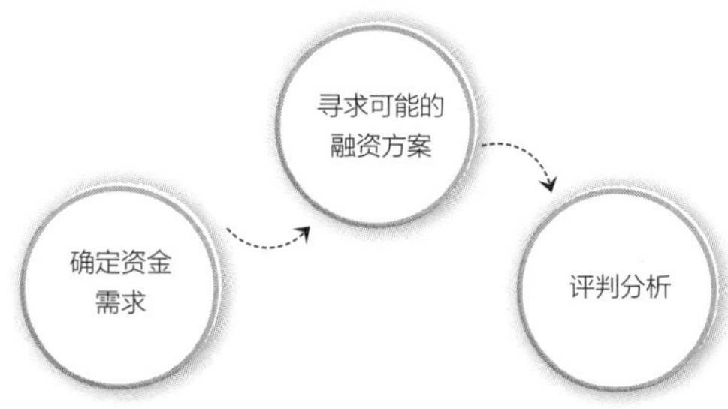

图 3-25　融资方案确定的步骤

第一步，确定资金需求

通过资金收入计划和资金投入计划得出基于时间序列上的资金需求，作为编制融资方案的基础。

第二步，寻求可能的融资方案

测算出资金需求量以及可能获取资金的融资渠道，制定几种可行的融资方案。

第三步，评判分析

选择最优融资方案，在多种可行的融资方案和组合中选取最优或最满意的融资方案。

五 房地产企业成本控制

企业的生产经营活动和管理水平对产品成本有直接影响。实行成本控制，要求建立相应的控制标准和控制制度，加强各项管理工作，以保证成本控制的有效进行。

1 成本控制的五个原则

企业建立与实施内部控制，应当遵循以下五项原则：

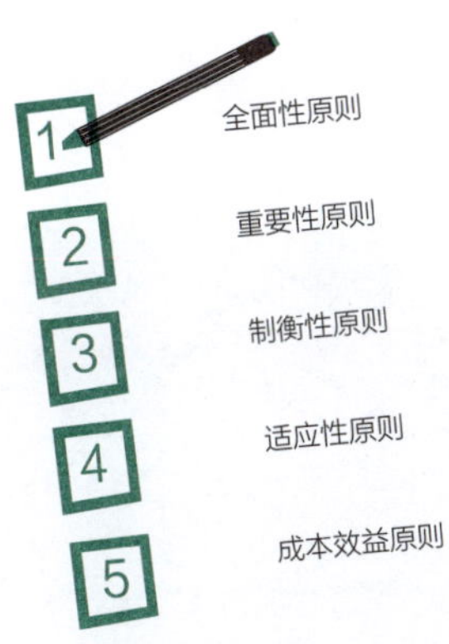

图 3-26　成本控制的原则

（1）全面性原则

内部控制应当贯穿决策、执行和监督全过程，覆盖企业及其所属单位的各种业务和事项。

（2）重要性原则

内部控制应当在全面控制的基础上，关注重要业务事项和高风险领域。

（3）制衡性原则

内部控制应当在治理结构、机构设置及权责分配、业务流程等方面形成相互制约、相互监督，同时兼顾运营效率。

（4）适应性原则

内部控制应当与企业经营规模、业务范围、竞争状况和风险水平等相适应，并随着情况的变化及时加以调整。

（5）成本效益原则

内部控制应当权衡成本与预期效益，以适当的成本实现有效控制。

2 成本控制的内容

以成本管理为核心理念的基础管理，是企业成功的基石。企业的成本控制最好要涵盖以下五方面的内容：

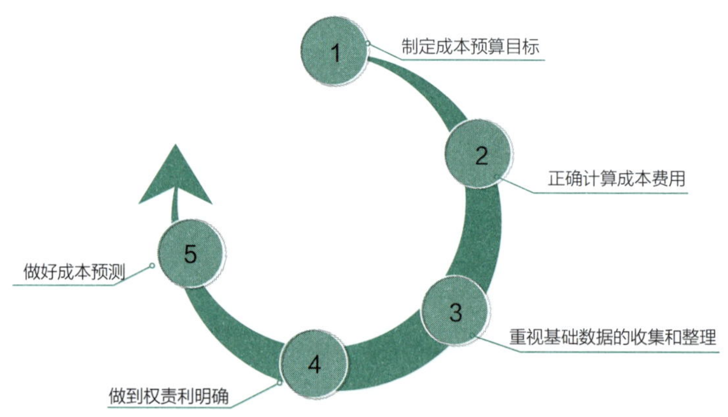

图 3-27　成本控制的内容

（1）制定成本预算目标

对项目建设中发生的前期可行性研究费用、规划设计费用、工程开发成本、开发间接费用、经营收入等都要进行整体预算。

（2）正确计算成本费用

成本费用进行正确的归集和核算，正确计算开发项目中发生土地征用及拆迁补偿费、前期工程费、建筑安装费、基础设施费、公共配套设施费、开发间接费等。

（3）重视基础数据的收集和整理

企业决策者要有计划地培养内部管理者和员工树立成本意识，在每个部门和环节都要求员工既从自我做起、节约成本，又注重成本相关数据的记录、保存和传递，为财务部门准确地进行成本测算打好基础。

（4）做到权责利明确

执行财经纪律和企业内部财务管理的各项规定，根据内部经济的核算和责任成本管理的需要，制定合理的投资成本目标体系，以利于划分经济责任、计算经济效果，做到责权明确。

（5）做好成本预测

大力挖掘内部潜力，采取措施，进行成本控制。通过招投标，择优选定施工企业，认真审查其施工组织设计和施工方案，对在施工过程中各种不确定因素给业主带来的费用风险进行预评价，并设立目标成本，对投资成本开支进行预先控制。

3 成本控制的措施

成本登记和工程预算是成本控制的基础工作，一般的工程预算人员都能做。而对可控成本进行把控，这项工作是项目管理的高层次工作，对项目具有直接和间接效益的意义。这项工作并非人人胜任，需要具有相当的能力和综合水平的人员从事这类工作。对于如何做好企业的成本控制，主要措施包括以下两个方面：

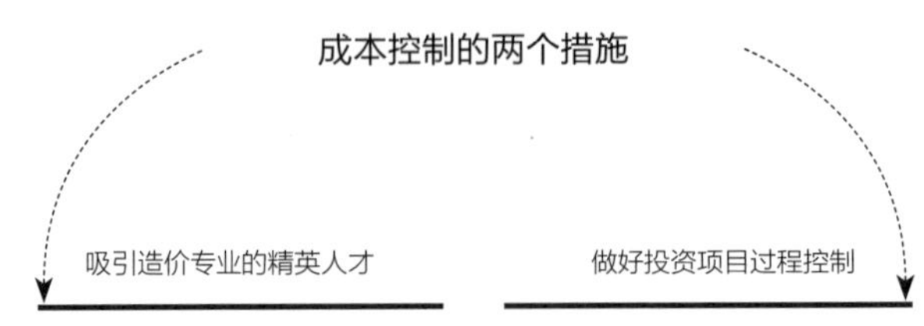

图 3-28 成本控制的措施

（1）吸引造价专业的精英人才

市场的竞争，说到底是人才的竞争。房产商要想控制好工程投资，提高投资效益，首先要吸引优秀的专业人才。如：造价工程师、房地产估价师、监理工程师、审价师、预算师等。房产商有了这些专业人员，并能为之提供良好的专业舞台和建立相应的具有竞争性、风险性的激励机制，发挥其特长，当专业人员的专业能量达到充分释放时，项目的投资控制工作必定能够卓有成效。

值得注意的是，如吸引专业人才过多，管理成本也会因此上升。决策时，要正确地把握好引进人才“度”的最佳“配，比”方案。更多房地产开发商更愿意借用“外脑”做咨询服务，降低成本，完善自身的管理。

（2）做好投资项目过程控制

做好投资过程项目控制需要从全过程把握，从前期到控制，到后期审核，通过各个环节各个阶段的严格把关，达到控制投资成本的目的。做好成本控制，要从以下三个阶段把握：

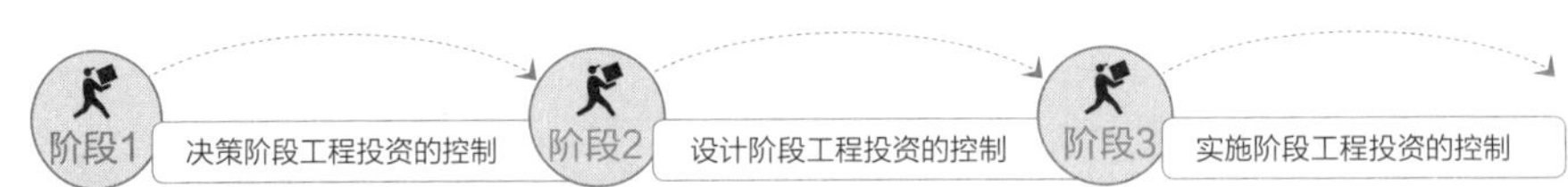

图 3-29 投资项目过程控制阶段

决策阶段工程投资的控制

工程投资的确定与控制贯穿于项目建设全过程，但决策阶段各项技术经济决策对该项目的工程投资有很大影响，特别是建设标准水平的确定、建设地点的选择、工艺的评选、设备选用等，直接关系到工程投资的高低。

房地产项目建设中，投资决策阶段影响工程投资的程度最高，可达到 80 ～ 90%。因此，这个阶段项目决策的内容是决定工程投资的基础，直接影响着决策阶段之后的各个建设阶段工程投资的确定与控制是否科学、合理。

设计阶段工程投资的控制

工程设计是建设项目进行全面规划和具体描述实施意图的过程，是工程建设的灵魂，是处理技术与经济关系的关键性环节，是确定与控制工程投资的重点阶段。

表 3-6 设计阶段工程投资的控制

优化设计方案，有效控制工程造价	设计质量是否达到国家规定、功能是否满足使用要求，审查设计单位的设计是否达到设计方案的优化，实现了利用各种指标对总平面图设计等
对工程项目实行限额设计	指按照批准的可行性研究报告的投资估算控制初步设计； 按照批准的初步设计总概算控制技术设计和施工图设计； 按分配的投资限额控制设计，严格控制不合理变更； 鼓励、促进设计人员做好设计方案选择，引入竞争机制，实行设计招标，克服和杜绝方案比选中的片面性和局限性以及经验主义

实施阶段工程投资的控制

工程项目的实施阶段是建筑物实体形成阶段，是人力、物力、财力消耗的主要阶段。

这个阶段的主要特点是：工程量大，涉及面广，影响因素多，施工周期、政策性变化、材料设备价格、市场供求波动大等。

要提高建设质量，控制工程投资，发挥投资效益，就要在工程实施阶段加强工程建设的管理和监督职能，从而加强对工程项目建设的全方位、全过程的投资控制。

由于建设工程的复杂性，影响因素的多变性的特点，工程实施阶段往往会出现一些意想不到的费用，要做好实施阶段工程投资的控制要把握好以下四点：

表 3-7 实施阶段工程投资的控制

控制工程变更和现场经济签证	防止在施工图设计中产生漏洞，审核时把关外，在甲乙方的图纸会审、设计院的技术咨询严格把关。把设计变更控制在设计阶段初期，尤其对影响工程投资的重大设计变更，更要用先算账后变更的办法解决，使工程投资得到有效控制
严格审核工程施工图预算	根据施工图设计的进度计划和现场施工的实际进度，及时核定施工图预算。超出预算的施工图设计要详细分析，找出原因，并与项目负责人沟通，调整或修正控制目标，对工程投资实施动态控制
择优确定专业分包单位	工程建设中的特殊专业工种必须委托专业带有垄断性质的施工单位承担，如变配电所安装工程、通信工程、绿化工程等，除尊重供电部门的“规定”由他们总承包变配电系统，一定还要要求允许另一家供货商参与竞争，通过比较取得较好的平衡控制
收集和掌握施工有关资料	审价人员和费用控制人员经常深入施工现场，对照图纸察看施工情况，了解、收集工程的有关资料，及时掌握现场施工动态，协助业主及时审核因为设计变更、现场签证等发生的费用，相应调核控制目标，并为最终的工程总结算提供依据和做好必要的准备工作

第三节

房地产企业财务管理工具箱

高效而有序的财务管理有两个作用：一，规范企业的各项基础管理工作；二，完善企业内部的控制机制，加强各项成本费用的控制，整合优化企业的资源，考核企业的经营业绩，最终全面提高房地产企业的综合管理水平和市场价值。

一 财务会计管理制度

1 资金审批制度

（1）总则

所有款项的支付，须经公司主管领导批准。如果主管领导不在公司，应以电话或传真的方式与其联系，确认是否批准款项的支付，事后请其在支出单上补签意见。

财务专用章、公司法人章及支票必须分开保管，公司法人章由办公室主任负责保管，财务专用章和支票由出纳负责保管。办公室主任或出纳不在单位期间，印章应由法定代表人指定的专人保管。印章代管须办理交接手续，代管人员必须对印章的使用情况进行登记。

财务部原则上不得将已加盖财务专用章及公司法人章的支票预留在公司，如因工作需要，需先填好限额，并经公司主管领导批准。

开具的支票须写明经批准同意的收款人全称，收取的发票须与收款相符。如收款人因特殊情况需要公司予以配合支付给第三者，必须有收款人的书面通知并经公司主管领导批准。

往来款项的冲转（指非正常经营业务），须公司主管领导批准。

非正常经营业务调出资金须经过公司主管领导批准。

用以支付各种款项的原始凭证必须保存原件，复印件不得作为原始凭证，如遇特殊情况，须经公司主管领导批准。

（2）施工工程用款审批制度

施工工程用款由公司主管领导批准支付。其程序按以下“施工工程用款支付审批工作流程”执行。

（3）行政费用支出管理制度

公司管理人员的费用报销，须经公司主管领导批准后财务方可报支；

涉及应酬等非正常费用，须经公司主管领导批准。

（4）公司差旅费开支制度

公司员工到本市范围以外地区执行公务可享受差旅费补贴；

公司职员出差根据需要，由部门经理决定选用交通工具；

公司职员出差期间，住宿费用及补贴按以下规定执行：

房租标准；

A 部门经理以上职员，房租标准为 120 元 / 日；

B 一般职员，房租标准为 100 元 / 日。

伙食补贴，市内交通补贴标准：

伙食补贴每人 20 元 / 日；市内交通费每人 6 元 / 日。

实际报销金额超出公司的补贴标准，需由部门经理或带队经理说明原因，报经公司主管领导审批后支付。

（5）车辆维修费及汽油费管理制度

公司车辆维修保养由办公室统一管理，应指定维修点，维修费用一般采取银行转账的方式结算。

车辆的易损备品备件由办公室统一安排采购，以支票支付。需用时应办理领用手续，并由办公室建账予以核销使用。

公司汽油票由办公室统一保管并设账登记使用。

（6）办公费用、会议费用及其他费用管理制度

公司办公用具由办公室统一采购、管理；

办公室设立账册登记公司办公用品的采购、使用情况；

办公室财产台账为财务部附设账册；

办公室应对各部门领用的办公用品情况进行造册、登记、定期通报；

公司各部门因工作需要，需邀请有关单位人员召开会议的，应由部门经理提出建议，报总经理批准，其会务工作由办公室统一安排；

有关工资、奖金、福利费等各项津贴的发放标准由公司人事劳资管理部门制定，经总经理批准后报财务部备案。

（7）行政费用报销制度

公司行政费用现金支出范围为：向职工支付工资、奖金、津贴、差旅费，向个人支付的其他款项及不够支票起点100元的零星开支；

公司职员报销行政费用应填写报销单，由经办人员填写，公司主管领导签字确认后报送财务部按照本制度有关规定进行审核，并按本章第1条的规定进行审批支付；

应酬、礼品费用支出实行一票一单，事前申报制，批准后方可实施；

凡未具备报销条件（如没有对方单位的收款凭证），需领用支票或现金者必须填写借款单。借款单留财务存底，待借款还回时财务开冲账收据给经办人；

支票领用单、借款单必须由经办人填写，公司主管领导签字，财务审核后，由财务部直接支付；

银行支票如发生丢失，有关责任人应及时向财务部和开户银行报告，如系空白支票所造成的损失、丢失人员负有赔偿责任；

其他有关费用及成本支出的程序以公司规定为准。

2 工程成本管理制度

公司所有工程经济合同以及涉及工程成本的一切指标，保证、承诺及其他经济签证均需由总经理签署或授权委托签署。

公司工程部主要负责工程造价的预测及审核、工程招投标文件的编制、工程决算的审定。

工程部还负责组织工程用设备材料的采购供应及经济合同的谈判工作。对已经选择定型的设备、材料进行采购，确保设备材料及时供应。积极进行市场询价工作，建立市场价格询价登记簿，记录材料价格变动的历史资料。

财务部主要负责工程成本的总体控制工作。

参与有关工程经济合同的谈判工作，及时准确地了解公司各项工程成本的构成及用款计划；

负责工程进度款的复核工作，参与工程造价的确定和最后决算的审定工作。

3 工程中间结算程序

施工单位于每月 25 日之前，将工程进度结算报送工程部审核，工程部结合工程施工图纸、施工进度计划以及其他文件资料提出审核意见，并在 5 日内送财务部会签；

财务部根据有关文件资料、施工单位领用的供应材料数额以及与施工单位其他经济往来等情况，并参考公司财务状况提出付款意见，报送公司主管领导审批。

4 工程决算程序

施工单位应将工程决算书以及各项经济签证资料按工程中间结算同样的程序报工程部复核，财务部会签；

财务部根据各种经济签证、合同以及经审定的工程决算数和材料结算数，扣除已付工程数及垫付的各项费用，结算应付工程尾数，提出付款方案，报公司主管领导批准；

大工程办理决算时，应由公司主管工程领导牵头，由工程部、设计部、财务部及其他有关部门人员组成工程决算小组，按照上述本制度规定的职责范围联合进行专项工程决算；

房屋工程全部竣工验收合格交付使用时，商品房由工程部、销售部办理竣工房交接验收入库手续，财务部凭交楼入库手续办理竣工房成本结算。

二 财产管理制度

1 公司财产的范围

公司财产包括固定资产和低值易耗品；

凡公司购入或自制的机器设备、动力设备、运输设备、工具仪器、管理用具、房屋建筑物等，同时具备单项价值在 2000 元以上和耐用年限在一年以上的列为固定资产；

凡单项价值在2000元以下或价值在2000元以上，但耐用年限不足一年的用品用具均属低值易耗品。

2 公司财务部负责公司所有财产的会计核算

（1）公司本部使用的所有固定资产及公司所有办公用品用具由办公室归口管理；

（2）公司各施工工地使用机器设备、动力设备、工具仪器等由工程部归口管理；

（3）办公室和工程部应指定专人负责公司财产的业务核算，应设立台账，登记公司财产的购入、使用及库存情况，负责组织公司财产的保管、维修，并制定相应的措施、办法。

3 财产的购置与调拨

（1）办公室根据公司发展需要编制财产采购计划及进行市场询价工作，经财务部会签，报公司主管领导批准后方可采购；

（2）财产购回后，应填写财产收入验收单。财产收入验收单一式两联，财务部凭财产收入验收单、财务发票及采购计划办理报销手续。财产归口管理部门凭验收单登记台账；

（3）各部门需领用固定资产时，应填写领用单。领用单需经部门经理同意，报办公室审批，公司主管领导批准；

（4）固定资产的领用单由使用部门开具，领用单一式三联，一联由领用部门存查，一联送财产归口管理部门作为财产发出凭据，一联由财产归口管理部门定期汇总后向财务部报账；

（5）财产在公司内部之间转移使用应办理移交手续，移交手续由财产归口管理部门办理，送财务部备案。

4 财产的清查和盘点

①公司财产归口管理部门应定期进行财产清查盘点工作，年终必须进行一次全面的盘点清查；

②各部门的年终财产盘点必须有财务人员参加；

③财产盘点清查后发现盘盈、盘亏和毁损的，均应填报损益报告表，书面说明亏损原因。

对因个人失职造成财产损失的，必须追究主管人员和经办人员的责任；

④凡已达到自然报废条件的固定资产，财产归口管理部门应会同财务部组织评估，评估情况上报公司主管领导，由公司主管领导决定处理意见；

⑤凡尚未达到自然报废条件，但已不能正常使用的固定资产，使用部门应查明原因，如实上报；属个人责任事故的应由有关责任人员负责赔偿损失；属自然灾害或其他不可抗力原因造成损失的，应上报总经理，决定处理意见。

三 资本预算管理

1 预算编制程序

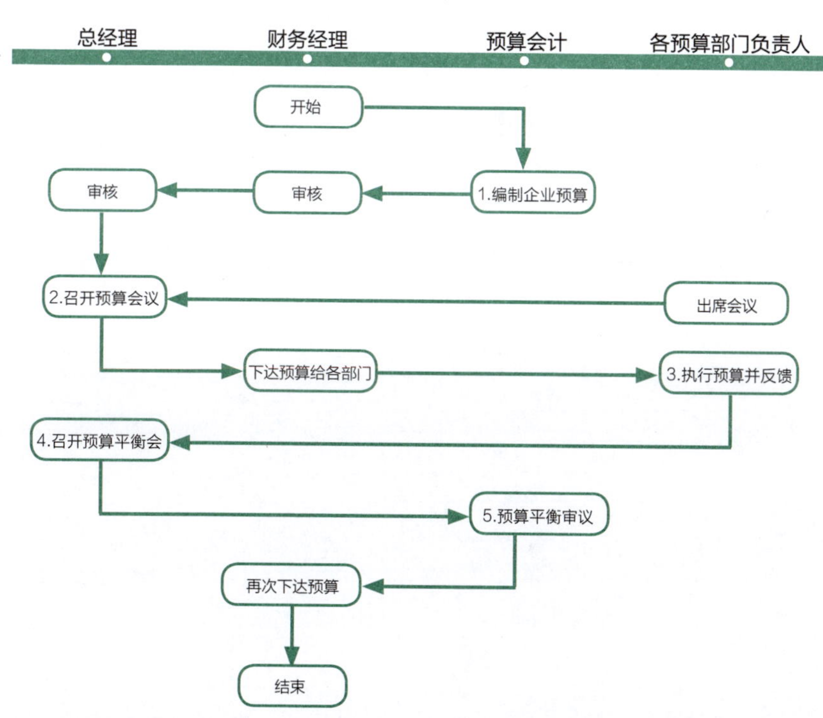

2 年度预算编制程序

总经理
各部门经理
预算会计
财务部经理
财务总监
开始
1.传达指标
召开部门预算会
2.编制部门预算
汇总各部门预算
审核
审核
审核
3.年度预算下达
预算执行
4.年度预算调整
预算调整方案
调整方案汇总
审核
审核
审核
5.再次下达执行
结束

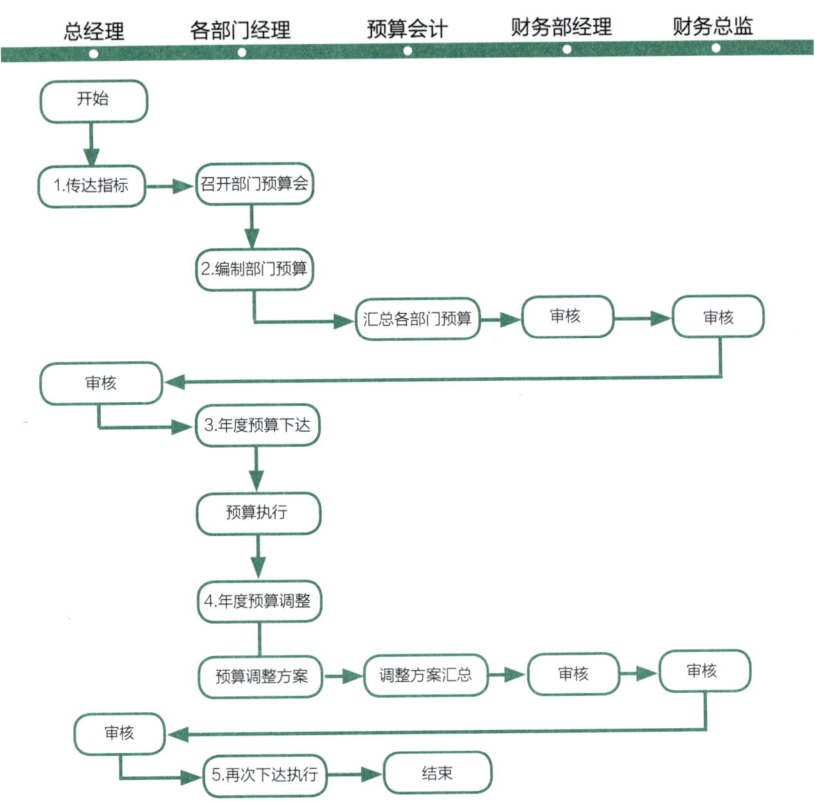

3 年度预算编制平衡流程

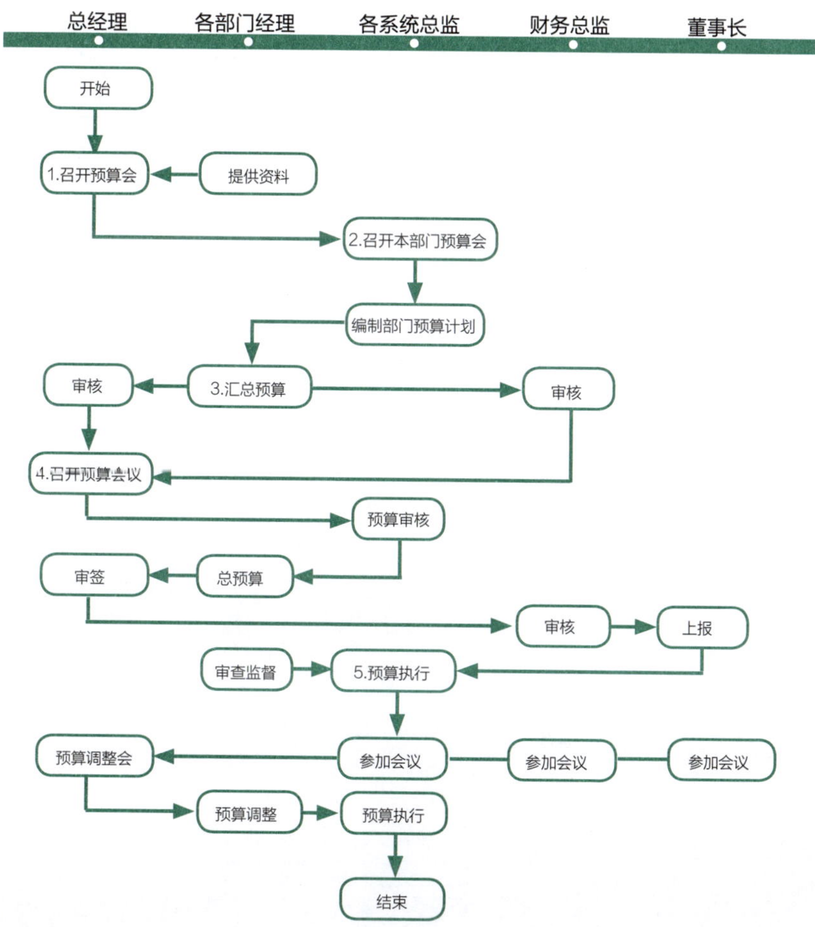

4 年度预算调整流程

总经理
财务总监
财务部
各系统部门
开始
1.提出预算调整申请
审议预算调整报告
2.编制调整方案
审核
审核
3.召开预算平衡会
协调确定预算
修订预算
4.编制新预算
组织编制新预算
审核
审核
5.组织编制总预算
结束

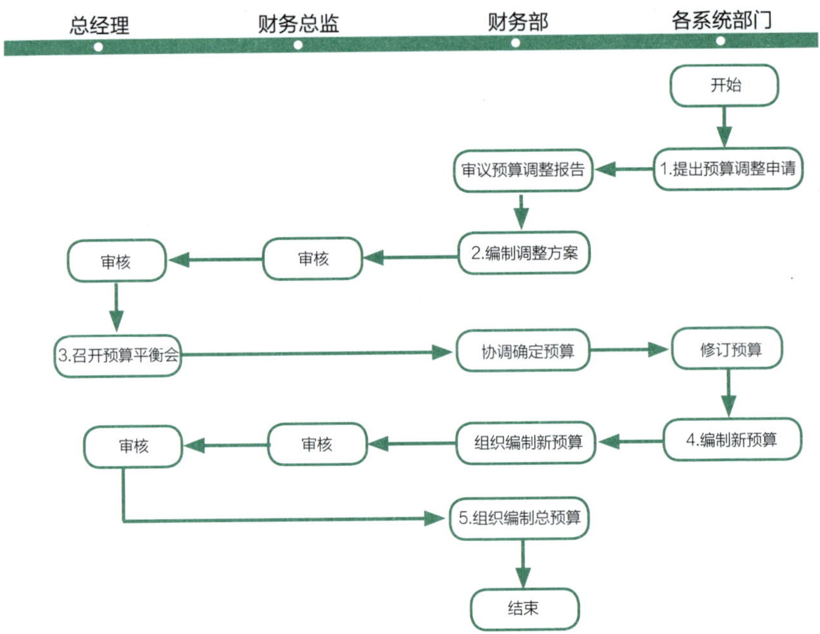

5 现金预算流程

总经理
财务总监
财务部
各部门
开始
1.下达经营目标
编制现金流预算
2.预算申报
审核
审核
预算的执行
审核
审核
3.现金流量预算调整
现金流预算监控
4.编制现金流分析报告
5.现金流量预算考核
新的预算目标
现金流量预算评价
结束

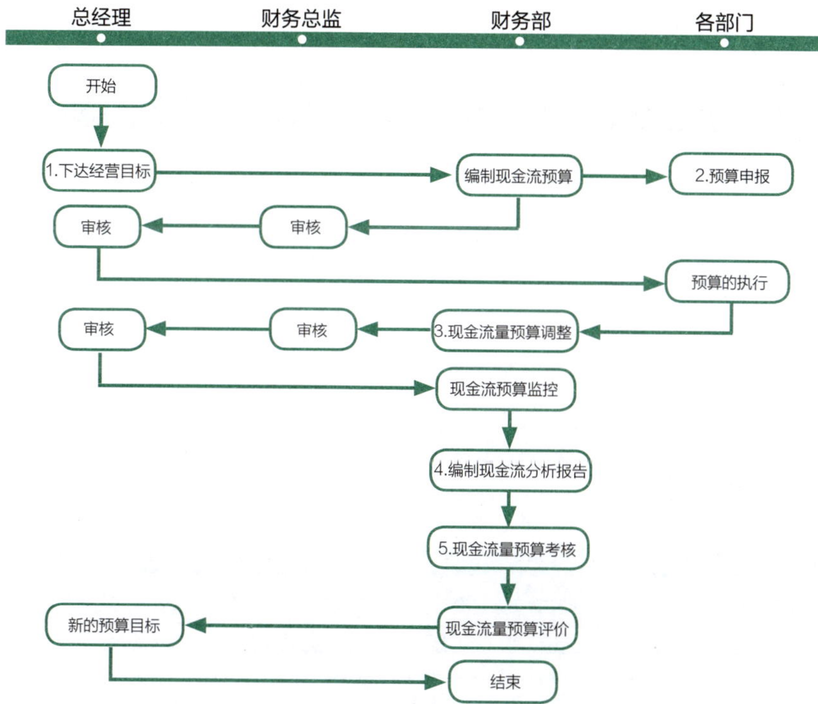

6 财务预算管理表格

(1) 预算申请表

预算编号	预算名称	用途	说明	单价	数量	申请金额
合计						
领导批示						

审核人：________________　　　　填表人：________________

(2) 预算核算办法表

预算编号	预算项目	预算方法	另行考虑因素
	员工薪金		
	奖金		
	出差费		
	员工福利		

使用单位：________________　　　　第　副本

(3) 预算表

借方科目	借方金额	备注调整	贷方科目	贷方金额	备注调整
现金			股本		
应收账款			公积金		
应收票据			制造费用		
坏账准备			制成品		
原料			机器设备		
辅料			折旧准备		
在制原料			管理费用		
在制品辅料			销货		
在制人工			销货成本		
在制造费用			销货退回		
应付票据			销货折扣		
应付凭单			财务费用		
已分摊制造费			财务收入		
已分摊管理费用			本期利润		

（4）预算控制表

预算编号：月份：

预算科目：预算金额：

日期		凭证编号	摘要	支付金额	累计金额	超支金额	备注
月	日						
说明：备注中应填写“变更”或“追加”并注明理由							

（5）预算统计表

月份：________ 部门：________

预算编号	预算科目	预算金额	实际支出	差额	追加预算	说明

总经理：________ 审核：________ 填表：________

（6）资金来源运用比较表

项目		实际数	预计数	比较增减
		金额	金额	金额
期初现金结存				
收入	外销收入			
	内销收入			
	现销			
	票据兑现			
	加工收入			
	退税收入			
	其他收入			
	合计			
支出	资本支出			
	土地及房屋			
	设备分期付款			
	机械设备			
	材料支出			
	原料内购			
	物料内购			
	物料外购			
	生产经费			
	薪资			
	制造费用			
	经常费用			
	推销费用			
	管理费用			
	财务费用			
	其他支出			
	分期付款			
	合计			
期末现金结存				
资金剩余短缺（＋－）				

资金调度						
调度对象		期初金额	本期收入	本期支出	期末金额	增减
往来	往来（借入）					
	往来（借出）					
	小计					
借入款项	外销贷款					
	贴现借款					
	信用借款					
	抵押借款					
	私人借款					
	银行透支					
	员工存款					
	小计					
合计						
说明事项						

（7）资金来源运用预算表

月份 项目		1	2	3	4	5	6	7	8	9	10	11	12	合计
上期结余（A）														
收入	现金销货													
	应收票据兑现													
	利息收入													
	合计（B）													
支出	应付票据兑现													
	利息支出													
	薪资													
	水电费													
	邮寄费													
	修理费													
	交际费													
	差旅费													
	交通费													
	电话费													
	办公费													
	运输费													
	福利费													
	劳保费													
	税金													
	保险费													
	杂费													
	合计（C）													
本期余出（$D=B-C$）														
本期结余（$E=A+D$）														

核准：__________ 复核：__________ 制表：__________

说明：1．年报性质。

2．编制本表，可掌握未来一年资金的盈出。

（8）资金调度计划表

摘要		合计	现金	银行存款											
本月（　周）结存															
加	预计销售收入														
	预计其他收入														
减	预计票据到期														
	预计薪资支出														
	预计水电支出														
	预计利息支出														
	预计经常支出														
	预计购料还款														
	预计偿还借款														
	预计其他支出														
下月（　周）余额															
经调度后结存															
资金调度计划															

（9）物料预算计划表

科目																	合计
产品名称	数量	金额	数量	金额	数量	金额	数量	金额	数量	金额	数量	金额	数量	金额	数量	金额	金额
合计																	

（10）管理费用预算表

项目	前年度平均数	预算数	备注
固定费用			
1．薪资支出			
2．间接人工			
3．租金支出			
4．办公费			
5．邮寄费			
6．水电气费			
7．保险费			
8．税金			
9．折旧			
10．伙食费			
11．研究费			
12．社保费			
合计			
变动费用			
1．加班费			
2．差旅费			
3．运费			
4．修理费			
5．广告费			
6．交际费			
7．捐赠费			
8．包装费			
9．燃料费			
10．呆账损失			
11．职工福利			
12．杂项购置			
13．佣金支出			
14．培训费			
15．销货费用			

续表

16. 劳务费			
17. 间接材料			
18. 消耗品			
19. 医疗费			
20. 其他费用			
合计			
总计			

复核：________ 制表：________

（11）制造成本预算表

成本项目		月份	月份	月份	月份
		预算金额	预算金额	预算金额	预算金额
原料成本					
物料成本					
直接工资					
奖金					
加工费					
其他费用	消耗费				
	旅费				
	修缮费				
	保险费				
	运费				
	折旧				
	直接投资				
	间接投资				
	租金				
	水电费				
	伙食费				
	医药费				
	杂费				
	合计				
期初在制品					
期末在制品					
制造成本					
毛利					
生产价值					

（12）销售预算表

______年第____季日期：

产品			月			月			月			合计	
品名	规格	单位	单价	数量	金额	单价	数量	金额	单价	数量	金额	数量	金额

批准：________ 复核：________ 制表：________

（13）损益预算检核表

产品名称	生产量	生产金额		原料成本		物料成本		人工成本		制造费用		毛利		销售费用		净利	
		预算	实际	预算	实际	预算	实际	预算	实际	预算	实际	预算	实际	预算	实际	预算	实际
合计																	

（14）收支预计表

资金		预付内容	___月（次月）		___月（次一月）	___月（次二月）
项目	代号		预付日期	金额		

主管：__________　　　　经办人：__________

（15）支出预计明细汇总表

	内购材料	外购材料	薪资	水电费	各项税损	利息支出	租金支出	经常费用	其他支出	工程款	偿还借款	设备款	合计
1													
2													
3													
4													
5													
6													
7													
8													
9													
10													
11													
12													
合计													

（16）收入及支出金额预计表

日期：____月____日

			月	日	月	日	月	日	月	日	月	日	月	日
收入金额	应收票据	已收												
	应收票据	预计												
	押汇收入	已收												
	押汇收入	预计												
	贴现贷款	预计												
	其他借款	预计												
支付金额	资本支出	已开票												
	资本支出	预计												
	材料支出	已开票												
	材料支出	预计												
	薪资支出	预计												
	制造费用	已开票												
	制造费用	预计												
	销管费用	已开票												
	销管费用	预计												
	财务支出	预计												
收入金额		预计												
支付金额		预计												
差额														
现金银行存款														

总经理：　　　经理：　　　会计：　　　填表：

（17）一般管理费预算差分析表

部门：＿＿＿＿＿＿＿＿ 月份：＿＿＿＿＿＿　　　　＿＿＿年＿＿＿月

编号	项目	当月差异			累计差异			原因分析
		预算	实际	差异	预算	实际	差异	
1	薪金							
2	员工福利费							
3	福利保健费							
4	教育培训费							
5	工会会费							
6	经营会计费							
7	差旅费							
8	交通费							
9	广告宣传费							
10	车辆维修费							
11	修缮费							
12	地租房费							
13	事物用品费							
14	通信费							
15	水电气费							
16	税金							
17	消耗品费							
18	捐款							
19	交际费							
20	保险费							
21	杂费							
22	折旧费							
23								
24								

（18）现金收支预算表

日期：＿＿月＿＿日　　　部门：＿＿＿＿＿＿＿＿

日期		收支类别	摘要	收入	支出
月	日				

经理：　　　审核：　　　填表：

（19）资本支出预计表

________年______月份　　　　　　　　　　资料提供部门：__________

项目	金额															备注
	月份					月份					月份					
	土地及房屋	机械设备		什项设备	预付工程定金	土地及房屋	机械设备		什项设备	预付工程定金	土地及房屋	机械设备		什项设备	预付工程定金	
		内购	外购				内购	外购				内购	外购			

经理：　　　　制表：

注：1. 本表由资料提供部门分别进行有关项目填列，于每月 24 日前送会计部。

2. 表列数字系指当月付现金数。

（20）企业年度费用预算分析表

月份	产销金额	预计利润	利润率	原料成本	人工成本	制造费用	比率	销售费用	比率
1									
2									
3									
4									
5									
6									
7									
8									
9									
10									
11									
12									
合计									

四 财务成本控制管理

1 现金清查处理流程

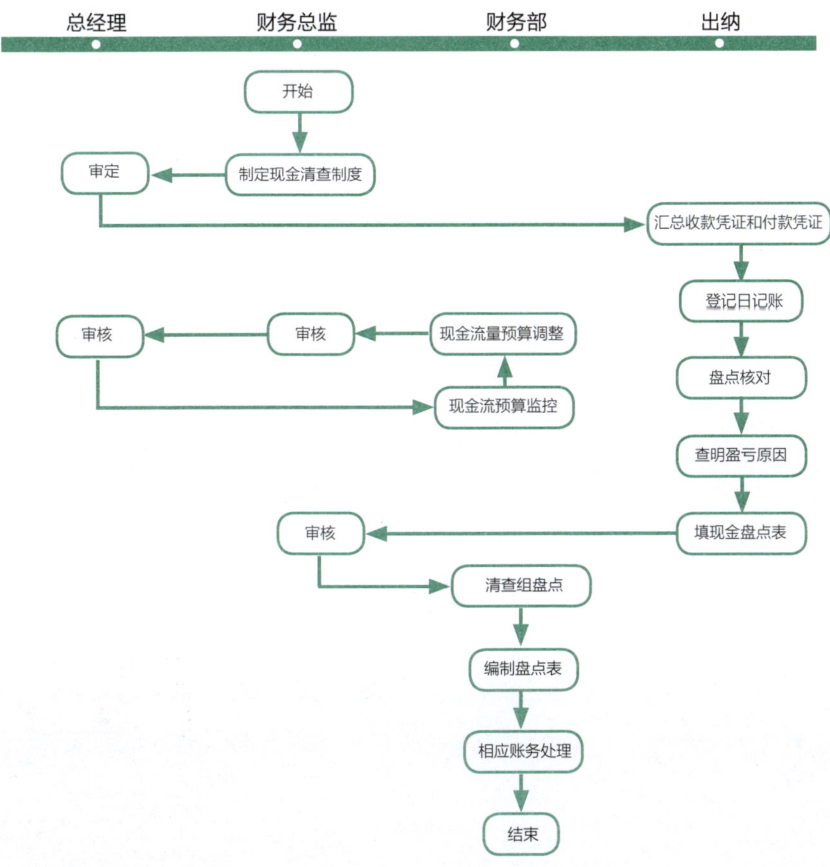

2 银行存款付款控制流程

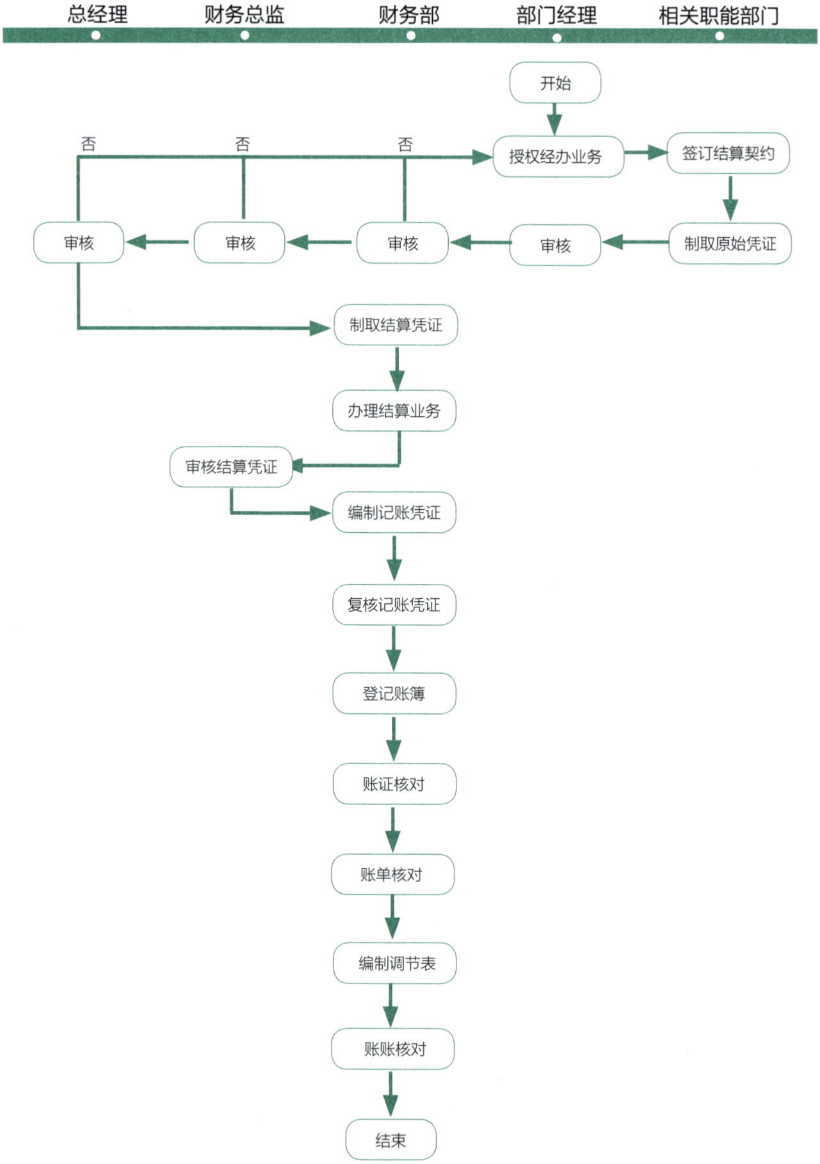

3 费用报销管理流程

总经理
财务总监
财务部
出纳
会计
各部门
开始
费用报销
在报销单上签字
审核
审核
审核
否
否
否
是
预算外
预算内
审核报销
编制凭证
现金/银行日记账
明细账及总账
会计报表
审核
费用总表
审定
签章认可
报送
结束

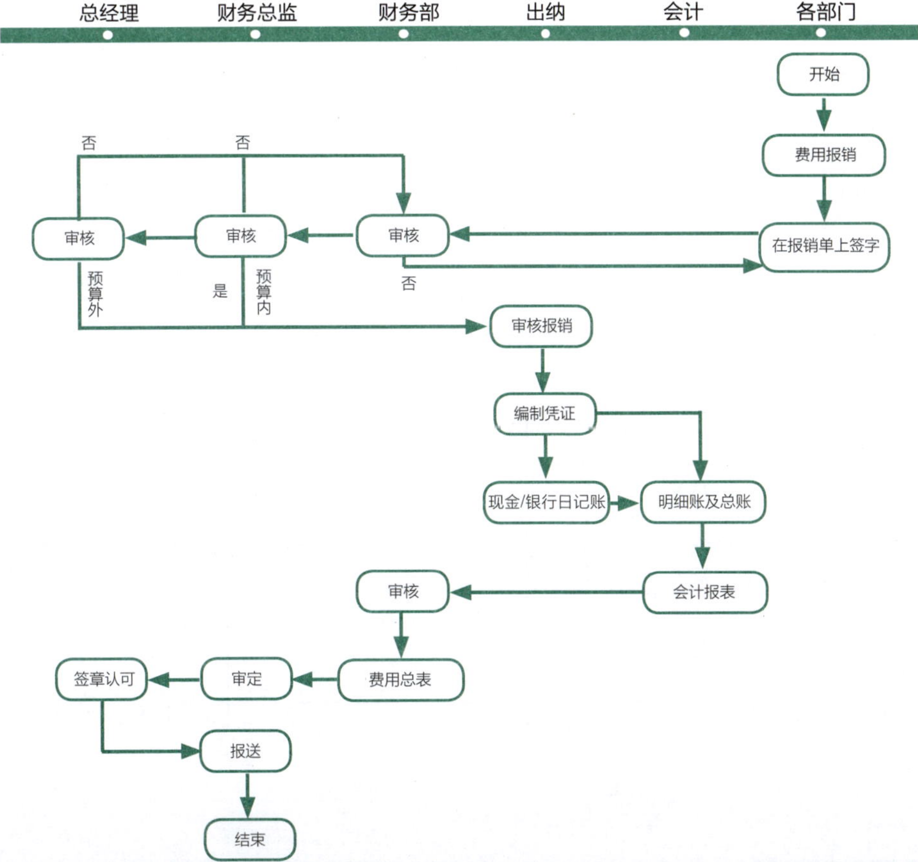

4 成本管理表格

（1）制作成本核算表

产品名称：__________ 制造号码：___________ 制造完工日期：___年___月___日

规格：__________ 生产数量：_____________ 缴库通知编号：_______________

耗用原料（直接原料）	原料名称	规格	领料单号码	单位	数量	单价	金额	耗用材料（直接材料）	物料名称	规格	领料单号码	单位	数量	单价	金额
	合计								合计						
直接人工								已分摊制造费用			成本合计			单位成本	
制造单位		日期			工时数	工资率	金额	工时数	分摊率	金额	项目		金额	金额	备注
											直接原料				
											直接材料				
											直接人工				
											已分摊制造费用				
合计											合计				
缴库记录							出货记录					备注			
缴库日期			缴库单号		缴库数量		日期	厂商	发票号码	数量					

（2）产品生产成本计算表

成本项目		材料			直接人工			制造费用			合计		
规格型号		标准单位成本	分摊率	单位成本	标准单位成本	分摊率	单位成本	标准单位成本	分摊率	单位成本	实际单位成本	标准单位成本	差异

（3）产品成本控制表

客户名称		产品名称			产品规格			定购数量		
原料成本	内容项目	单价		数量		金额		单价成本		备注
		实际	标准	实际	标准	实际	标准	实际	标准	
	合计									
物料成本	内容项目	单价		数量		金额		单价成本		备注
		实际	标准	实际	标准	实际	标准	实际	标准	
	合计									
直接工资	内容项目	单价		数量		金额		单价成本		备注
		实际	标准	实际	标准	实际	标准	实际	标准	
	合计									
利润	内容项目	制造费用		制造成本		毛利		销售费用		备注
		实际	标准	实际	标准	实际	标准			
	本批成本利润									
	单位成本利润									
	合计									
总汇	内容项目	本批成本	单位成本		备注说明					
			实际	标准						
	净值									
	原料									
	工资									
	制造成本									
	毛利									
	净利									

（4）配件明细账

日期		凭单编号	摘要	厂商	点收数量			领发数量			结余数量	单位成本	借方金额	贷方金额	余额
月	日				点收	退料	其他	领发	退料	其他					

（5）项目现场预控成本测算表

费用名称		报价金额（元）	预控成本（元）	差额（元）
土建工程	人工费			
	材料费			
	机械费			
	其他直接费			
	合计			
安装工程	设备费			
	安装费			
	合计			
暂估工程费				
临时设施费				
现场管理费				
合计				

（6）目标成本各项预算费用表

序号	项目	说明及计算式	费率	金额	备注
1	定额直接费用（即定额基价）	指概预算定额的基价			
2	直接费用（即工、料、机）	按编制年所在地的预算价格计算			
3	其他直接费用	（1）× 其他直接费用综合费率			
	冬季施工增加费				
	雨季施工增加费				
	夜间施工增加费				
	高原地区施工增加费				
	沿海地区工程施工增加费				
	行车干扰工程施工增加费				
	施工辅助费				
4	现场经费	（1）× 现场经费综合费率			一类地区
	临时设施费				
	现场管理费				
	现场管理其他单项费用				
	a. 主副食运费补贴费				综合里程按市区 ×× 公里计算
	b. 职工探亲路费				一般省区
	c. 职工取暖补贴费				准二类地区
	d. 工地转移费				按中标单位距离取定
5	定额直接工程费用	（1）+（2）+（3）			
6	直接工程费用	（2）+（3）+（4）			
7	间接费用	（5）× 间接费用综合费率			
	企业管理费				
	财务费				
8	施工技术装备费	（5+7）× 施工技术装备费率			
9	计划利润	（5+7）× 计划利润费率			
10	孤岛施工各项费率增加系数				
11	税金	（6+7+9+10）× 综合税率			
12	建筑安装工程费	（6+7+8+9+10+11）			
	项目部现场经费				
	税金				
	上交管理费				
	上缴利润				

五 资产管理

1 现金清查账务处理流程

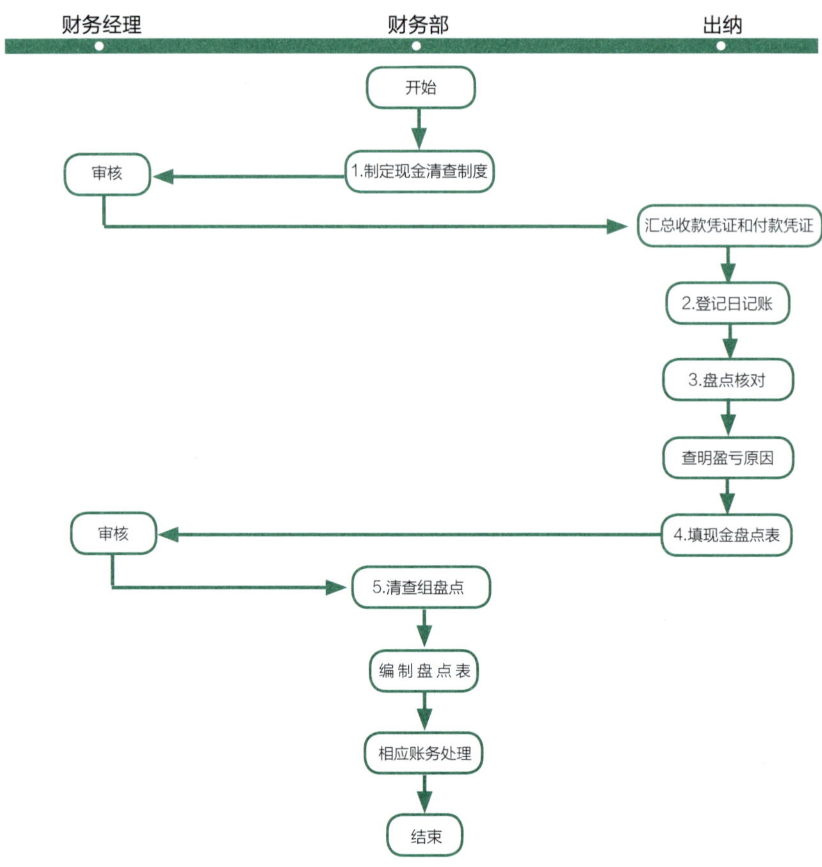

2 备用金收支账务处理流程

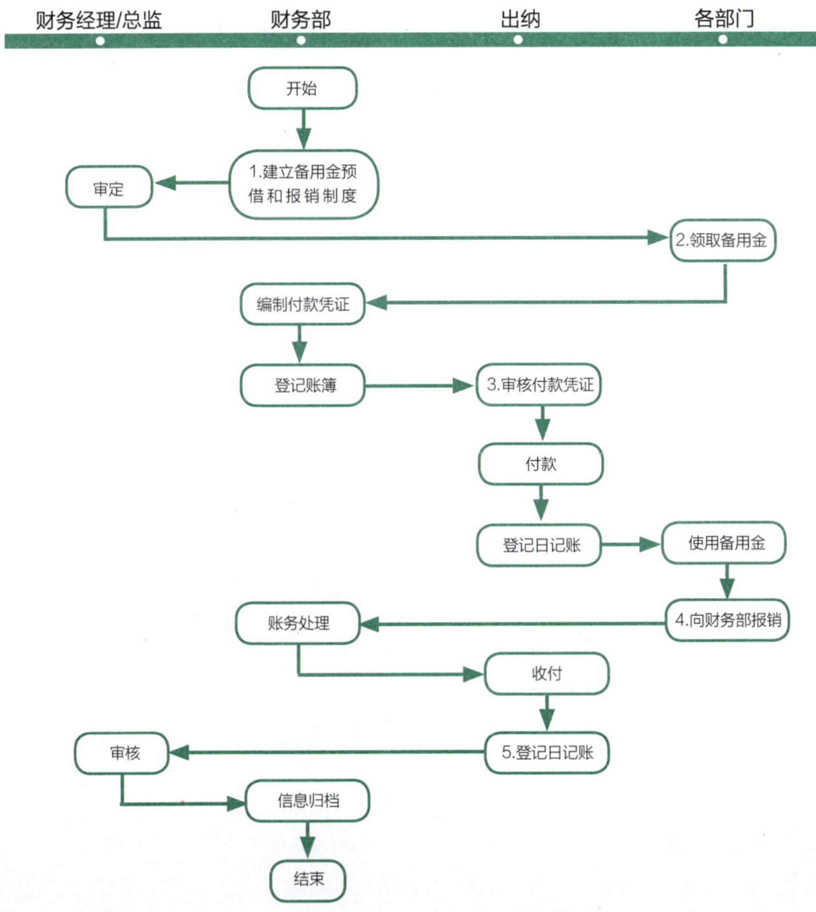

3 应收账款管理流程

业务部
财务经理
财务部
法务部
开始
交单
登记应收账款
1.应收账款分析
2.催款
付款
否
催款
付款
否
3.法律诉讼
是
是
账务处理
4.编制银行调节表
审核
存档
结束

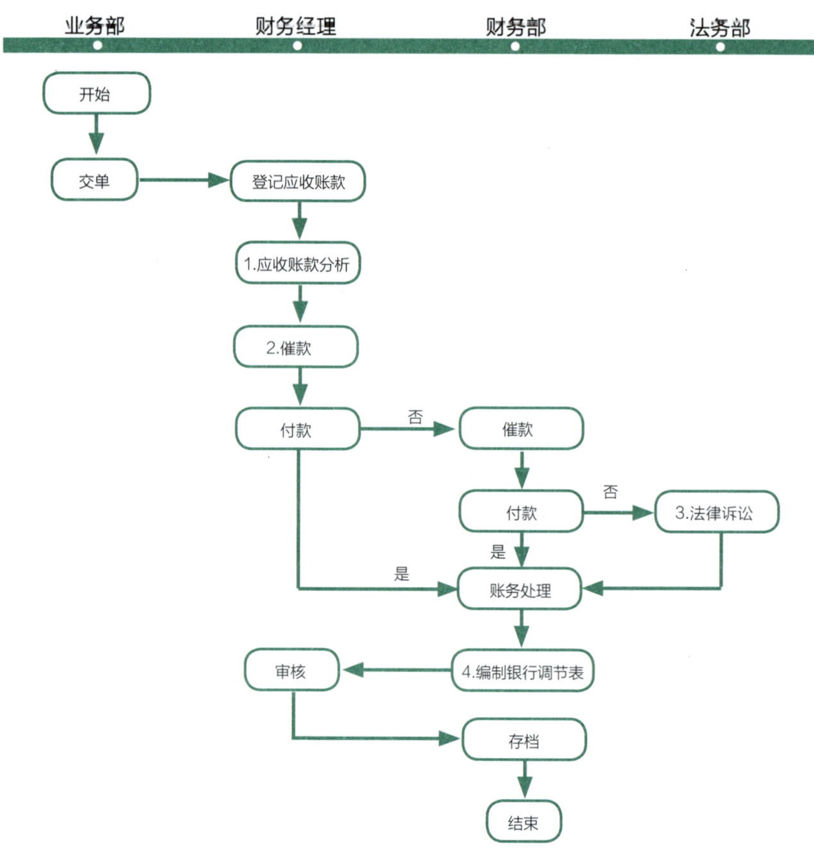

4 资产管理表格

（1）现金盘点报告表

<table>
<tr><td colspan="2" rowspan="2">现金及周转零用金</td><td>面值</td><td>数量</td><td>金额</td><td>盘点异常及建议事项</td></tr>
<tr><td></td><td></td><td></td><td></td></tr>
<tr><td colspan="3">小计</td><td></td><td></td><td>盘点结果及要点报告</td></tr>
<tr><td colspan="3">其他项目：未核销费用</td><td></td><td></td><td rowspan="5"></td></tr>
<tr><td colspan="3">员工借支</td><td></td><td></td></tr>
<tr><td colspan="3">总计</td><td></td><td></td></tr>
<tr><td colspan="3">账面数</td><td></td><td></td></tr>
<tr><td colspan="3">盘盈（盘亏）</td><td></td><td></td></tr>
<tr><td>项目</td><td>张数</td><td>金额</td><td>盘点数</td><td>盘盈（亏）</td><td rowspan="7">左列款项及票据于
年 月 日 时
盘点时本人在场并如数归还无误。
保管人：
盘点人：</td></tr>
<tr><td></td><td></td><td></td><td></td><td></td></tr>
<tr><td></td><td></td><td></td><td></td><td></td></tr>
<tr><td></td><td></td><td></td><td></td><td></td></tr>
<tr><td></td><td></td><td></td><td></td><td></td></tr>
<tr><td></td><td></td><td></td><td></td><td></td></tr>
<tr><td></td><td></td><td></td><td></td><td></td></tr>
</table>

（2）收支日报表

收入					支出				
凭单号码	摘要	现金	支票日期	金额	凭单号码	摘要	现金	支票日期	金额

（3）付款登记表

验收单号	公司名称	摘要	支付金额	领款日期	领款章	备注	公司领款章

（4）出纳日报表

摘要		本日收支额			本月合计	本月预计	备注
		现金	存款	合计			
前日余额							
收入	销售进账						
	分店汇款						
	票据兑现						
	抵押借款						
	私人借款						
	预收保险费						
	进账合计						
支出	偿还借款						
	材料						
	采购品						
	费用						
	设备						

六 投资与筹资管理

1 投资管理流程

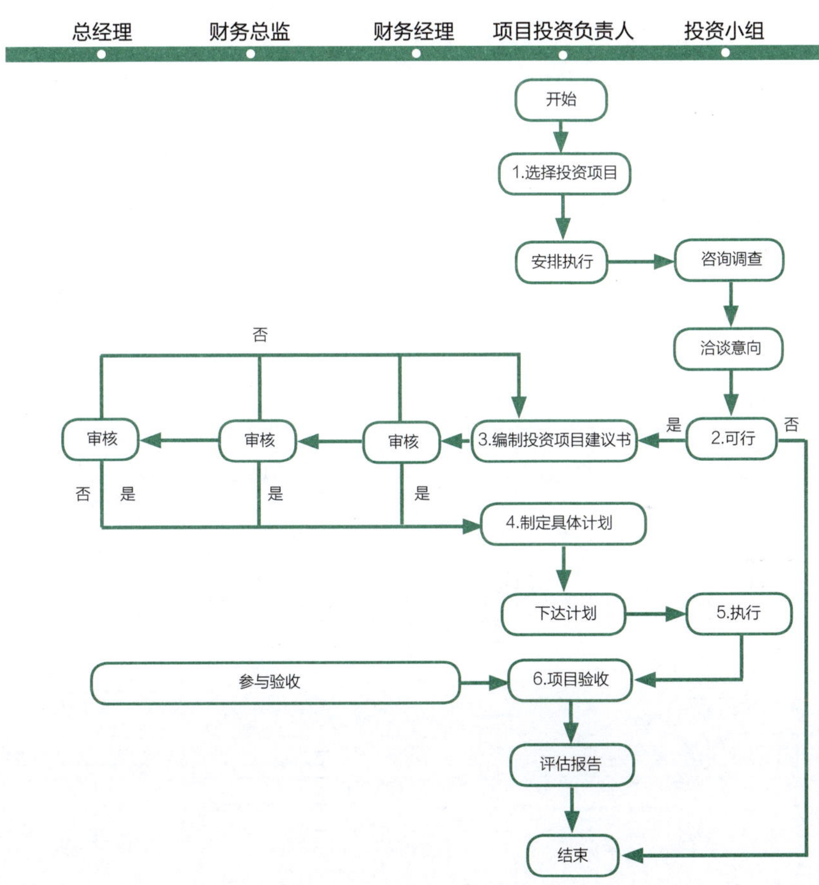

2 银行借款筹资管理流程

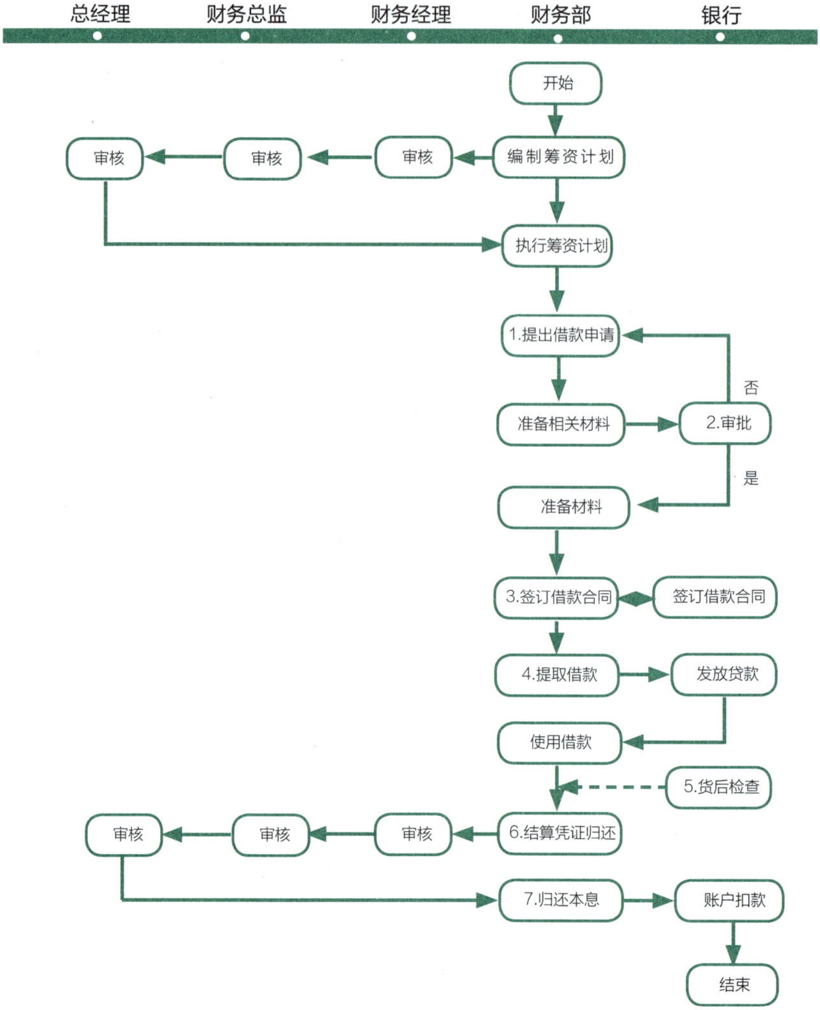

总经理
财务总监
财务经理
财务部
银行

开始
编制筹资计划
审核
审核
审核
执行筹资计划
1.提出借款申请
准备相关材料
2.审批
否
是
准备材料
3.签订借款合同
签订借款合同
4.提取借款
发放贷款
使用借款
5.货后检查
6.结算凭证归还
审核
审核
审核
7.归还本息
账户扣款
结束